EIN GRUNDRISS

DES

KANONISCHEN STRAFRECHTS

VON

EDWIN KATZ,
UTR. JUR. DR.

BERLIN UND LEIPZIG
VERLAG VON J. GUTTENTAG
(D. COLLIN).
1881.

SEINEM HOCHVEREHRTEN VÄTERLICHEN FREUNDE
UND LEHRER,

OTTO DAMBACH,

DOKTOR BEIDER RECHTE,
PROFESSOR DER RECHTE AN DER UNIVERSITÄT BERLIN,
GEHEIMER OBER-POSTRATH, RITTER HOHER ORDEN,

WIDMET DIES BUCH

ALS EIN ZEICHEN BESTÄNDIGER DANKBARKEIT
UND VEREHRUNG

DER VERFASSER.

Vorwort.

Ein Versuch, der Geschichte des Strafrechts näher zu treten, widerstrebt — man kann es sich nicht verhehlen — der Richtung, welche dieser Zweig der Rechtswissenschaft gegenwärtig genommen hat; von der ausübenden Rechtspflege wird er vielleicht ohne Weiteres verworfen werden. Ein solcher Versuch bedarf daher einiger Rechtfertigung.

Wenn es genügte, sich unter den Schutz der Meister der Wissenschaft zu begeben und in ihrem Vorbild die eigene Rechtfertigung zu finden, so würde ich mich darauf beschränken, an jene köstlichen Schätze zu erinnern, die die Wissenschaft aus Wilda's grossem Werke, aus Waechter's sorgsamen Studien gewonnen hat. Aber auch die bescheidenen Arbeiten der Epigonen werden in den allgemeinen Gründen, welche jene grossen Werke rechtsgeschichtlicher Forschung werthvoll machen, ihre Existenzberechtigung finden, und diejenigen, welche diese allgemeinen Gründe würdigen, werden sich auch die vorliegenden Studien gefallen lassen.

Die leitenden strafrechtlichen Begriffe, welche bei der Beurtheilung eines jeden Delicts zur Anwendung kommen, der sogenannte allgemeine Theil des Strafrechts, hat sich allerdings von der Geschichte fast gänzlichgelöst; wenngleich auch hier und da der Ursprung einzelner Grundsätze desselben im römischen und im kanonischen Recht gefunden werden kann, so ist doch seine jetzige Gestalt durchaus selbstständig durch die philosophisch-kriminalistischen Abhandlungen, die dem Ausgang des vorigen und vorzüglich diesem Jahrhundert angehören, begründet. Für diesen Theil des Strafrechts ist daher aus den geschichtlichen Studien ein nur unerheblicher Nutzen zu erwarten, abgesehen davon, dass der Stoff, den die überlieferten Rechte nach dieser Richtung hin bieten, nicht eben vollwerthig ist.

Anders dagegen verhält es sich mit der Gestaltung der einzelnen Delicte. Diese ruhen zumeist noch heute, soweit sie aus den fremden Rechten überliefert worden sind, in ihren ursprünglichen Formen und haben, je nachdem das einzelne Delict in mehr oder weniger engem Zusammenhang mit dem Fortschritt der Kultur sich bewegte, zeitentsprechende Zusätze erhalten oder unzeitgemässe Anhängsel abgestreift. Hier nun liegt ein reiches und würdiges Arbeitsfeld für die Geschichte. Mit ihrer Hülfe verfolgen wir den Entwickelungsgang des Delicts von seinem Ursprung durch alle Stadien der Veränderung und Umbildung hindurch bis zu seiner heutigen Gestalt; wir sind nicht mehr genöthigt, uns mit der Thatsache des Gewordenen zu begnügen, da wir das Wie und das Warum des Werdens zu erkennen vermögen, und indem wir der dogmatischen Analyse des Delicts die historische voraufgehen lassen, erscheint uns der Gesammtinhalt desselben gleich durchsichtig und klar, wie die Bedeutung und Berechtigung jedes einzelnen Bestandtheils.

Wenn uns nun ausserdem die Geschichte an alle diejenigen Delicte erinnert, die heute aus der Reihe der Verbrechen verschwunden sind, theils weil sie in Wahrheit nicht mehr verübt werden, dem Gedankenkreise des Verbrechers entrückt durch die veränderte sociale Ordnung, durch den Fortschritt der Civilisation, theils weil sie die heutige Wissenschaft und Gesetzgebung aus denselben letzterwähnten Gründen nicht mehr als strafbare Handlung anerkennt, wie werthvoll erscheint die Strafrechtsgeschichte dann im Dienste der Geschichte der Völker, der Geschichte der Kultur! Mögen daher Einige immerhin die geschichtliche Forschung im Gebiete des Strafrechts als nutzloses Bücherstudium verachten, ihre wissenschaftliche Nothwendigkeit wird ihr stets Anerkennung erzwingen.

In der Geschichte des Strafrechts bilden nun die strafrechtlichen Satzungen des kanonischen Rechts eine Uebergangsstufe. Dieselben beruhen vornehmlich auf römischen Quellen; daneben ist seltener auch biblisches und germanisches Recht erkennbar. Die Kirche hat aber das übernommene römische Strafrecht selbstständig durchgearbeitet, seine heidnischen Grundsätze ausgemerzt und durch christliche ersetzt, und das so veredelte römische Recht auf deutschen Boden übertragen, wo es im Kampfe mit den rohen germanischen Anschauungen den Sieg über diese davon trug, und einen nachhaltigen Einfluss auf die folgende deutsche Strafgesetzgebung ausübte.

Alle diese Erwägungen in Verbindung mit dem Umstande, dass die neuere Literatur, mit Ausnahme eines einzigen für Theologen und vom theologischen Standpunkt geschriebenen Werkes,[1]) keine zusammenhängende Arbeit über das kanonische Strafrecht besitzt, haben den Anlass zu der vorliegenden Studie gegeben. Dieselbe hat es sich zur Aufgabe gestellt, diejenigen strafrechtlichen Satzungen der kanonischen Quellen, aus denen eine selbstständige Durcharbeitung des vorhandenen Rechtsstoffs ersichtlich ist, systematisch zusammenzustellen, und an einzelnen, besonders wichtigen Punkten den Einfluss der kanonischen Umarbeitung auf die nachfolgende Wissenschaft und Gesetzgebung anzudeuten.

Im Anhang ist der Arbeit noch ein anonymes Beichtbuch aus der Bibliothèque nationale zu Paris (Cod. Paris 1603), aus dem 8. Jahrhundert herrührend, beigefügt. Wasserschleben in seinen „Bussordnungen der abendländischen Kirche“

[1]) Nicolaus Muenchen, Das kanonische Gerichtsverfahren und Strafrecht. Bd. II. Köln und Neuss 1866.

(S. 497. 504) hat dasselbe unter dem Namen: Poenitentiale Remense nur ganz unvollständig wiedergegeben; er verweist in seiner „Geschichte der Bussordnungen“ (eod. S. 69) näher auf dasselbe. Das Beichtbuch ist von Bedeutung in der Behandlung der Verbrechen gegen die Eheordnung. — Daran reiht sich eine von Augustinus Caravita (1600), einem Herausgeber des Corpus juris canonici, entworfene, sehr lehrreiche Zusammenstellung der einzelnen Verbrechen und ihrer Strafen, die Caravita seiner Ausgabe beigefügt hat. Dieselbe ist nach Art eines kurzen Grundrisses verfasst und giebt interessante Aufschlüsse über den Einfluss des kanonischen Strafrechts auf die damalige Wissenschaft.

Wenn mein Versuch zu weiteren Forschungen auf dem bearbeiteten Felde Anregung bietet, so würde ich mich des Erfolges meiner Mühen gern freuen, mögen auch die von mir gewonnenen Resultate, wie ich mir wohl bewusst bin, noch mannigfacher Richtigstellung und Ergänzung bedürfen.

Inhalt.

A. Allgemeiner Theil.

I. Das Verbrechen.

II. Die Strafen.

B. Besonderer Theil.

I. Verbrechen gegen die Kirche.

II. Verbrechen gegen das Leben und die Gesundheit.

III. Verbrechen gegen die persönliche Freiheit.

IV. Verbrechen gegen die Eheordnung.

V. Verbrechen gegen das Vermögen.

VI. Fälschungsverbrechen.

VII. Amtsvergehen.

Anhang.

A.

Allgemeiner Theil.

I. Das Verbrechen.

§ 1.

Begriff des Verbrechens.

Die kirchliche Gesetzgebung hat es sich nicht allein zur Aufgabe gestellt, die Auflehnung des Individuums gegen den allgemeinen Willen zu bestrafen; sie unterwirft auch das innere Leben des Menschen, abgesehen von seinen Beziehungen zur staatlichen oder kirchlichen Gemeinschaft, ihrer strafrechtlichen Competenz.

Die Kirche fasst zunächst alles Unrecht unter dem Begriff „Sünde“ zusammen und unterscheidet innerhalb dieses Begriffs zwischen „Sünde im engeren Sinne“, und „Verbrechen“.[1])

Augustinus. c. 1. D. 81: Apostolus Paulus, quando elegit ordinandos vel Presbyteros, vel diaconos, et quicumque ordinandus est, ad praeposituram Ecclesiae, non ait: Si quis sine peccato est; hoc enim si diceret, omnis homo reprobaretur, nullus ordinaretur, sed ait: Si quis sine crimine est: sicut est homicidium, adulterium, aliqua immunditia fornicationis, furtum, fraus, sacrilegium et caetera hujusmodi.

Crimen autem est peccatum grave, accusatione et damnatione dignissimum.

Die Bezeichnung für Sünde und Verbrechen ist in den Quellen verschieden. Der Ausdruck *peccatum* ist der generelle, der für beide Begriffe gebraucht wird; *crimen* bezeichnet

---

[1]) Im weiteren Verfolg der Arbeit wird dieser Unterschied in der Art der Bezeichnung nicht festgehalten werden, da die Einfachheit der Darstellung dadurch gewinnen kann, der Correctheit derselben aber kein Eintrag geschieht.

fast nur Verbrechen. Neben diesen finden sich aber noch ohne bestimmte Begrenzung: *scelus, maleficium, malum, culpa.* Da die Quellen in den Bezeichnungen regellos wechseln, ist es nicht gestattet, aus den verschiedenen Bezeichnungen sichere Schlüsse auf die Natur des so benannten Verbrechens zu ziehen.

Aus der oben angeführten Quellenstelle vermögen wir indess eine, wenn auch nur wahrscheinliche, Auffassung von der Unterscheidung der Begriffe Verbrechen und Sünde im kanonischen Strafrecht zu gewinnen.

Verbrechen ist, wie der Schlusssatz Augustin's in klaren Worten ausspricht, jede Sünde, die in den Gesetzen mit Strafe bedroht ist. Also ist jedes andere, nicht mit Strafe bedrohte Unrecht nur Sünde. Näher: Nur in denjenigen Handlungen, welche mit wirklichen Strafen bedroht sind, will die Kirche die der Aussenwelt zugefügte Verletzung rügen, während sie bei allen übrigen Handlungen, die zum Unrecht gehören, nur die Vergehung des Thäters gegen die Integrität seines eigenen sittlichen Lebens beachtet. Vergleichen wir hierzu die Thatsache, dass die Kirche nur gegen Kleriker, d. i. gegen die ihrer ausschliesslichen Jurisdiction unterworfenen Personen, wirkliche Strafen verhängt (§ 9), so folgt, dass die Kirche alle Vergehungen der Laien, welcher Art immer dieselben sind, nur als Sünde auffasst, während sie aus den Vergehungen der Kleriker eine Anzahl heraushebt, diese mit einer eigentlichen Strafe bedroht und demnach als Verbrechen bezeichnet.

Die Wahrscheinlichkeit dieser Annahme wird erhöht durch die weite Ausdehnung, in der sich die strafrechtlichen kanonischen Bestimmungen erstrecken, welche nicht nur die vollendete oder versuchte That, sondern schon die sündige Begehr (qui concupiverit) als consummirtes Delict auffassen, [1]) nach denen jede Art der Theilnahme und der Versuch die gleiche Strafe erleiden, wie die vollendete That selbst, deren Strafensystem endlich fast ausschliesslich in der Besserung des Sünders und dessen bussfertiger Reue wurzelt.

---

[1]) Berner, Grundlinien der kriminalistischen Imputationslehre, S. 288, 289.

Sünde ist nach Augustinus lib. 1. tract. c. 15, I:

Peccatum est voluntas retinendi, vel consequendi, quod justitia vetat, et unde liberum est abstinere.[1])

Das wesentlichste Delictsmerkmal ist die Richtung des Willens auf das, was das Recht, d. i. das Gesetz oder die Gewohnheit verbietet.

Wie aber das kanonische Recht den römischen Satz: Cogitationis poenam nemo patitur uneingeschränkt herübergenommen hat,[2]) so ist auch der Satz des Augustinus: voluntas — est peccatum, nicht in der Schroffheit zu verstehen, in der er ausgesprochen ist.

Dass der blosse Gedanke, noch ehe er in eine irgendwelche Berührung mit der Aussenwelt getreten ist, nicht strafbar sein kann, weil ihn Niemand wahrnimmt, und weil er, noch ehe er ein Rechtsgut verletzen konnte, sofort wieder aufgehoben werden kann, haben auch die Gesetzgeber der Kirche erkannt. Sie haben aber aus der oben angeführten Definition gewisse positive Consequenzen gezogen (strafbarer Consens, Gleichstellung des versuchten und vollendeten Verbrechens), die sie dazu führten, in dem sich in einer bestimmten Weise äussernden Willen Delictsmerkmale zu finden.

Die beiden hier aufgeführten Willensrichtungen, voluntas retinendi vel consequendi, sind nur als Beispiele aufgenommen, denn es ist kein Zweifel, dass auch der auf die Vernichtung eines Rechtsgutes gerichtete Wille (homicidium) strafbar ist.

Nothwendig ist für die Strafbarkeit des Delicts ein dasselbe unter Strafe stellendes Gesetz.[3]) Dieses Gesetz ist nicht allein Verbot, wie Augustinus sagt; es kann auch Gebot sein; ja die kanonischen Strafsatzungen zeichnen sich gerade durch eine Reihe unter Strafsanktion gestellter Gebote aus.

---

[1]) c. 3. X. de baptism. 3,. 42 unterscheidet zwischen peccatum originale, quod absque consensu contrahitur, und peccatum actuale, quod committitur cum consensu. — In gleicher Bedeutung setzt Augustin in c. 136, D. 4 de consecr. dem originale peccatum die voluntaria (gl. regenerante: actualia) peccata gegenüber.

[2]) c. 14. D. 1 de poen.

[3]) c. 3. C. 32. qu. 4: Poena criminis ex tempore legis est, quae crimen inhibuit. Nec ante legem ulla rei damnatio est, sed ex lege.

Die Quellen dieser Gebote und Verbote sind Gesetz [1]) und Gewohnheit (mores patrum).

In für uns seltsamer, wohl etwas theologisch angehauchter Form erscheint endlich das letzte Begriffsmoment der Augustinischen Definition: unde liberum est abstinere. Die „Zurechenbarkeit zur Schuld“ wird hier umgesetzt in „die Freiheit sich des Verbrechens zu enthalten“. Die folgende Dogmatik wird es aber lehren, dass der einfache Gedanke dieses Satzes nichts anderes enthält als das auch von uns festgehaltene Axiom; nur der aus freier, selbstthätiger Entschliessung hervorgegangene widerrechtliche Wille ist zur Schuld zuzurechnen, so dass Gewalt, Zwang, Befehl, Nothstand, mangelndes Bewusstsein die Zurechnung ausschliessen. [2]) Demnach werden wir Sünde im Sinne des kanonischen Strafrechts auffassen müssen, als die gegen die bestehende Rechtsordnung gerichtete, aus freier Entschliessung hervorgegangene Willensäusserung.

Eintheilungen des Verbrechens geben die Quellen selbst nicht. [3])

---

[1]) Zum Unterschiede vom röm. R. nennt die gl. zu c. 4. C. 32. qu. 4 dasjenige Verbrechen, welches ausschliesslich durch die canones unter Strafe gestellt ist: crimen canonicum.

[2]) Ausser der bereits gedachten, rein formellen Unterscheidung zwischen Sünde und Verbrechen lässt sich eine ethische Unterscheidung beider Begriffe nicht statuiren. Es liegt nahe, Sünde und Verbrechen so zu scheiden, dass die Sünde, als das allgemeinere, die verbrecherische Handlung in ihrem ganzen Werdeprozess umfasst, von der Aufnahme des ersten verbrecherischen Gedankens an bis zur vollendeten That; dass dagegen unter Verbrechen nur die vollendete That zu verstehen ist. Allein diese Unterscheidung würde eben nur deshalb als möglich zuzulassen sein, weil sie dem Geiste des kanonischen Strafrechts entspricht; sie lässt sich nicht durch Quellenbelege erweisen.

[3]) Die Eintheilung der Verbrechen, welche P. Lucius III. in c. 7. X. 3. 2 de cohabitatione clericorum aufstellt, ist für das materielle Strafrecht irrelevant. Er unterscheidet crimen notorium, als dasjenige Verbrechen eines Priesters, wegen dessen er nach kanonischen Gesetzen verurtheilt wird, und crimen occultum als dasjenige Verbrechen, welches von der Kirche geduldet wird. Dazu giebt die gl. notorium wieder eine Dreitheilung des Begriffs notorium: in notorium juris, notorium facti und notorium praesumptionis. notorium facti ist das durch Augenschein

a) Subjectiver Thatbestand.

§ 2.

Das Subject des Verbrechens.

Subject des Verbrechens ist auch nach kanonischem Recht nur der Mensch. Zwar wird nach c. 4. C. 15. qu. 1 (Augustinus) ein Thier, mit dem ein Weib Sodomie getrieben hat, mit dem Tode bestraft; allein die gl. mulier sowohl, wie der Gesetzestext selbst, betonen ausdrücklich, dass das Thier nicht deshalb getödtet werde, weil es ein Verbrechen begangen habe, sondern quia refricat memoriam indigni (cf. Gratian zu c. 3. C. 15. qu. 1).

Die besondere Stellung aber, welche die Kirche zu den Staaten einnahm, verbunden mit der eigenthümlichen Natur ihrer Strafmittel, gestattete es, in den kirchlichen Strafcodex Verbrechen aufzunehmen, die von ganzen Gebieten, von Gemeinden oder sonstigen Körperschaften begangen werden konnten, auf welche gewöhnlich auch das umfassendste Strafmittel der Kirche, das Interdict in seinen verschiedenartigen Erscheinungen, angewendet wurde.

Unrichtig ist es, dass die Kirche jeden Menschen, ohne Ausnahme, ja selbst die Fürsten vor ihr strafrichterliches Forum zog, und die Geltung des Satzes: „princeps legibus solutus" beseitigt haben sollte, [1]) wie ihr es einige Schriftsteller als eine besondere Errungenschaft der kirchlichen Gesetzgebung nachrühmen. Zum Beweis für jene Behauptung werden vorzüglich zwei Quellenstellen angeführt. Von diesen ist die eine (c. 6. C. 26. qu. 7) dem 4. Carthagischen Concil (a. 398) entnommen:

Sacerdos poenitentiam imploranti absque personarum acceptione poenitentiam secundum leges injungat.

---

zu Kenntniss genommene, das durch keine tergiversatio vereitelt werden kann, und gegen dessen Verurtheilung die Appellation unzulässig ist (identisch mit manifestum nach c. 24. X. 5. 40). notorium juris ist das Verbrechen, wegen dessen Jemand verurtheilt wird, oder zu dem er sich bekennt. notorium praesumptionis ist kein criminalistischer Begriff (paternitas, filiatio).

[1]) Geib, Lehrbuch des deutschen Strafrechts. Bd. I, S. 226.

Die massgebenden Worte dieses Canons: „absque personarum acceptione“ werden aber von der gl. absque personarum auf die einfachste und natürlichste Weise dahin erklärt: „non favore personae“. Die Stelle ermahnt den Richter also nur, ohne Parteiinteresse, Niemandem zu Liebe noch zu Leide, sein Urtheil zu fällen, und gedenkt dabei einer Unterscheidung zwischen Fürst und Unterthan in keinem Worte. Auch war das Jahr 398 noch nicht die Zeit, in der sich die Kirche solche Anmassungen gestatten durfte. Zwar war es nur um ein Jahrhundert später, da der kühne Papst Gelasius es wagte, dem Kaiser Anastasius zuzurufen:

Plerique pontificum, alii reges alii imperatores excommunicarunt —: quippe cum videas regum colla et principum submitti genibus sacerdotum, et osculata eorum dextera, orationibus eorum credant se communiti (c. 10. D. 96).

Allein die volle Majestät des Staates über der Kirche offenbart sich noch immer aus Justinian's Novelle, welche bestätigte, dass erst durch die kaiserliche Sanktion die Beschlüsse der Conzilien Gesetzeskraft erlangten (Nov. 131. c. 1. a. 545). Bei dieser Superiorität des Staates über der Kirche ist es auch historisch unmöglich, dem c. 6 cit. die oben angeführte Bedeutung unterzulegen.

Als weiteres Argument wird von der Literatur ein Decretale P. Clemens III. (1188) aufgestellt.

c. 4. X. de major. et obed. 1, 33: Omnes principes terrae, et caeteros homines episcopis obedire, beatus Petrus praecipiebat.

Die hierarchischen Kämpfe, welche das zwölfte Jahrhundert erfüllten, boten nun allerdings eine weit trefflichere Unterlage zur Aufnahme eines solchen Gedankens. [1]) Ja, noch sichtlicher offenbart sich in der berühmten Decretale Innocenz III., c. 6. eod. die ganze Fülle päpstlichen Uebermuthes, der, getragen von der Macht des blinden Glaubens, der Völker und Fürsten unterwarf, den Papst zu den Worten vermochte: quantum

[1]) Die gl. omnes principes wendet die Decretale nur auf civilrechtliche Fragen an.

inter Solem et Lunam, tantum inter Pontifices et Reges differentia cognoscatur.[1]) Allein diese Decretalen sind nicht strafrechtliche Dogmen; es sind die Erzeugnisse feindseliger Stimmungen kampferfüllter Zeit, die mit der Beendigung des Streites ihre Wirkung verloren haben, wenn sie auch der glaubenseifrige Sammler des Decretalenwerks in dieses aufgenommen hat.[2])

Die Kirche selbst erkennt über den Papst keinen weltlichen Richter, und diese Thatsache genügt, um darzuthun, dass der Satz „rex legibus solutus" auch als Dogma des kirchlichen Strafrechts anzusehen ist.

§ 3.

Gründe, welche die Zurechnungsfähigkeit aufheben.

1. Jugend: In der Bestimmung der Altersgrenzen für die ausgeschlossene oder geminderte Strafbarkeit der Kinder schliesst sich das kanonische Strafrecht mit wenigen Ausnahmen dem röm. R. an. Diese unbedingte Aufnahme römischer Rechtsdogmen seitens der Kirche muss nun gerade hier Wunder nehmen, weil die Bestrafung beziehentlich Nichtbestrafung jugendlicher Verbrecher vorzüglich bestimmt wird nach der früher oder später entwickelten Reife der Kinder; diese aber sind in dem Geltungsgebiete, welches das römische Strafrecht ursprünglich beherrschte, unter der Sonne des Südens in zeitigerem Alter zur Erkenntniss von Recht und Unrecht herangereift, während den in nördlicheren Zonen geborenen Kindern, für die die kanonischen Satzungen mit gleicher Gesetzeskraft wie für Spanien und Italien erlassen sind, in so zartem Alter eine Einsicht in die Strafbarkeit ihrer Handlungen noch nicht zugerechnet werden darf.

---

[1]) Die gl. inter solem hat die Differenz sorgfältig ausgerechnet und gefunden, dass, da die Sonne achtmal grösser als die Erde, die Erde aber siebenmal grösser als der Mond sei, so müsse die päpstliche Macht siebenundvierzigmal grösser sein als die königliche.

[2]) Intelligentia dictorum ex causis est assumenda dicendi: quia non sermoni res, sed rei sermo est subjectus c. 6. X. de V. S. 5, 40; c. 8. eod.

Das kan. R. übertrifft aber das röm. R. nach dieser Richtung noch dadurch, dass es ganz absolut bestimmte Altersgrenzen setzt.

Das Kind ist bis zum zurückgelegten 7. Jahre (infans) unzurechnungsfähig. Vom 7. Jahre an können den Kindern (ohne sexuelle Unterscheidung) alle strafbaren Handlungen zur Schuld zugerechnet werden, mit einziger Ausnahme der Fleischesverbrechen; [1]) dagegen ist die Strafe der Kinder, die noch nicht das 14. Lebensjahr zurückgelegt haben, eine mildere, wie die der erwachsenen Verbrecher. [2])

Der Grundsatz, dass bei besonders hervortretender Bosheit oder ersichtlichem Verständniss für die Strafbarkeit der Handlung das fehlende Alter gewissermassen ergänzt werde, und der jugendliche Verbrecher die volle für die strafbare Handlung angedrohte Strafe erhalte, ist dem kanonischen Rechte fremd. [3]) Es wird präsumirt, dass sie in diesem Alter pueri grandiusculi, i. e. doli capaces sind.

c. 1. X. de del. puer. 5, 23 (Gregorius I.): Pueris grandiusculis peccatum nolunt attribuere quidam, nisi ab annis XIV., cum pubescere coeperint. Quod merito crederemus, si nulla essent peccata, nisi quae membris genitalibus admittuntur. Quis vero audeat affirmare furta, mendacia et perjuria non esse peccata? At his plena est puerilis aetas, quamvis in eis non ita, ut in majoribus punienda videantur.

Wenn diesen klaren Worten gegenüber c. 2. C. 15. qu. 1 den impubes, qui doli capax non est, straflos lässt, und die

[1]) Das römische Recht schliesst die minores von der Zurechnungsfähigkeit für das crimen adulterii aus, weil dieses erst nach erreichter Pubertät begangen werden kann. l. 37. l. 39, § 4. D. de leg. Jul. de adult. 48, 5. — Eine ähnliche ratio legis mag die kanonische Bestimmung beeinflusst haben.

[2]) c. 1. X. 5. 23. de del. puer.; c. 9. c. 14. C. 33. qu. 2; c. 12. X. de poen. et rem. 5, 38; c. 60. X. de sent. exc. 5, 39, c. 2. X. de apost. et reit. 5, 9; c. un. Clem. 5, 4 de homic. Poenitent. XXXV. Capitul. c. 10, § 1. (Wasserschleben, Bussordnungen, p. 512) setzt für Fleischesverbrechen eine Altersgrenze von 20 Jahren; das Poenitentiale Pseudo-Gregorii c. 9 (Wasserschleben l. c. p. 540) für den Diebstahl eine Altersgrenze von 10 Jahren.

[3]) Ueber den Grundsatz: „malitia supplet aetatem" im kanonischen Recht, s. Schwarze, Gerichtssaal von 1868, S. 440.

gl. qui doli dazu bemerkt: Sed si doli capax est, bene punitur, so ist dieser Stelle kein Gewicht um deswillen beizulegen, weil sie in einem grösseren Citate aus den Digesten (l. 3, § 1 D. de inj. 47, 10) mit hinüber genommen ist, das den mente alienatus behandelt, und in dem diese Worte, wie vielfach in den aus dem römischen Recht herübergenommenen Quellenstellen stehen geblieben sind.

Gleichfalls bedeutungslos, weil in der Besonderheit der Strafart liegend, ist die in c. 2. X. de del. puer. 5, 23 ausgesprochene Straflosigkeit eines zehnjährigen Knaben, der sich einer fahrlässigen Tödtung schuldig gemacht hat. Die That bleibt nur deswegen ungestraft, weil, wie die gl. inultum richtig bemerkt, nach germanischem Recht (das Delict ereignete sich zu Reims unter Alexander III. 1159) eine Geldstrafe von 100 solidi darauf stand, die der Knabe, da er in diesem Alter noch kein Vermögen besass, nicht bezahlen konnte, und der Vater, der für das Delict des Knaben nicht zu büssen hatte, die Busse nicht bezahlen sollte. [1])

Es gilt demnach als Regel für die Bestrafung jugendlicher Verbrecher: absolute Unzurechnungsfähigkeit bis zum zurückgelegten 7. Lebensjahre, absolute (mit Ausnahme der Fleischesverbrechen) Zurechnungsfähigkeit nach dieser Zeit bis zum zurückgelegten 14. Lebensjahre, aber mit milderer Strafe; ausnahmslose Zurechnungsfähigkeit nach dem 14. Lebensjahre. [2])

2. Geisteskrankheit, Wahnsinn, Blödsinn (furor, dementia), hebt die Zurechnungsfähigkeit auf, selbst wenn der Kranke zur Zeit der Handlung frei von geistigen Störungen war. Er gilt als geisteskrank, so lange die Krankheit nicht gänzlich beseitigt ist. [3]) Der Geisteskrankheit gleich

---

[1]) Auch die in c. 5. C. 33. qu. 2 ausgesprochene Straflosigkeit der adolescentes hängt mit der Eigenthümlichkeit der dort festgesetzten Strafart zusammen. — Farinacius, op. omn. p. III, qu. 92. n. 120 erklärt „inultum“ in c. 2. X. cit. mit „non perfecte ultum“.

[2]) Die Meinung des Hostiensis, dass ein infans, das einen Mord begangen, irregularis werde, wird durch die gl. infans zu c. un. Clem. 5, 4 de hom. volunt. widerlegt.

[3]) c. un. Clem. de hom. volunt. 5, 4.

steht jede andere Krankheit, die das Bewusstsein aufhebt oder schwächt; insbesondere werden die im Fieber auftretenden Wahnerscheinungen hierzu gerechnet. [1]) Ebenso wird die im Schlafwandeln oder in der Schlaftrunkenheit begangene Handlung dem Thäter nicht zugerechnet. [2]) Die Trunkenheit (ebrietas) hebt bald die Zurechnung auf, bald wirkt sie nur strafmildernd, indem die Trunkenheit selbst stets der culpa (levitas) des Thäters zugeschrieben wird. [3]) Ausdrücklich hervorgehoben wird noch, dass die im Scherz begangene strafbare Handlung straflos ausgeht; allerdings sprechen die betreffenden Quellenstellen nur von leichten Delicten (Körperverletzung). [4])

3. Irrthum. Die Grundsätze, welche das römische Recht aufgestellt hat über ignorantia facti und ignorantia juris, sind im kanonischen Recht prägnant und klar zusammengefasst.

Der Rechtsirrthum entschuldigt nie „Ignorantia juris neminem excusat". [5]) Die aus Rechtsirrthum begangene Handlung wird aber milder gestraft. [6])

Der Irrthum über die Delictsmerkmale einer Handlung macht in der Regel straflos, er müsste denn durch grobe Fahrlässigkeit verschuldet sein (ignorantia facti crassa et supina et erronea). [7])

[8]) Sehr genau trennen aber die Quellen die Unkenntniss der Delictsmerkmale von der Unkenntniss der Strafbarkeitsmerkmale.

---

[1]) c. 2. C. 15. qu. 1; c. 4. C. 15. qu. 1; gl. merito zu c. 1. eod.; c. 14. C. 3. qu. 9.

[2]) c. 8. C. 15. qu. 1; c. un. Clem. cit.

[3]) c. un. cit. c. 7. 9. C. 15. qu. 1.

[4]) gl. per jocum zu c. 2. C. 15. qu. 1; c. 1. X. de sent. exc. 5, 39; s. dag. jedoch c. 1. X. de praesumptionibus 2, 23.

[5]) c. 1. 2. C. 15. qu. 1; c. 12. C. 1. qu. 4; c. 6. C. 34. qu. 1 u. 2.

[6]) c. 103. C. 11. qu. 3; c. 41. C. 24. qu. 1.

[7]) gl. omnis ignorantia zu c. 12. C. 1. qu. 4; c. 1. 2. C. 15. qu. 1; c. 22. X. de sim. 5. 3; c. 9. X. de cler. exc. 5, 27. gl. ignorare c. 6. X. de hom. 5, 12. § illis.; c. 10. C. 32. qu. 7.

[8]) Die Kanonisten begreifen unter ignorantia verschiedene Fälle, die wir gar nicht zum Irrthum zählen: so scheidet Gratian zu C. 15. qu. 1

Gl. nescientium zu c. 1. C. 15. qu. 1: qui non scit id, quod facit, esse peccatum, non punitur, qui non scit tantum esse peccatum, quantum est, talis punitur, sed non adeo graviter.

Kennt der Thäter demnach die Merkmale des gesetzlichen Thatbestands des Delicts nicht, so wird ihm dasselbe nicht zur Schuld zugerechnet. Ist er sich aber der Strafbarkeit der Handlung bewusst, so dass ihm nur einzelne Merkmale, welche die Strafbarkeit erhöhen, unbekannt sind, so wird ihm die That zwar zur Schuld zugerechnet, dagegen nicht die die Strafe erschwerenden Merkmale.

Ist die Unkenntniss aber, mag sie sich nun auf Delicts- oder auf Strafbarkeitsmerkmale beziehen, der Fahrlässigkeit des Thäters zuzuschreiben, so wird die That seiner culpa zugerechnet. [1] [2]

4. Gewalt. Das unter dem Drucke einer absoluten, physischen Gewalt, die der Einzelne nicht überwältigen kann, ausgeübte Verbrechen wird dem Thäter nicht zur Schuld zugerechnet. Der einem solchen Zwange Unterworfene handelt nicht mehr, er ist willenloses, mechanisches Werkzeug in den Händen des Vergewaltigers, und thut nur das ihm Aufgezwungene. [3]

---

die ignorantia in drei Theile: ignorantia ex simplicitate, ex culpa, ex negligentia, i. e. qui appetit ignorare, vel qui contemnit scire, vel qui negligit scire, quum possit quaerere a petitioribus, et secundum hoc magis vel minus punitur. Allein aus dem Satz „et secundum —" ergiebt sich, dass alle diese drei Fälle den Begriff der eigentlichen ignorantia nicht decken, die daher unberührt von dieser Unterscheidung straflos bleibt. — Wenn in c. 110. C. 11. qu. 3 die ignorantia facti bestraft wird, so kann dieses Urtheil entweder seinen Grund darin haben, dass eine qualifizirte Ignoranz vorlag, von der die Quelle zu berichten unterlassen hat, oder es ist der Ungunst der Zeitverhältnisse zuzuschreiben (die Quelle ist ein Brief des Papst Urban II., a. 1088, an den Bischof Genebaldus von Constanz), welche insbesondere in Deutschland unter Heinrich IV. Regiment den Bannstrahlen des Papstes nur zu geringer Achtung verhalf.

[1]) gl. omnis ignorantia zu c. 12. C. 1. qu. 4; c. 1. 2. C. 15. qu. 1. gl. ignoraverit zu c. 4. X. de sent. exc. 5, 39.

[2]) error in objecto ist irrelevant. gl. ignoraverit zu c. 4 cit.

[3]) c. 38. X. de sent. exc. 5, 39. gl. voluntarius.

c. 1. X. de his, quae vi 5, 40: per coactionem adstrictus magis pati, quam agere convincitur. c. 111. C. 1. qu. 1.

Im ganz andern Lichte erscheint die That dessen, dessen Wille nicht unterworfen, sondern nur nach einer bestimmten verbrecherischen Richtung hin beeinflusst wird. Er handelt aus selbstständigem freiem Entschlusse; nur ist dieser Entschluss hervorgerufen durch die Androhung eines Uebels, Erregung von Schreck oder Furcht, der sich der Thäter durch die Begehung des Verbrechens entziehen will.

Gl. merito zu c. 1. C. 15. qu. 1: an peccatum, quod quis per metum facit, dicatur peccatum esse volentis? et respondetur, quod volentis; quia, licet quis nolit directe ipsum peccatum, ad quod compellitur, indirecte tamen vult illud per aliud, quod habere non potest sine illo peccato. [1])

Die verbrecherische Energie des Thäters, der unter einem solchen Einfluss handelt, ist aber weniger intensiv, wie die des aus ganz spontaner freier Entschliessung handelnden, der mit der Begehung dieses Verbrechens eben nur den verbrecherischen Erfolg, und nicht wie der erstere, die Befreiung des ihm auferlegten Zwanges beabsichtigt. Aus diesem Grunde wird der durch eine derartige compulsive Gewalt zum Verbrechen gedrängte Thäter stets milder bestraft, wie der in ausschliesslichem Verfolg eigener verbrecherischer Ziele Handelnde. [2])

5. Bindender Befehl, Nothstand, Nothwehr. Nur in einem Falle sieht das kanonische Recht das auf Befehl vollzogene Verbrechen als straflos an, d. i. die Tödtung durch einen Soldaten auf Befehl seines Vorgesetzten. c. 13. C. 23. qu. 5, oder, in Anwendung einer hier gerechtfertigten Analogie, jede an sich strafbare Handlung, die der Soldat auf Befehl seines Vorgesetzten begeht. In allen übrigen Fällen (selbst den Befehl des Kirchenobern nicht ausgenommen) büsst

---

[1]) Die gl. compellitur eod. nennt die absolute Gewalt coactio absoluta, die compulsive coactio conditionalis.

[2]) c. 3. C. 1. qu. 5; c. 7. C. 2. qu. 1; gl. zu c. 3. C. 22. qu. 5; c. 3. 5. X. de his, quae vi, metusve 1, 40. — In c. 4 in VI°. 3, 20 wird Gewalt gegen die Angehörigen als Zwang gegen die eigene Person aufgefasst. Der metus des c. 80. C. 11. qu. 3 ist kein criminalistisch relevanter.

der Thäter für die Verbrechen, die er auf Befehl seines Herrn begeht, ganz so, wie wenn er sie aus eigenem freiem Entschluss begangen hat.

In atrocibus enim non debet aliquis parere domino suo.[1])

Es ist zwar in den Quellen nicht genau bestimmt, wer hier als dominus zu verstehen ist; es ist aber einerseits wegen der absolut gleichen Strafe, — mag die That mit oder ohne Befehl vollzogen sein —, irrelevant, wer die That anbefohlen hat; andrerseits dürfte die Vermuthung nicht unrichtig sein, dass, da die diesbezüglichen Stellen sämmtlich dem Ambrosius und Augustinus und eine einer Decretale des Papstes Pius I. (158) entlehnt sind, als dominus der Herr von Sclaven, Colonen oder sonstigen Hörigen zu denken ist. Danach wäre es der kirchlichen Gesetzgebung zu danken, dass sie überall das Princip der eigenen Verantwortlichkeit für eigene Schuld hervorhob, und den Hörigen, die unter dem Deckmantel der Autorität eines mächtigen Gebieters Verbrechen verübten, diesen Schutz entzog und sie der verdienten Strafe unterwarf.[2])

Das in der Nothwehr begangene Verbrechen ist der Regel nach straflos. Die Abwehr eines rechstwidrigen Angriffs durch eine unter andern Verhältnissen strafbare Handlung wird als Fundament der Rechtsordnung, als Dogma des natürlichen Rechts angesehen.

c. 1. D. 7: Jus naturale est violentiae per vim repulsio.

Dieses Recht des Benöthigten, seine angegriffenen Rechtsgüter zu vertheidigen, unterliegt aber den Beschränkungen, die die Art der rechtswidrigen Verletzung fordert, so dass zur Abwehr nur die Anwendung derjenigen Mittel gestattet ist, ohne welche der rechtswidrige Angriff überhaupt nicht abgewehrt werden kann (moderamen inculpatae tutelae).

> Gl. moderamine zu c. 18. X. de homic 5, 12: servatur enim moderamen, si illud tantum fiat, quo omisso violentia repelli non posset. Si ergo violentum interficis, sic quod periculum mortis ab eo vitare non poteris, eum sine poena interficis.

---

[1]) c. 1. C. 22. qu. 5; c. 91. 92. 93. C. 11. qu. 3.

[2]) cf. gl. auctoritate zu c. 6. X. de sent. exc. 5, 39.

Eine Ueberschreitung des so gesetzten Masses (excedere modum) macht den Benöthigten straffällig. [1]) Der Excess selbst, sowie die Strafbarkeit desselben wird nach der Art der strafbaren Handlung, ihrem Erfolge, dem zur Ausübung derselben gewählten Mittel, sowie nach ihrem Verhältniss zu der abzuwehrenden Handlung beurtheilt. [2]) Ueberschreitet der Benöthigte die zur Abwehr erforderlichen Mittel durch Zufall oder in Folge eines durch den Angriff erregten Affects, so wird ihm der Excess nicht zur Schuld gerechnet. [3])

Welche Rechtsgüter gegen einen rechtswidrigen Angriff in der Nothwehr geschützt werden sollen, bestimmen die Quellen nicht genau. Die angeführten Fälle behandeln zwar nur die Bedrohung des Leibes und Lebens, schliessen aber den in der Nothwehr gestatteten Schutz anderer Rechtsgüter nicht aus. Ausdrücklich aber wird die Vertheidigung des Nächsten in der Nothwehr zur Pflicht gemacht, so dass jede strafbare Handlung, welche zur Abwehr des gegen irgend einen andern Menschen gerichteten rechtswidrigen Angriffs ausgeübt wird, als Nothwehr straflos bleibt. [4]) — Dass die Nothwehr sofort und nicht erst nach längerer Zeit eintreten muss, folgt aus dem Begriffe derselben; sie würde sich sonst in Rache verwandeln. [5])

Als ein für die kirchliche Gesetzgebung charakteristisches Moment erscheint es, dass die Quellen dem Benöthigten nur dann die Ausübung der Nothwehr gestatten, wenn er keine Gelegenheit hatte, dem rechtswidrigen Angriff zu entfliehen. [6])

Die gl. de his zu c. 6, D. 50 kommt in Folge dieser Anschauung zu einer Unterscheidung zwischen necessitas evitabilis und necessitas inevitabilis. Die in der ersteren ver-

---

[1]) c. 12. X. de rest. spol. 2, 13; c. 2. X. de homic. 5, 12; c. 3. X. de poenit. 5, 38; c. 3. X. de sent. exc. 5, 39.

[2]) In diesem Sinne ist die gl. prosternentes zu c. 7. C. 23. qu. 3 zu verstehen: ergo aliquis potest excedere modum in defendendo.

[3]) gl. excessisti zu c. 12 cit.

[4]) c. 7. C. 23. qu. 3; c. 6. § et quidem in VI°. de sent. exc. 5, 11.

[5]) ut fiat in continenti et non ex intervallo. gl. moderamine zu c. 18. X. de homic. 5, 12.

[6]) c. 36. D. 50; c. 35 eod: cum necessitate angustati effugere non possunt.

übte Handlung wird zwar milder, aber doch immerhin gestraft, während die in unvermeidlicher Nothwehr verübte Handlung straflos bleibt. [1])

Ueber den Nothstand giebt das kanonische Recht nur ganz allgemeine Bestimmungen. [2])

Quod non est licitum in lege necessitas facit licitum. (c. 4. X. de reg. jur. 5, 41):
necessitas non habet legem. (c. 11. D. 1. de cons. Gr. zu c. 39. C. 1. qu. 1.) quidquid necessitate fit, cito solvitur (c. 27. D. 1. de cons.).

Die Quellen begründen die Straflosigkeit der von einem im Nothstand Befindlichen verübten Verbrechen im Allgemeinen nicht; nur in Bezug auf die Straflosigkeit des Diebstahls von Esswaaren in Hungersnoth führt die gl. fame zu c. 26. D. 5. de cons. an:

> et est ratio, quia in necessitate omnia debent esse communia;

eine Begründung, die jedenfalls auf die im Nothstand begangene Verletzung von Leib und Leben keine Anwendung finden kann. — Auch aus der vielfachen Anwendung des Ausdrucks „excusatur" zur Bezeichnung der Straflosigkeit ist nicht zu entnehmen, dass die Quellen die Straflosigkeit auf eine Entschuldigung des im Nothstand Befindlichen gründen; denn der Ausdruck „excusatur" wird auch angewandt bei der Straflosigkeit des puer und furiosus bei denen doch von einer Entschuldigung keine Rede sein kann, da in diesen Fällen in der That keine Schuld vorliegt.

Geschützt wird im Nothstand jedes Rechtsgut ohne Ausnahme. [3])

c. 15. X. de jurejur. 2, 24: pro vita et rebus servandis.

---

[1]) Zweifelhaft ist, ob der Fall des c. 38. D. 50 als Nothwehr aufzufassen ist, da die Worte „non tua sponte" auch die Vermuthung zulassen, der Bischof Siegbert habe auf Befehl eines Andern gehandelt; es ist aber nicht anzunehmen, dass dieselben nur als Wiederholung der Worte „a Sarracenis captus" zu verstehen sind.

[2]) Der Ausdruck „necessitas" wird gleichmässig zur Bezeichnung von Nothstand und Nothwehr gebraucht.

[3]) Nur einmal wird in c. 3. X. de furt. 5, 18 der Nothstand „famis aut nuditatis causa" aufgeführt; vgl. CCC. art. 166.

c. 3. C. 22. qu. 5: pro vita redimenda vel pro qualibet alia causa.

Es wird aber erfordert, dass derselbe auf andere Weise nicht abwendbar gewesen sei. [1])

Die volle Straflosigkeit erfährt die im Nothstand verübte Handlung jedoch nur, wenn die zu schützenden Rechtsgüter erheblich gefährdet waren (magna necessitas), andernfalls wird dieselbe, — wenn auch milder gestraft. [2])

Der Einfluss dieser kanonischen Grundsätze auf die criminalistische Wissenschaft und auf die Gesetzgebung Karls V. ist unbestritten. Im Gegensatz zum römischen Recht wird das 14. Lebensjahr als Discretionsjahr für beide Geschlechter angenommen, [3]) mit der Ausdehnung, dass die minores bis zum 25. Lebensjahre milder gestraft werden sollen, als die Erwachsenen. Massgebend ist natürlich die Zeit der That, nicht die der Verurtheilung. [4]) — Aus c. 2. X. de delict. puer. 5, 17 wird der Satz aufgestellt, dass der jugendliche Delinquent, der ein lokales Gesetz (Statut) übertritt, nur dann bestraft wird, wenn das in dem Statut unter Strafe gestellte Vergehen auch nach gemeinem Rechte (jure communi) strafbar ist. [5])

Da CCC. Art. 179 in dieser Materie nur ganz allgemeine Bestimmungen trifft:

> Item wirt von jemandt, der jugend oder anderer gebrechlicheyt halben, wissentlich seiner synn nit hett, eyn uebelthatt begangen...

so sind auch für diese die von der Wissenschaft angenommenen kanonistischen Principien bezüglich der Bestrafung der jugendlichen und der anderen unzurechnungsfähigen Verbrecher massgebend.

---

[1]) mortem aliter vitare non valens. c. un Clem. de homic. 5, 4.

[2]) gl. poeniteat zu c. 3. X. de furt. 5, 18. — Eine besondere Art des Nothstandes (Eidesbruch, um das geschworene Verbrechen nicht zu erfüllen) in c. 6. C. 22. qu. 4; c. 3. C. 22. qu. 5 und c. 11. C. 23. qu. 5: „non licet propria perire manu, absque eo, ubi castitas *periclitatur*".

[3]) Farinacius, l. c. p. III., qu. 92 und 93 und die dort Citirten wollen den impuberes auch die delicta carnis zurechnen, sofern die physische Fähigkeit des Delinquenten erwiesen ist. — Suarez op. omn. concl. 63 sq.

[4]) Tiraquelli, de poenis temperandis caus. 7 n. 8.

[5]) Farinacius l. c. n. 151 sq. Im Allgemeinen vgl. Berner, a. a. O. S. 106.

Insbesondere beruht die Lehre von der im Zustand der Trunkenheit und des Schlafwandelns verübten Verbrechen ausschliesslich auf kanonischem Recht.

Dieselbe ist indess durch die Wissenschaft ganz im Sinne der kanonischen Principien dahin ausgebildet worden, dass derjenige, welcher wissend, dass er im Schlaf oder in der Trunkenheit geneigt ist, Verbrechen zu begehen, sich in diesen Zustand absichtlich versetzt, um das Verbrechen auszuüben, der vollen Strafe unterliegt.[1]) Ebenso findet auf denjenigen, der nur im Zustande des leichten Rausches (tantummodo exhilaratus), oder nicht übermässiger Trunkenheit (leviter ebrius) ein Verbrechen begeht, die Strafmilderung keine Anwendung.[2]) Auch die mildere Bestrafung der Frauen ist aus dem kanonischen Recht in die Doctrin übergegangen.[3])

Die oben angeführten Grundsätze über die Nothwehr sind in der Wissenschaft geändert worden. Dieselbe gestattet zwar eine Vertheidigung sämmtlicher Rechtsgüter des Benöthigten selbst, wie jeder andern Person, verlangt aber nicht, dass der Benöthigte die Flucht vor dem Angreifer nehmen solle, weil dies als schimpflich angesehen wird.[4]) Dieser Gesichtspunkt ist auch von der CCC. art. 140 angenommen:

> und der benöttigt kan on ferlichkeyt oder verletzung seins leibs, lebens, ehr und guten leumunts nicht entweichen,

dagegen schliesst die CCC. art. 139 sowohl die Nothwehr zur Rettung der Ehre und des Vermögens, wie die Nothwehr zur Rettung von Leib und Leben eines andern aus.[5])

---

[1]) Covarruvia a Leyva. op. omn. p. III. relect. in initio in 4. i. f. n. 6, n. 74. Tiraquelli l. c. c. 6, n. 11, 12.

[2]) Farinacius l. c. n. 15.

[3]) Tiraquelli l. c. causa 9. nu. 1 und de leg. connub. n. 69. Farinacius l. c. qu. 98, causa 10. n. 1.

[4]) Covarruvia p. III de homicid. ad defensionem commissi. Suarez l. c. concl. 20 n. 50; dieser schliesst aber die Nothwehr „simplicium rerum honorisque causa" aus.

[5]) CCC. art. 150: „Item so eyner zur rettung eines andern leib leben, oder gut jemand erschlecht", halte ich für einen Fall des Nothstands, da die Nothwehr zur Rettung des eigenen Vermögens in der CCC. aus-

§ 4.
Dolus und Kulpa.

Im Dolus erkennen die kanonischen Quellen auch den auf die Erzeugung eines verbrecherischen Erfolges gerichteten, zur Schuld zurechenbaren Willen. Die grössere oder geringere Energie dieses Willens, die ihn veranlassenden Motive, der mit der Vollendung des Verbrechens beabsichtigte Zweck bestimmen die grössere oder geringere Strafbarkeit.[1])

Ist der erste Erfolg einer Handlung dem Dolus des Thäters zuzuschreiben, so werden ihm auch alle weiteren sich daraus ergebenden Folgen, mögen sie nun gewollt oder nicht gewollt sein, sofern sie nur nicht durch von aussen ohne Schuld des Thäters hinzutretende Umstände veranlasst sind, zur Schuld zugerechnet.[2])

Ist der verletzende Erfolg vom Thäter nicht beabsichtigt, sondern ist er nur die Folge von Handlungen, die aus einer andern Intention hervorgingen, bei denen aber der Handelnde die Möglichkeit des rechtsverletzenden Erfolges unter Anwendung gewöhnlicher Aufmerksamkeit voraussehen konnte, so liegt culpa vor.[3])

Die Strafbarkeit des fahrlässigen Verbrechens ist milder, wie die des vorsätzlichen.[4])

---

geschlossen ist. Dagegen freilich Kress, Comm. succ. in Const. crim. Caroli V. ad art. 150.

[1]) c. 42, 43. D. 50. c. 4. C. 16. qu. 6. c. 1. C. 15. qu. 1. c. 2, 4. C. 22. qu. 2. c. 22, 23. C. 23. qu. 4. Für „dolus" finden sich in den Quellen vorzüglich die Ausdrücke: voluntas, studium, industria. c. 39. D. 50. c. 23. D. 2 de poen. — c. 21. D. 2 de poen. giebt eine interessante Scala der Entstehung des Verbrechens nach der inneren und äusseren Seite: tribus gradibus ad peccatum pervenitur: suggestione, et quum in corde consentitur libidini, delectatione, et quum in factum procedit assertio, consensione et cum vi consuetudinis malae premitur animus.

[2]) Et sic propter unum delictum imputantur omnia, quae sequuntur ex illo. gl. prodiit zu c. 39. D. 50 und c. 39 cit. in Verbindung mit gl. interiit.

[3]) Die Quellen gebrauchen für „culpa" auch den Ausdruck „infirmitas": c. 23. D. 1 de poen.; „casus": c. 43. D. 50; „negligentia": c. 9. X. de poenit. et remiss. 5, 38.

[4]) c. 43. D. 50. c. 3. X. de his, qui fil. 5, 10.

Eine Sonderung oder sonstige gesetzliche Bestimmung, bei welchen Verbrechen die Fahrlässigkeit möglich, bez. zu strafen ist, bei welchen nicht, ist in den Quellen nicht enthalten.

Die Grenzen der Fahrlässigkeit nach der Richtung des Dolus hin sind die römisch rechtlichen, dagegen hat das kanonische Recht den Umfang der Fahrlässigkeit nach der Richtung des rein zufälligen Erfolges weiter ausgedehnt. Fahrlässigkeit wird schon dann angenommen, wenn der Thäter nicht, selbst in den Fällen, in denen thatsächlich kein Grund zur Besorgniss vorliegt, mit Achtsamkeit gehandelt hat.

> c. 3. X. de his, qui fil. 5, 10 gl. nec etiam: minorem diligentiam adhibet, quia bonarum mentium est, ibi culpam timere, ubi culpa non est.[1])

Dieser Definition entspricht auch die in c. 8 X. de homic. 5, 12 gefällte Entscheidung: Mehrere Geistliche und Laien kehren mit Sicheln vom Weinberge zurück. Auf dem Rückwege spielen sie ein Spiel, bei dem ein Jeder sich bemüht, mit seiner Sichel die Sichel des Andern niederzuschlagen, und dann nach Art eines Reiters sich auf den Rücken des Besiegten zu schwingen. Ein Laie springt auf den Rücken eines Geistlichen, der seine Sichel über die Schulter trug. Er springt in das Messer hinein und stirbt in Folge der Verletzung. Die gl. Romani imputirt dem Geistlichen culpa, weil er wissen musste, dass es bei diesem Spiel Sitte ist, auf den Rücken des Andern zu springen, und er daher die Sichel nicht über die Schulter nehmen durfte.[2])

Der weite Begriff der Kulpa entspricht dem Princip der Kirchengesetzgebung, die Sünde in jedweder Erscheinung strafrechtlich zu fixiren, um die Kirchengenossen zu einem nach jeder Richtung hin unbescholtenen Leben zu erziehen.

Die durch Zufall erfolgte Verletzung des Rechtsguts eines Andern wird Niemandem zur Schuld zugerechnet.[3])

---

[1]) Ein wenig modifizirt: c. 23. X. de homic. 5, 12: alicui nihil potest imputari, si omnes casus fortuitos non praevidit.

[2]) cf. Gr. zu c. 2. C. 15. qu. 1. (Ein Blinder, der im Spiel einen Andern verwundet.)

[3]) Der Zufall wird vielfach bezeichnet casus fortuitus: c. 46. D. 50.

§ 5.
Theilnahme.

Das oben gedachte Princip der Kirche, den Begriff der strafbaren Handlung soweit zu fassen, als es nur immer die natürlichen Lebensverhältnisse und die Bedingungen des Verkehrs der Menschen unter einander gestatten, hat die Kirchengesetzgebung auch in ihren Bestimmungen über die Bestrafung mehrerer an einem Verbrechen Betheiligter geleitet.

Für alle Arten der Theilnahme haben die Quellen den Gesammtbegriff consensus, dem sie vier Unterarten zuschreiben: consensus per negligentiam, consensus cooperando, consensus connivendo (Consens im eigentlichen Sinne) und consensus defendendo. [1]) Indess ist diese Aufzählung nichts weniger als erschöpfend, denn es findet sich daneben noch favor, receptatio, patrocinatio, auxilium, societas occulta u. a. mehr, die alle mit den von der Glosse aufgeführten Unterarten der Theilnahme gleichbedeutend sind. Eine Unterscheidung der einzelnen Arten der Theilnahme von einander nach ihrer inneren Bedeutung oder nach ihrer strafrechtlichen Wirkung findet sich in den Quellen nicht.

Die gemeinsamen Grundsätze für jede Art der Theilnahme an einem Verbrechen — Anstiftung, Mitthäterschaft, Aufnahme des Verbrechers ins Haus, Beschützung desselben, Reichung von Nahrungsmitteln oder sonstige Unterstützung, Bergung der gestohlenen Gegenstände, unterlassene Abhaltung vom Verbrechen — sind:

---

c. 23. X. de homic. 5, 12. — c. 47. D. 50. c. 8, 9, 14—16 X. de homic. 5, 12. c. 3. X. de his, qui fil. 5, 10 gl. nec etiam.

[1]) consensus per negligentiam ist nicht fahrlässige Theilnahme, sondern Beihülfe durch unterlassene Abhaltung vom Verbrechen. — Die gl. pari poena zu c. 1. X. de off. et potest. 1, 29 bringt daher den versus memorialis:

Consensus spernit, suadet, iuvat atque tenetur.
Hic minus hicque minus luit, hic aequaliter, hic plus,
Consentiens operans, defendens, non reprehendens.

gl. consentire zu c. 10. C. 11. qu. 1 begnügt sich mit 3 Arten des Consens: qui cooperatur, qui non corrigit, qui defendit.

Gleiche Strafe trifft den Thäter und den Theilnehmer, die Theilnahme muss wissentlich sein; dieselbe wird nur gestraft, wenn die That wirklich begangen, d. i. versucht oder vollendet worden ist. [1])

Einzelne Ausnahmen dieser allgemeinen Regel, insbesondere die theils mildere, theils härtere Bestrafung des Mitthäters und Anstifters [2]) beruhen nicht auf einem bestimmten Princip, sondern finden ihre Begründung im concreten Fall.

Hervorzuheben ist noch, dass selbst eine nach begangener That geäusserte Beistimmung zu derselben, sofern die That im Interesse des Consentirenden geschehen ist, den Letzteren gleichfalls als Theilnehmer strafbar macht. [3])

Diese exorbitante Ausdehnung des Begriffs der Theilnahme wäre weder kriminalistisch, noch kriminalpolitisch zu verstehen, wenn nicht das eigenthümliche Strafensystem der Kirche ergänzend hinzuträte, nach dem zwar die Geistlichen, die die Ehre der Kirche schützen und das kirchliche Banner vor jedem Makel bewahren sollen, die ganze Strenge des kirchlichen Strafrechts in Wirklichkeit erfahren, während es hingegen dem Laien überlassen bleibt, in Anwendung dieser strafrechtlichen Grundsätze ihre Sühnung und Besserung durch Busswerke, die mehr oder minder innerlich sind, zu erlangen. [4])

---

[1]) c. 8. D. 50. c. 22. C. 22. qu. 4. c. 4. C. 22. qu. 5. c. 19. C. 23. qu. 5. c. 31, 32. C. 23. qu. 8. c. 32. C. 24. qu. 3. c. 8, 101. C. 1. qu. 1. c. 10. C. 2. qu. 1. c. 4. C. 3. qu. 4. c. 1, 4. C. 36. qu. 2. c. 2. C. 5. qu. 1. c. 22. C. 11. qu. 1. c. 11. C. 23. qu. 3. c. 6, 47. X. de sent. exc. 5, 39. c. 6. X. de homic. 5, 12. c. 1. X. de off. et pot. 1, 29. c. 3. in VI°. 5, 4 de homic.; c. 23. in VI°. 5, 11 de sent. exc.; c. 5. in VI°. 5, 9 de poenis; c. 3. in VI°. 3, 23 de immun. Eccl.; c. 1 Clem. 5, 8 de poenis; c. 8. X. 5, 3 de simon.

[2]) c. 3. in VI°. 5, 4 de homic.; c. 65 illi etiam in VI°. 5, 12 de V. S.

[3]) c. 23 in VI°. de sent. exc. 5, 11. c. 10. C. 2. qu. 1. gl. consentientes zu c. 5. C. 17. qu. 4. gl. auctoritate zu c. 6. X. de sent. exc. 5, 39.

[4]) Die Wissenschaft hat daher auch diese Grundsätze nur mit der Massgabe adoptirt, dass die Theilnehmer und Anstifter gleich dem Thäter bestraft werden sollen. Covarruvia. p. II. § 2 n. 1 de homicid. Farinacius p. IV. de consultor. qu. 129. tit. 15. n. 10, 68, 99. Dagegen ist die Bestrafung des Consenses nach vollbrachter That nicht aufgenommen. Farinacius l. c. n. 78. consilium post delictum non punibile est.

b) Objectiver Thatbestand.

§ 6.

Object des Verbrechens.

Object des Verbrechens sind für das kanonische Recht nächst den auch vom weltlichen Recht anerkannten (Staatsordnung, Rechtsgüter des Individuums) vorzüglich Religion und Sitte. In der Verletzung dieser Fundamente der Kirche identificiren die Quellen zugleich die Verletzung aller andern Rechtsgüter, und die Intensität des Verbrechens bemisst sich danach, inwieweit durch dasselbe der Bestand der Kirche, die Verehrung derselben, die Glaubensregeln verletzt werden. Dieser Standpunkt zwingt die Gesetzgebung, Handlungen als Verbrechen zu bestrafen, die kein weltliches Gesetzbuch je mit Strafe belegt hat. Er bildet die Scheidewand zwischen kirchlicher und weltlicher Strafgesetzgebung. Nach zweifacher Richtung erscheint die Kirche als Object der Verletzung: als gesetzgebender Staatsorganismus und als Inbegriff der Glaubenslehren. Die Verbrechen verletzen die Kirche zum Theil nur in jeder einzelnen dieser Beziehungen gesondert, zum Theil in beiden zugleich.

Neben diesem allgemeinen Object der Rechtsverletzung kann aber auch das Privatrecht des Einzelnen verletzt werden. Die Tauglichkeit dieses Objects kann aber aufgehoben werden durch den Willen des Staats sowohl,[1]) wie durch den eigenen Willen des Individuums.[2]) Zuweilen bedingt auch die besondere Eigenschaft des Verbrechensobjects eine mildere

[1]) c. 41. C. 23. qu. 5: miles hominem, judex vel minister ejus nocentem occidere potest; cf. c. 13, 30, 31 eod. c. 33. C. 23. qu. 8. reg. 24 in VI°. de R. J.

[2]) reg. 27 in VI°. de R. J.: Scienti et consentienti non fit injuria neque dolus. gl. scienti. — Dagegen ist Selbstmord strafbar. (Entziehung des feierlichen Begräbnisses und Verbot der Todtenmesse für den Selbstmörder). c. 8—10, c. 12. C. 23. qu. 5. cf. zu c. 12 cit. gl. commemoratio und gl. sepulturam.

Strafe; insbesondere, wenn Juden, Heiden, Ketzer und auch Excommunicirte [1]) Gegenstand des Verbrechens sind. [2])

§ 7.

Vollendung und Versuch.

Das Delict ist vollendet, wenn der verbrecherische Wille irgendwie erkennbar geworden ist. [3])

Gr. zu c. 22. D. 1 de poen.: Ex consilio autem velut ex facto aliquem teneri. gl. ex consilio. Qu. d. non tantum voluntate tenetur quis, sed ex consilio. Consilium autem plus est, quam voluntas, quia in eo proceditur ad factum.

Bestimmte Voraussetzungen für die Erkennbarkeit des Willens sind in den Quellen nicht enthalten; [4]) die Beurtheilung im einzelnen Falle unterlag dem subjectiven Ermessen des Richters.

Bei dieser weiten Ausdehnung der Vollendung war für eine Ausbildung des Versuchs kein Feld übrig.

Dem kanonischen Strafrecht sind auch in der That der kriminalistische Begriff des Versuchs und seine rechtlichen Wirkungen fremd. Diejenigen Quellenstellen, in denen eine sorgfältige Scheidung des Versuchs vom vollendeten Verbrechen enthalten ist, sind Citate aus den römischen Quellen (c. 6—17. D. 1 de poen.).

---

[1]) c. 47. C. 23. qu. 5.

[2]) Das dem c. 5 conc. Eliberitanum entlehnte c. 43. D. 50, welches auf die Tödtung einer Sclavin eine geringere Strafe setzt, ist vereinzelt, und auch durch die im 12. Jahrhundert in dieser Richtung bereits gänzlich veränderten socialen Verhältnisse als obsolet anzusehen. Das conc. Eliberitanum ist nach den neuesten Forschungen von Hefele, Konziliengeschichte, Bd. I. S. 148—154 in das Jahr 305 oder 306 zu verlegen.

[3]) Diejenigen Quellen, welche den Erfolg noch weiter zurücklegen, sind als Erzeugnisse rein theologischer Moral von keinem kriminalistischem Interesse: c. 29 D. 1 de poen.: Si propterea non facis furtum, quia times, ne videaris, intus fecisti, in corde fecisti, furti teneris. c. 25, 26 eod. gl. zu c. 30 eod.: qui ergo opus adjicit voluntati, iniquitatem adjicit iniquitati. gl. teneris zu c. 29 cit. teneris quoad Deum, non quoad hominem, cum rem non contrectaveris. Berner, Imputationslehre. S. 288, 289.

[4]) cf. c. 41. C. 27. qu. 1. c. 13. C. 22. qu. 5. c. 8. C. 14. qu. 4. c. 1. C. 14. qu. 3. c. 22. C. 6. qu. 1 (L. Quisquis). c. 13. D. 1 de poen.

Nur zwei Decretalen Innocenz III. c. 4 und c. 6. X. de bigam. non ord. 1, 21 könnten zu der Annahme eines Versuchs führen:

c. 4: Ein Geistlicher geht eine zweite Ehe ein; diese zweite Ehe ist rechtlich ungültig; er sei demnach in Wahrheit kein Bigamus, weil er nicht in zweiter Ehe lebe; er wird aber wegen Bigamie bestraft, propter affectum intentionis cum opere subsecuto.

c. 6: Ein Subdiakon heirathet eine Wittwe; auch diese Ehe ist rechtlich ungültig, so dass in Wahrheit zwischen dem Diakon und der Wittwe kein eheliches Band geschlossen sei; er wird aus gleichem Grunde als Bigamus gestraft.

Der Gesetzgeber statuire also hier einen sog. beendeten Versuch in der Annahme, dass die Vollendung des Verbrechens durch einen ausserhalb des Willens des Thäters liegenden, rechtlichen Umstand gehindert sei. Diese Auffassung wäre wenig juristisch, denn nach derselben müsste man jedes Verbrechen als Versuch ansehen, da der Vollendung desselben stets ein rechtliches Hinderniss entgegen stehen wird. Aber sie ist auch für die Bestimmung des Versuchsbegriffs wenig relevant, denn, abgesehen davon, dass in beiden Fällen die versuchte Handlung gleich der vollendeten gestraft wird, so geht auch aus der Fassung der Quellen hervor, dass die Handlung als vollendetes Verbrechen angesehen wird.

Von einer Unterscheidung zwischen Vollendung und Versuch ist daher für das kanonische Strafrecht abzusehen.

II. Strafen.

§ 8.

Strafgesetz und Strafzweck.

Die Quellen enthalten theils fertige Strafgesetze, theils nur kriminalistische Principien, (Rechtsbelehrungen).

Die Strafgesetze sind entweder absolut bestimmt, oder

absolut unbestimmt;[1]) die letzteren bilden die Mehrzahl. Zur Zeit der Pönitentiarbücher finden wir allerdings die Strafbestimmungen genau fixirt, so dass für jede, auch die geringste Spielart eines Delicts eine feste Strafe gesetzt war. Diese Weise der Gesetzgebung entsprach einerseits den strafrechtlichen Anschauungen jener Zeit, nach denen ohne Erwägung der Verschiedenheit der Schuldgrade nur der Erfolg gestraft wurde; andrerseits war sie auch der Bedeutung der Beichtbücher angemessen, die nicht nur für Geistliche, sondern auch für Laien in einzelnen Gebieten als ausschliessliche Strafgesetzbücher bestanden,[2]) und die Grenzen der ihnen eigentlich zugewiesenen sittenrichterlichen Rüge zu der Gewalt der Rechtsprechung in allen die Kirche berührenden und nicht berührenden Delicten ausdehnten.[3]) Mit dem Verdrängen der Beichtbücher durch die kanonischen Rechtssammlungen schwand aber auch der Umfang der geistlichen Strafjurisdiction, die von nun an thatsächlich neben der weltlichen Strafgewalt einherging, und es sich zur fast ausschliesslichen Aufgabe gestellt hatte, den durch das Delict gebrochenen Frieden der Kirche mit dem Sünder wieder herzustellen. Von diesem Gesichtspunkt ausgehend konnte die Kirche keine festen Strafsatzungen aufstellen. Sie beschränkte sich darauf, dem Richter die Art der Strafe anzudeuten, und überliess es des Weiteren diesem, je nach der Schuld des Verbrechers und dessen reuiger Besserung das Strafmass zu bestimmen.[4])

---

[1]) Ganz vereinzelt finden sich Strafbestimmungen mit vorgeschriebenem Minimalmass der Strafe; so c. 2. X. de sortileg. 5, 21 und gl. si tibi: minorem poenitentiam anno (arbiter sc.) non potest imponere, ex quo Papa sibi annum praefixit.

[2]) Richter-Dove, Lehrb. des Kirchenrechts. 7. Aufl. S. 646. Henke, Handbuch des Criminalrechts. I. S. 27, 28. Dove, de jurisd. ecclesiast. apud Germ. Gallosque progressu. p. 50, 51.

[3]) Ihering's Ansicht (Geist des Römischen Rechts. II. S. 56, 57), dass die geistlichen Gerichte des Mittelalters, wie neben dem Prätor der Censor, so neben den weltlichen Gerichten gestanden, und beide selbstständig und unabhängig ihren eigenen Weg und ihren eigenthümlichen Gesichtspunkt verfolgt hätten, dürfte daher für die Zeit der Herrschaft der Beichtbücher, d. i. für das 7—11. Jahrhundert, zu modifiziren sein.

[4]) Indessen hat sich dieser Standpunkt in der Praxis wenig Geltung

Bestimmte Strafgesetze finden sich vorzüglich nur bei den gegen Geistliche ausgesprochenen Strafen, weil die Kirche hier während des ganzen Mittelalters ausschliessliche Gerichtsbarkeit hatte, und der geistliche Richter den delinquirenden Kleriker nicht bloss durch Pönitenzen zu bessern suchte, sondern auch mit den gewöhnlichen weltlichen Strafmitteln bestrafte. [1])

In einem interessanten Verhältniss zu dem Unterschiede zwischen Strafmittel gegen Laien und Geistliche erscheinen auch die in den Quellen niedergelegten Zwecke, welche mit der Bestrafung erreicht werden sollen.

Wo die Kirche wirkliche Strafen gegen ihre Geistlichen ausspricht, will sie abschrecken. [2]) Damit die Kirche in ihrem Bestande und in ihren unmittelbaren Vertretern intact erhalten bleibe, sucht sie jedes künftige Verbrechen der andern Kleriker, sowie des Delinquenten durch strenge Bestrafung des begangenen Verbrechens zu verhüten und wendet sich, wenn ihre Strafmittel gegen den unverbesserlichen (incorrigibilis) Delinquenten nicht mehr ausreichen, an die weltliche Macht, damit diese, nachdem die Kirche das verbrecherische Mitglied der kirchlichen Würden entkleidet hat, dasselbe bestrafe. [3])

Dagegen sind die Verbrechen der Laien der Kirche nur Gegenstand zur Ausübung ihres Heilsamtes. Den sündigen Laien will sie ausschliesslich bessern, [4]) zur reuigen Umkehr führen; darum legt sie ihm nur Pönitenzen auf.

---

verschafft, denn schon Farinacius (de accus. p. III. qu. 17. p. 240) kommt auf die Vorzüge bestimmter Strafgesetze zurück: poenae vero persequutio non ejus. (sc. judicis) arbitrii voluntati mandatur, sed legis auctoritati reservatur. Vgl. indess p. 241.

[1]) tit. X. de foro competenti 2, 1.

[2]) c. 18. C. 23. qu. 5. c. 37. eod. c. 2. X de sim. 5, 3. c. 17. X. de Iud. 5, 6. c. 7. X. de poenit. et remiss. 5, 38. c. 1. X. de maledicis 5, 26. c. un. in VI°. de schismaticis 5, 3. c. 1. in VI°. de homic. 5, 4. c. 1 Clem. de off. jud. ord. 1, 9.

[3]) c. 14. X de off. jud. ord. 1, 31. c. 19. C. 11. qu. 1. c. 8. D. 81. c. 43. C. 23. qu. 5. c. 13. X. de haeret. 5, 7. c. 18. X. de excess. Prael. 5, 31. — capit. Dacheriana c. 81. (Wasserschleben, Bussordnungen p. 152) Poenitent. Theodor. l. I. c. 4. § 5 (Wasserschleben l. c. p. 188).

[4]) c. 17, 18. C. 24. qu. 3. c. 3, 13. C. 23. qu. 5. c. 1. X. de apostat. et reit. 5, 9.

Die Form der Strafgesetze ist eine Zweitheilung. Der Gesetzgeber setzt erst das Verbot, dann die Strafbestimmung. gl. in tabulis zu c. 1. X. de sortilegiis 5, 21: Primo ponit prohibitionem. Secundo ponit poenam transgressoribus ibi.[1])

Der Gesetzgeber spricht zunächst die Norm aus in der Form: Ne quis; an diese schliesst er, indem er entweder mit der Einleitung „si quis" den Thatbestand noch einmal aufnimmt, oder nur kurz referirt: si quis contraierit, die Uebertretung an und bestimmt für diese die Strafe.

Indess ist diese Formulirung der Strafgesetze nicht durchgängig. Insbesondere enthalten die aus den Bussordnungen und den Concilien der ersten Jahrhunderte aufgenommenen Strafbestimmungen nur eine Darstellung des Thatbestandes, eingeleitet durch „siquis, quisquis, qui", und setzen dann die Strafe.

Bezüglich der zeitlichen Geltung der Strafgesetze ist zu unterscheiden zwischen allgemeinen päpstlichen Constitutionen und Concilienbeschlüssen einerseits, und den Spezialconstitutionen und Statuten der Bischöfe andrerseits. Jede spätere päpstliche Constitution und jeder spätere Concilienbeschluss hebt nur die früheren päpstlichen Constitutionen und Concilienbeschlüsse auf; dagegen bleiben die Spezialconstitutionen und Statuten unverändert, wenn dieselben nicht ausdrücklich in dem neuen allgemeinen Gesetz, oder durch eine Spezialconstitution bez. Statut aufgehoben werden.[2])

Der gleiche Unterschied tritt in Bezug auf das räumliche Geltungsgebiet hervor. Während die allgemeinen Gesetze alle Mitglieder der Kirche binden, gelten die Spezialconstitutionen nur für den einzelnen Fall, und die Statuten der Bischöfe nur für das ihrer Jurisdiction zuständige Territorium. Diese letzteren unterliegen auch dem absoluten Territorialprincip, so dass ein zur Jurisdiction des constituirenden Bischofs gehöriger Delinquent, der ausserhalb des bischöflichen Territoriums ein Verbrechen begeht, das in der Con-

---

[1]) Eine Unterscheidung, die erst in der neuesten Wissenschaft wieder ihre richtige Würdigung erfahren hat. Binding, Normen. I. S. 55, 56.

[2]) c. 1. in VI°. de constitut. 1, 2.

stitution verboten ist, nicht aus dieser Constitution bestraft werden kann. [1])

Die Grenzen des kirchlichen und des weltlichen Strafrechts, insbesondere das Verhältniss der Competenzen beider Gesetzgebungen, ergeben sich, soweit es für die vorliegende Frage von Belang ist, aus der Darstellung der Strafen. [2])

Die Rechtsbelehrungen, die nur kriminalistische Principien enthalten, ohne zugleich eine Strafe für das Vergehen zu bestimmen, finden sich zunächst in den ältesten Concilien, den Schriften der Kirchenväter und einzelnen Responsen der Päpste. Dieselben haben gleiche Bedeutung mit den wirklichen Strafgesetzen und unterscheiden sich von diesen, abgesehen von der fehlenden Strafsatzung, noch dadurch, dass sie sich — insbesondere die Responsen der Päpste — immer auf einen bestimmten Fall beziehen, in Rücksicht auf welchen sie erlassen sind; ein Umstand, der bei der Interpretation sehr in den Vordergrund tritt.

§ 9.

Eintheilung der Strafen.

Die übliche Eintheilung der kanonischen Strafmittel unterscheidet drei Klassen: 1. die Pönitenzen, gegen Geistliche und Laien gleich anwendbar; 2. die Censuren, von denen die Excommunication und das Interdict gegen Geistliche und Laien, die Suspension nur gegen Geistliche gerichtet ist; 3. die eigentlichen Strafen, poenae vindicativae, und zwar: Irregularität, Privation, Deposition, Degradation gegen Geistliche; Entziehung des christlichen Begräbnisses, Gefängnissstrafe — gewöhnlich auf bestimmte Zeit, bisweilen selbst auf Lebensdauer — Verbannung, körperliche Züchtigung, Infamie, Brandmarkung, Zerstören der Wohnung gegen Geistliche und Laien. [3])

---

[1]) c. 2. in VI°. eod. — Nur auf diese Particulargesetzgebung der Bischöfe bezieht sich auch die Bemerkung Gratian's zu c. 17. C. 23. qu. 4: quia non sunt nostri juris, in delinquentes exercere non possumus.

[2]) Darüber vorzüglich Friedberg: de finium inter ecclesiam et civitatem regundorum judicio p. 81—112, 132—140.

[3]) Geib, Lehrbuch des Strafrechts. I. S. 141—151. (Geib führt auch

Diese Eintheilung ist irrthümlich.[1])

Zunächst ist festzustellen, dass die Quellen für sämmtliche der oben aufgeführten Strafmittel — neben denen sich noch eine ganze Reihe weiterer Strafen aufführen lässt, wie: Entziehung der Lehnsfähigkeit, des Rechts, Waffen zu tragen, der Fähigkeit zur Eingehung einer Ehe, abstentio a communione und vor allen die sehr häufig angewandte intrusio in monasterium, Einsperrung in ein Kloster auf immer oder auf bestimmte Zeit u. a. m. — keine bestimmte technische Bezeichnung haben. Die Ausdrücke wechseln zwischen poenitentia, medicina, censura, vindicta und poena.

Poenitentia ist die allgemeine Bezeichnung für Bussübungen, Excommunication, Interdict und Suspension; indess findet sich für diese sämmtlichen Strafmittel auch der Ausdruck medicina; censura nur für die drei letzteren, für Irregularität und Entziehung der Fähigkeit zur Eingehung der Ehe; vindicta bezeichnet die Körperstrafen, Gefängnissstrafen, sowie alle diejenigen (Leibes- und Lebens-) Strafen, die von der weltlichen Macht zu vollstrecken sind, und die Deposition, Degradation, Confiscation der Güter; poena endlich wird für sämmtliche Strafmittel gebraucht, bedeutet aber auch die von Gott auferlegte Sühne, der alle Menschen ihrer Sünden wegen unterliegen (poena febris, poena zeli, poena furoris).

Aus dem Charakter der Strafen nun lassen sich feste Unterschiede derselben gewinnen, der Art wie sie schon oben (§ 8) angedeutet wurden. Sämmtliche Bussübungen, die Excommunication, Interdict, Suspension, Irregularität, Unfähigkeit zur Ehe, d. i. alle sogenannten Pönitenzen und Censuren, intendiren ausschliesslich die Besserung des zu Be-

---

noch die Talion auf; diese ist ja aber nicht Strafe, sondern nur Strafprincip.) Schulte, Lehrb. des Kirchenrechts. Bd. I. S. 374—399. Permaneder, Lehrb. d. Kirchenrechts. II. S. 136—148. Muenchen, das kan. Strafrecht. II. S. 116—138. Richter-Dove, §§ 219. 222. S. 669 ff.

[1]) Schon Walter, Lehrb. d. Kirchenr. §§ 190 ff. und Heffter, Lehrb. d. Criminalr. § 124 haben diese unrichtige Eintheilung vermieden, und die neueren Systeme des Strafrechts modifiziren dieselbe auch erheblich; Berner, Lehrb. d. Strafr. 10. Aufl. S. 215, 216. Meyer, Lehrb. d. Strafr. § 18. Nr. 4.

strafenden und sind daher auf unbestimmte Zeit verhängt bis zur eintretenden Besserung, oder, wenn sie mit einer bestimmten Dauer ausgesprochen sind, so wird die Strafe absolvirt, sobald die Besserung des Sünders ersichtlich eingetreten ist. [1])

Innerhalb dieser Klasse unterscheiden sich die Bussübungen (Pönitenzen) von der Excommunication, Suspension und Interdict nur durch die Art der Ausübung. Die drei letztgenannten Strafmittel können insgemein unter dem Namen Censuren begriffen werden, weil einerseits der Name Censura auf diese am häufigsten angewandt wird, und dieselben auch ausdrücklich in den Quellen unter diesem Begriff zusammengehörig aufgeführt werden. ista tria sunt paria c. 1. in VI° de sent. exc. 5, 11. [2])

Unter den Begriff der Pönitenzen fallen demnach die Bussübungen, poenitentiae im eigentlichen Sinn, Infamie und

---

[1]) cf. p. 26 n. 4. c. 13. C. 2. qu. 5: suspendatur usque ad condignam satisfactionem. c. 9. X. de Iud. et Sarracen. 5, 6: excommunicationis sententia plectatur nisi praesumptionem suam digna satisfactione correxerit c. 9. § universos i. f. X. de haeret. 5, 7. c. 13. § qui autem eod. c. 9. X. de sent. excomm. 5, 39. c. 4. in VI°. de cens. 3, 21. — Derselbe Gedanke ist sehr präcis ausgedrückt im Anfang der Beichtbücher von Cummeanus: Et corporum medici diversa medicamenta componunt diversis morborum generibus. Aliter enim vulnera, aliter morbum, aliter tumores, aliter putredines, aliter caligines, aliter confractiones, aliter combustiones curant. Ita igitur et spiritales medici diversis curationum generibus animarum vulnera, morbum, culpas, dolores, egritudines, infirmitates sanare debent. Poenitentiale Cummeani. Wasserschleben, Bussordnungen. p. 460.

[2]) Eck, de natura poenarum secundum jus canon. p. 73 sq. erkennt einen Unterschied zwischen poenitentia publica und censura nicht an. Josephus Gibalinus, de sacr. jurisd. in ferend. poen. et cens. disquis. I qu. 2 sagt von der Censur: privat hominem non bonorum spiritualium communione, emendationem intendit; dagegen: poena spoliat non modo usu, sed etiam potestate et facultate et vindictam intendit. Boehmer, jus eccles. protest. tom. V. p. 661 leugnet den Unterschied zwischen poenae und censurae: Inde vero liquet, differentias inter censuras et poenas ecclesiasticas esse re vera inanes et solido destitutas fundamento, quod etiam antiquitus ignotum fuit. Boehmer l. c. citirt noch Flevrius, inst. jur. eccles. p. III. c. 19. § 5: suspensio, interdictum, excommunicatio, quas censuras, quam poenas appellare malim. Vgl. Heffter, N. Archiv d. Criminalr. Bd. XIII. S. 78, der auch einen festen Unterschied zwischen poena und censura nicht aufzufinden vermag.

Irregularität, [1]) die abstentio a communione bez. a celebratione Missarum, [2]) die Enthaltung von der Ehe, [3]) und endlich Geldbussen.

Die letzteren sind bisher stets zu den eigentlichen Vindicativstrafen gerechnet worden; [4]) sie sind aber geschichtlich [5]) sowohl, wie ihrem Inhalt nach Pönitenzen.

Geschichtlich geben uns die Beichtbücher den besten Aufschluss über das Wesen der Geldbussen.

Dieselben waren für die Reichen den sehr beschwerlichen Bussübungen substituirt worden und wurden aus denselben Gründen wie diese ertheilt und aufgehoben.

Poenit. Egberti c. 13. §. 11: Qui vero psalmos non novit, et jejunare non potest, pro uno anno in pane et aqua donat in elemosinam solidos XXVI. — Item qui non potest sic agere poenitentiam, sicut superius diximus, in primo anno eroget in elemosinam solid. XXVI, in secundo anno XX solid., pro tertio anno XVIII solid.; id sunt solid. LXIV Potentes homines pro culpis criminalibus faciant ut Zacheus ait. cf. Poenitent. Cummeani: De divite vel potente, quomodo se redimit pro criminalibus culpis c. 2. § 3. c. 41. c. 48. Poenitent. Pseudo. Bedae. [6])

Wie man die Gebete, Fasten und Kasteiungen als eine

---

[1]) gl. zu c. 2. C. 6. qu. 1. c. 1. D. 34. c. 9. D. 55. c. 65, 69. D. 50. c. 6. X. de bapt. 3, 42.

[2]) c. 3. X. de cler. percussore 5, 25. Morinus, de administratione sacramenti poenitentiae l. IV. c. 6. § 7.

[3]) Diese wird zumeist als Folge der Pönitenz wegen incestuoser Verbrechen oder Verbrechen gegen die Eheordnung überhaupt ausgesprochen und unterliegt ganz den Grundsätzen der Pönitenz. c. 43. Conc. Tribur. ut taliter lapsis cum digna poenitentia legitima permittantur conjugia. Regino, libri duo de synod. caus. et discipl. eccles. l. II. c. 208, 207 (ed Wasserschleben). Morinus l. c. c. 24.

[4]) Vgl. die in p. 28 n. 3 und p. 29 n. 1 aufgeführten Schriftsteller.

[5]) Es ist hier natürlich nur die geschichtliche Entwickelung der Geldstrafe in den kanonischen Quellen gemeint. Vereinzelte Einflüsse des germanischen Kompositionensystems: c. 9. C. 36. qu. 2. Poenitent. Vinniai (Wasserschleben p. 108) und canones Wallici (Wasserschleben p. 124). Diese sind hier nicht massgebend.

[6]) Wasserschleben a. a. O. p. 260, 276, 279. Regino l. c. l. II. c. 442 ff.

der Versöhnung Gottes dargebrachte Busse ansah, so auch die Geldspenden, die aber, da sie irgend eine bestimmte Person als Vertreterin empfangen musste, dem Altar, den Armen, der Kirche gespendet wurden. Diesen Charakter haben die Geldbussen, soweit sie Laien auferlegt wurden, durch die ganze Entwickelung des kanonischen Strafrechts bis zum Tridentinischen Concil hin beibehalten.[1]) Dass später mit der laxeren Disciplin der Kirche auch der Uebermuth der Geistlichen soweit ging, die Geldbussen nach blosser Willkür zu verhängen und den gesammten Ertrag für sich zurückzubehalten, ist geschichtlich wahr, und diese Ueberschreitungen haben im Ablass,[2]) d. i. der Auferlegung von Geldbussen für noch zu begehende Verbrechen ihre schmählichste Karrikatur und auch ihr Ende gefunden. Diese Erscheinungen aber, welche noch durch Papst Alexander III. eine absolute Verurtheilung erfuhren,[3]) haben auf die wirkliche, vom Gesetzgeber intendirte Bedeutung der Strafe keinen Einfluss. Auch in der Volksmeinung war die Auffassung der Geldbussen als reiner Pönitenzen vorherrschend, und Erhebungen von Geldstrafen seitens der Geistlichen wurden als arge Beschwerde gerügt.[4]) [5])

Schliesslich war noch als eine besondere Art der Pönitenzen die in c. 9. C. 30 qu. 1 erwähnte poenitentia peregrinandi —

---

[1]) Synod. Trident. sess. 25. cap. 3: mulctas pecuniarias piis locis, ibi existentibus, eo ipso, quod exactae fuerint, assignentur.

[2]) Die Begründung des Ablasswesens Seitens des Cardinals Ubaldini s. bei Boehmer, jus eccl. prot. V. 342 aus Vassor, l'histoire de Louis XIII. t. I. p. 215, 282.

[3]) c. 3. X. de poenis 5, 37.

[4]) c. 63. Gravamina centum nat. german.

[5]) van Espen, jus eccles. univers. P. III. tit. XI. de poen. et cens. eccles. leitet die Geldbusse nicht aus der elemosyna ab, sondern erkennt in ihr eine selbstständige vindicta gegen Laien, die sich im 12. Jahrhundert gebildet haben soll. Er widerlegt sich aber selbst durch den von ihm citirten Commentar Fagnanus: adversus Praelatos qui crebre et facile poenas pecuniarias infligunt oriri vehementem praesumptionem avaritiae. In seinem supplem. in jus univers. eccl. ad tit. XI. c. II. n. 6 giebt er aber seine Ansicht ganz auf, indem er die Meinung des Du Casse, tract. de jurisd. Eccl. l. 2. c. 12. n. 3, annimmt, dass die Kirche nur Geldbussen sub nomine elemosinae, in pauperes vel locum religiosum vel aliud pium corpus impendendae, nie sub nomine poenae erkannt habe.

nicht zu verwechseln mit der Strafe des Exils — zu vermerken. Dieselbe besteht, wie sich aus dem Texte des Canons ergiebt: sacerdos peregrinando duodecim annos poeniteat, in Pilgerfahrten zu heiligen Stätten, und war eine sehr häufig angewandte Bussübung. [1] [2]

Den Pönitenzen und Censuren gegenüber stehen nun die eigentlichen vindicativen Strafen. Diese unterscheiden sich von den ersteren dadurch, dass sie, nicht zum Zwecke der Besserung des Sünders, sondern ausschliesslich zur Abschreckung verhängt, immer auf bestimmte Zeit bez. auf Lebensdauer ausgesprochen werden, und dass sie, während die ersteren Geistlichen und Laien — mit Ausnahme der Suspension — gemeinsam auferlegt werden, ausschliesslich nur gegen Geistliche gerichtet sind.

Diese letztere Behauptung ist indess noch nicht anerkannt, und bedarf daher der näheren Begründung.

Dass die Privation, Deposition und Degradation ausschliesslich Strafen der Geistlichen sind, liegt in der Natur der Strafen und steht ausser Zweifel. Dagegen nimmt die herrschende Meinung bezüglich der übrigen von der Kirche ausgesprochenen Strafen, als Gefängnissstrafe, körperliche Züchtigung, Konfiscation, eigentliche Geldstrafe und Ver-

---

[1]) Boehmer l. c. p. 788, und ebenda Callmettus, dans l'histoire eccl. et civ. de Lorraine tom. III. p. 224: dans les preuves: le Ferry de Lorraine Comte de Vaudemont .... item veut et ordonne, que pour mon très-chier et aisné fils Rene de Lorraine soit fait en sa personne deux voyages par moy promis à Notre-Dame de Sion lés Vaudemont, qu'il fera lieu de Vezelire à pieds, l'un nud pied et l'autre chaussé.

[2]) Eine isolirte Stellung nimmt die Versagung des feierlichen Begräbnisses ein, die darin besteht, dass die Leiche nicht unter Gesängen bez. unter Begleitung von Geistlichen zu Grabe geführt wird. Sie tritt dann ein, wenn wegen des plötzlichen und unvorhergesehenen Todes eine andere Art der Busse ausgeschlossen ist; so beim Selbstmord: Regino l. II. c. 91. c. 12. C. 23. qu. 5; Duell: c. 1. X. de torneam. 5, 13; gegen diejenigen, die in Ausübung des Verbrechens gestorben sind: c. 3. X. de usur. 5, 19. c. 12. X. de sepult. 5, 18; und gegen Kirchenschänder und solche, die sich der kirchlichen Gemeinschaft entziehen: c. 2. X. de rapt. 5, 17. Regino l. II. c. 416. c. 12. X. de poenit. 5, 38.

bannung[1]) an, dass dieselben in gleicher Weise gegen Laien wie gegen Geistliche von der Kirche verhängt worden sind.

Dem gegenüber ist zunächst zu bemerken, dass sämmtliche Quellenstellen der Gratianischen Sammlung[2]) und der Decretalen, welche diese Strafen behandeln, sie nur gegen Geistliche aussprechen.[3]) Die wenigen Quellenstellen, aus denen die Wahrheit dieser Behauptung nicht auf den ersten Blick erhellt, sollen näher besprochen werden.

1) Körperstrafe: gl. exigere zu c. 1. C. 14. qu. 6: Nonne Clerici possunt, vel Ecclesia potest poenas corporales infligere? Respondeo: potest vel possunt, sed non tantas, quas saecularis judex: non enim potest punire quantum ad membri mutilationem.

Diese Glosse spricht ganz allgemein und lässt daher die Vermuthung offen, dass sie auch an Körperstrafen gegen Laien denkt. Sie beruft sich aber zu ihrer Begründung auf c. 1. C. 23. qu. 5, welches wiederum ausschliesslich von Körperstrafen gegen Kleriker spricht, und es ist erlaubt, aus dieser von der Glosse selbst angerufenen Beweisstelle auf die Intention des Autors zurückzuschliessen. Zum Ueberfluss wird dieser Schluss aber noch durch die folgende gl. tradere zu c. 1. C. 14. qu. 6. unterstützt, die nach den Worten:

„Item nec *Clericum* depositum tradet Episcopus iudici" auch nur Strafen gegen Geistliche im Sinne hat.

Ausdrücklich sagt auch die gl. ab episcopis zu dem oben erwähnten c. 1. C. 23. qu. 5: *clerici* virgis possunt puniri.

---

[1]) Ueber Irregularität und Geldbussen ist das Nöthige bereits oben bemerkt.

[2]) Die Pönitentialbücher bedürfen hier der Erwähnung nicht, da dieselben ja zumeist nur Pönitenzen kennen, und andere Strafen, wie Geisselung, Geldbussen, auf diese zurückzuführen sind.

[3]) c. 1. X. de calumn. 5, 2. gl. in exilium. c. 10. D. 50. c. 23. D. 63. c. 9. C. 3. qu. 4. c. 13. C. 17. qu. 4. c. 7. § episcopi. C. 2. qu. 1. c. 2. X. de bigam. 1, 21. gl. dispensare. c. 14. X. de Iud. 5, 6. gl. verberibus zu c. 11. C. 12. qu. 1. c. 3. C. 5. qu. 6. c. 5. X. de apost. 5, 9. gl. quidam clerici apostatae. c. 8. X. de poen. 5, 37. gl. non incurrit. c. 3. in VI°. de poenis 5, 9. c. 4. C. 5. qu. 5. c. 1 i. f. C. 23. qu. 5. c. 4. X. de rapt. 5, 17. c. 18. C. 11. qu. 1. c. 18. C. 2. qu. 1. c. 41. C. 23. qu. 5. c. 11. C. 27. qu. 1. c. 2. X. de cler. 5, 27. c. 27. X. de V. S. 5, 40.

2) Konfiscation:

In c. 6. X. de Iud. et Sarrac. 5, 6. bestraft Papst Alexander III. die Lieferung von Kontrebande an die Feinde der Christenheit (Sarracenen) und die Leistung von Kriegsdiensten bei denselben. Die Strafbestimmung selbst lautet:

Tales igitur ab Ecclesiastica communione praecisos, et excommunicationi subjectos, rerum suarum per *Principes catholicos* et *consules civitatum* privatione mulctari, et capientium fieri servos *censemus*. *Praecipimus* etiam, ut per Ecclesias.... crebra et solemnis in eos excommunicatio proferatur.

Das Decret ist ohne Zweifel gegen Laien gerichtet, und es könnte scheinen, als ob der geistliche Richter für dieses Vergehen selbst die Strafe verhängen könne, die der weltliche Richter danach nur zu vollstrecken habe. Dass dem nicht so ist, folgt aus der Gegenüberstellung der beiden Begriffe „censemus“ und „praecipimus“. Censemus ist der Ausdruck des Vorschlags, der gutachtlichen Empfehlung, mit dem sich der Papst an die weltliche Obrigkeit wendet, damit diese die geeignete Strafe erkennen solle. Praecipimus deutet aber auf den verbindlichen Befehl, dem sich der geistliche Richter, der die Excommunicationsstrafe ausgesprochen hat, unweigerlich unterwerfen muss. Die scharfe Gegenüberstellung der geistlichen und der weltlichen Strafe spricht ausserdem für unsere Meinung, die noch gefestigt wird durch den Umstand, dass der Papst die weltliche Strafe von den Fürsten und Consuln der Städte verlangt, die nach der italienischen Städteverfassung des Mittelalters nicht die richterliche und vollstreckende Gewalt, sondern die gesammte Justizhoheit, d. i. vorzüglich die gesetzgebende Gewalt in der Stadtgemeinde ausübten. [1])

In c. 22. C. 17. qu. 4. (Alexander II.) wird wegen Verletzung eines Geistlichen die Konfiscation der Güter eines Laien an die Kirche ausgesprochen. Diese Stelle ist gleich-

---

[1]) Die gl. privatione: Hoc potuit Papa facere contra *laicos*, ratione criminis commissi: Bern., welche gewissermassen die von ihr angenommene Strafbestimmung des Papstes gegen Laien entschuldigen will, ist den oben ausgeführten Argumenten gegenüber bedeutungslos.

lautend mit dem c. 53. Poenitentialis Civitatensis.[1]) Dass aber dieses c. 53. nur von den Kirchengütern spricht, folgt aus dem mit *Item* eingeleiteten c. 54. eod: Item si patronus vel advocatus ecclesiae — occiderit, perdet — jus patronatus et feudum feudatum. Daraus folgt weiter, dass auch c. 22. cit. nur von der Konfiscation der Kirchengüter spricht. Dieser Schluss wird noch dadurch bestätigt, dass in demselben c. 22. auch noch die Deposition eines Laien ausgesprochen wird, eine Strafe, die sich nur noch in c. 8. C. 11. qu. 1. und c. 21. C. 32. qu. 5. findet, und nach der Summa des Hugo ganz richtig dahin erklärt wird, dass sie als eine Entkleidung der von den Laien etwa innegehabten kirchlichen Ehrenämter aufzufassen sei.

3) Körperstrafe, Verbannung und Konfiscation vereinigen sich in c. 32. C. 24. qu. 1:

Qui contra Ecclesiae pacem sunt, si dignitatem, aut cingulum militiae habeant, nudentur eis. Si autem sunt privati, siquidem nobiles existunt, suarum substantiarum proscriptionem patrantur; si autem ignobiles, non solum in corpore verberentur, sed exilio perpetuo castigentur.

Die Quelle ist einem Briefe des Papstes Liberius an den Athanasius entnommen, und behandelt den Glaubensstreit zwischen den Arianern und Athanasius, bei dem Papst Liberius die Partei des Athanasius auf das entschiedenste vertrat. Die Macht des Papstes Liberius war aber so ausserordentlich unbedeutend und von der Willkür des Kaisers Constantius abhängig, der ihn nach Willkür absetzte, verbannte und wieder zurückrief,[2]) dass die in diesem Briefe bestimmten schweren Strafen, wenn sie nicht gegen Geistliche zu verstehen sind, — so scheint sie die gl. ignobiles zu c. 32. cit. aufzufassen — gegen Laien gänzlich bedeutungslos sind.

c. 22. C. 24. qu. 3: Ex dictis Gregorii Papae: Quisquis

---

[1]) Wasserschleben l. c. p. 693. Dieses Pönitential stammt aus der ersten Hälfte des 14. Jahrhunderts. Wasserschleben p. 97.

[2]) Hefele a. a. O. Bd. I. S. 648 ff. S. 659. Ueber das Verhältniss des Liberius zu Athanasius und Constantius vgl. Zaccaria, dissert. de commentitio Liberii lapsu. Palma, praelectiones hist. eccl. T. 1. Pars. II. Romae 1838. Reinerding, Beiträge zur Honorius- und Liberiusfrage.

per dolum manum suam mittit in Christum Domini ...... et si quis Ecclesiam Dei vastat ...... placuit sanctae Synodo ut in primis omnia bona ejus proscriptione publicentur: deinde in uno loco, id est, in monasterio inclusus, poeniteat omnibus diebus vitae suae.

Dieses Kapitel fehlt in vielen Handschriften und findet sich nur bei Burchard l. 10. c. 65 und bei Ivo p. 12. c. 86 und p. 13. c. 65, welche es aus dem conc. Gangrense (zwischen 362 und 370) citiren.[1] Bei Beiden aber fehlen die Worte: in primis omnia bona ejus proscriptione publicentur: deinde, so dass dann nur noch die Pönitenz im Kloster übrig bleibt, die ja gegen Laien überall angewandt wurde.

4) Geldstrafe:

c. 27. C. 17. qu. 4: Qui subdiaconum occiderit, CCC solid. componat: qui Diaconum CCCC, qui Presbyterum DC, qui Episcopum DCCC, qui Monachum CCCC.

Diese Quelle ist dem lib. 3. c. 25 capitularium entnommen.

Die gl. presbyterum bemerkt zu derselben: quid de hac poena fieri debeat, habes c. 2. X de poenis. Dort aber finden wir eine Verwendung der Composition, theils in elemosynam, theils utilitatibus Ecclesiae. Diese Verwandtschaft mit der Bestimmung der Geldbussen dürfte auch die Strafe des c. 27 auf die Pönitenz zurückzuführen gestatten, wenn man sich nicht damit begnügen will, sie als ein Ueberbleibsel des alten germanischen Compositionensystems, das aus den Kapitularien mit herüber genommen worden ist, anzusehen.

Endlich finden sich noch in c. 6—21 D. 1 de poen. eine Reihe römischer Strafbestimmungen aufgezählt, als: Todesstrafe, Exil, Proscription, Geldstrafen, die auch dem römischen Strafverfahren gemäss im ordentlichen bzw. ausserordentlichen Verfahren ausgesprochen werden sollen. Die Aufnahme dieser römischen Quellen in das corpus juris canonici hat aber auf das System der kanonischen Strafen gar keinen Einfluss. Erstens nämlich sind die hier angeführten Strafen

---

[1]) Die bei Hefele a. a. O. I. p. 777 ff. citirten 20 Kanonen der Synode von Gangra, sowie der Epilog derselben enthalten jedoch diese Stelle nicht.

zum Theil solche, welche die Kirche weder erkennt noch vollstreckt, so die Todesstrafe; zweitens aber und hauptsächlich sind diese Gesetze nur deswegen aufgenommen, um die hohe Bedeutung des Willensmomentes im Strafrecht, die das kanonische Recht gegen die germanische Rechtsanschauung siegreich durchführte, durch die römische Wissenschaft und Gesetzgebung zu stützen.

Gl. pro opere zu c. 5. D. 1 de poen: Et ad hoc scilicet ut sola voluntas et contritio sufficiat sine confessione oris, intendit probare per leges sequentes, in quibus ostenditur, quod sola voluntas sufficit ad damnationem, et est simile per contrarium.

Die c. 6 sqq. interessiren daher für die vorliegende Frage nicht.

Nachdem wir nun die hier vertretene Ansicht als mit den Quellen übereinstimmend und allein ihnen entsprechend dargethan haben, bedarf es noch eines Blicks auf die kanonistische und kriminalistische Literatur. Die Ansichten der Schriftsteller theilten sich von jeher in zwei Richtungen, von denen die eine dem geistlichen Richter das Recht, weltliche Strafen gegen Laien zu erkennen, ganz absprach, die andere es ihm bald in vollem Umfange, mit einziger Ausnahme der Lebensstrafe, bald mit Beschränkung auf Geldstrafen zugestand. Unter den älteren Juristen vertreten die erste Ansicht Marsilius von Padua, Antonius de Dominicis, Catharus und Salmasius. Letzterer erklärt ausdrücklich: Episcopos neque dignitatem neque jurisdictionem habere, sed tantum curam et sollicitudinem.

Dagegen treten Gutierrez,[1a]) Salgado,[b]) Barbosa,[c]) Larrea[d]) und insbesondere Tellez mit Entschiedenheit für die zweite Meinung ein. Letzterer, der in dieser Frage die Führerschaft übernimmt und sich insbesondere durch quellenmässige

---

[1]) a) lib. 1. pract. qu. 6. lib. 3. qu. 5. b) de regia potestate p. 2. c. 1. n. 210. c) de potestate Episcopi alleg. 107. n. 8. d) decis. 1. n. 2. Alle diese Schriftsteller sind citirt bei der ausführlichen Erörterung dieser Frage in Em. Gonzalez Tellez Commentar. in quinque libros decretalium t. I. p. 748 sqq.

Ausführung auszeichnet, legt seiner Darstellung alle die Quellenstellen zu Grunde, die, wie wir gezeigt haben, eben nur von der Bestrafung der Kleriker handeln;[1]) seine Ausführungen, wie die seiner Anhänger, erledigen sich damit von selbst.

In der späteren Literatur, die nun gar nicht mehr auf die ursprünglichen Quellen zurückgeht, finden wir eine feste Meinung über die Jurisdiction der Kirche nicht ausgebildet. Der Mangel einer sicheren Quellenunterlage ist in diesen immer mit Reserve und Ungewissheit aufgestellten Ansichten deutlich fühlbar.

Josephus Gibalinus[2a]) zweifelt, ob die Kirche überhaupt poenas temporales et corporeas zu verhängen habe, und weicht der Entscheidung mit der unbestimmten Antwort aus: aliter infligi ab ecclesia, aliter a magistratu politico. — Auch Suarez[b]) scheint sich für die Strafgewalt der Kirche zu erklären, da er dem geistlichen Richter das Recht zuspricht, in allen Fällen die Hülfe der weltlichen Macht anzurufen, ut quod judex contra clericos laicosve decreverit vel judicaverit, debita executione minime frustretur. — Am entschiedensten spricht sich Guazzini[c]) für die Bestrafung der Laien durch die Kirche aus; er lässt bei allen sog. delicta mixti fori den Laien durch den geistlichen Richter mit Gefängniss bestrafen.

In dieser späteren Literatur wendet sich jedoch die Mehrheit gegen die Ausdehnung der Machtbefugnisse der Kirche.

Joannes de Dicastillo[3]) spricht dentlich den Satz aus, dass die Kirche alle Vergehen der Laien rügt, aber nur mit kirchlichen Strafmitteln: potestas spiritualis fori exterioris ordinatur ad punienda delicta et coercendos subditos rebelles;

---

[1]) Tellez a. a. O. p. 750: c. 1. X. de calumn. 5, 2. c. 4. X. de rapt. 5, 17. c. 18. C. 11. qu. 1. c. 2. X. de cler. exc. 5, 27. c. 27. X. de V. S. 5, 40. c. 3. in VI°. de poen. 5, 9.

[2]) a) de sacr. jurisd. in ferend. poen. et cens. disqu. I. qu. 1. n. 1. b) op. omn. c. 20. concl. 106. c) op. crim. def. I. p. 19.

[3]) tract. de cens. et poen. eccles. disq. I. dub. 6. n. 114.

sed hoc fit per censuras. — Auf seiner Seite finden wir van Espen,[1a]) Jul. Clarus,[b]) Morinus,[c]) Covarruvia.[d 2])

Ehe wir aber zum Resultate unsrer Untersuchung gelangen können, haben wir noch einem Haupteinwande zu begegnen; d. i. die Prävention und die sog. delicta mixti fori. Es herrscht die Meinung, dass bei gewissen Verbrechen der Ankläger das Recht gehabt habe, die Anklage nach seiner Wahl entweder beim weltlichen oder beim geistlichen Richter zu erheben; ist sie bei einem von Beiden anhängig gemacht, so hört die Competenz des andern für dieses Verbrechen auf und der prävenirende Richter erkennt die auf das Verbrechen gesetzten weltlichen Strafen. (Prävention.) Diese Verbrechen, welche eine Wahl zwischen dem weltlichen und geistlichen Forum gestatten, heissen gemischte Verbrechen, delicta mixti fori. Man rechnet zu denselben gemeinhin alle Verbrechen, durch welche die Kirche irgendwie verletzt wird, insbesondere: Verbrechen gegen Leib und Leben, gegen die eheliche Treue, Diebstahl, Raub, Betrug, Fälschung, Meineid, Blasphemie, Aberglaube, Zauberei, Injurien.[3]) Diese ganze Lehre ist erst in der neuesten Wissenschaft wieder lebendig geworden,[4]) nachdem sie in der Kriminalistik des vorigen Jahrhunderts fast ganz vergessen war. Dieselbe ist begründet vorzüglich durch Gonzalez Tellez[5]) und gestützt auf c. 8. X de foro compet. 2. 2. (Lucius III.)

Cum sit generale, ut actor forum rei sequatur: Verum

[1]) a) l. c. P. III. t. XI. p. 1513. b) pract. crim. qu. 70, 2. qu. 37. c) l. c. l. 5. c. 15. d) op. omnia. T. I. P. II. c, 6. § 8. n. 13: ratio vera, quae insigniter asseruit, poenam in conscientiae foro non deberi. cf. T. II. P. II. c. 9. n. 9.

[2]) Unter der neuesten Literatur ist neben dem bereits in p. 28 n. 3 und p. 29 n. 1 Gedachten noch Friedberg l. c. p. 89 zu erwähnen, der der Kirche auch nur eine Strafgewalt in foro spirituali zuerkennt, aber freilich hinzufügt, dass dieselbe bei Verhängung der Geldstrafen ihre Competenz oft überschritten hat. — Eck l. c. p. 97. Das von ihm citirte c. 20. D. 63 handelt nur von einer Strafe gegen Kleriker.

[3]) Richter-Dove a. a. O. § 222. n. 1. S. 676.

[4]) Hauptvertreter derselben ist Geib a. a. O. I. § 24.

[5]) a. a. O. p. 749. Nach ihm wird sie noch von Guazzini a. a. O. p. 23. sq. lebhaft vertheidigt. Dieser rechnet jedes Verbrechen eines Laien, das mit dem eines Geistlichen irgendwie connex ist, zu den del. mixti fori.

quoniam seculares judices in exhibenda justitia personis ecclesiasticis saepe in judicio sunt remissi, in favorem Ecclesiae est introductum, ut malefactores suos, qui sacrilegi sunt censendi, venerabilium locorum rectores possint, sub quo maluerint judice, convenire.

Danach können diejenigen Verbrecher, welche sich eines Sacrilegs schuldig gemacht haben (die Decretale denkt wahrscheinlich nur an Kirchendiebstahl), von den Vertretern der verletzten Kirche vor demjenigen Richter angeklagt werden, der dem betreffenden Vertreter genehm ist. Ob dieser Richter ein geistlicher oder weltlicher Richter sein kann, oder ob die Competenz über das Sacrileg durch die Decretale ausschliesslich dem geistlichen Richter übertragen wird, und der Ankläger nur die Wahl zwischen mehreren geistlichen Richtern hat, darüber belehren uns die Worte: sub quo maluerint judice — weder an sich, noch im Zusammenhang mit dem übrigen Text der Decretale genügend. Die Glosse zu c. 8 vertritt die letztere Meinung: Item sacrilegi coram Ecclesia sunt conveniendi: et in electione Praelatorum, sub quo judice eos velint convenire.

Nimmt man diese Meinung an, so wird der Begriff der Prävention in c. 8 überhaupt ausgeschlossen.

Die erste Annahme, dass die Wahl zwischen dem weltlichen und geistlichen Forum offen steht, dürfte indess die wahrscheinlichere sein, da eine gänzliche Uebertragung der Competenz über das Sacrileg an den geistlichen Richter aus der Decretale nicht eben klar erhellt. Diese Interpretation des Gesetzes berechtigt aber keineswegs zu dem weiteren Schluss, dass der geistliche Richter, um deswillen, weil er zur Beurtheilung des Delicts zuständig ist, nun auch diejenigen Strafen verhängen kann, die sonst nur dem weltlichen Richter zustehen. Aus der Decretale folgt vielmehr nur, dass der geistliche Richter zur Beurtheilung des Sacrileg in den Grenzen seiner durch die Gesetze bestimmten Strafgewalt zuständig ist: d. i. gegen Laien zur Bestrafung mit Pönitenzen und Censuren. [1]) Damit aber fällt auch der Begriff des mix-

---

[1]) Andere Strafen, als die oben gedachten, finden wir auch in den

tum forum, sowie der Prävention. Denn es ist niemals bestritten, dass die Kirche in foro interno für jedes Verbrechen zuständig ist und dasselbe durch die ihr gegebenen Strafmittel sühnen kann. Dieses Sittenrichteramt der Kirche wird von der weltlichen Gerichtsbarkeit nicht berührt, und es hebt dieselbe auch nicht auf. Beide verfolgen ihren eigenen Weg mit gesonderten Zielen, und die Geschichte vermag nicht den Beweis zu führen, dass die Strafgesetzgebung der Kirche die ihr durch ihre eigene Bestimmung gesetzten Grenzen überschritten und der Staatsgewalt das richtende Schwert zu entwinden versucht hätte. [1])

Die kirchlichen Strafmittel zerfallen in a) Pönitenzen und Censuren (gegen Geistliche und Laien gemeinsam), und b) eigentliche Strafen (gegen Geistliche).

§. 10.

Pönitenzen und Censuren.

Die Pönitenzen, oder besser, da der Name Pönitenz auch Censuren mit umfasst, die Pönitenzen im engern Sinn sind das hervorragendste Strafmittel der kirchlichen Strafgesetzgebung. In ihnen ist die strafrechtliche Competenz der Kirche ihrer ursprünglichen Aufgabe gemäss durchaus rein erhalten, und selbst in der Zeit der gewaltigsten Machtentfaltung der Kirche, in der nicht mehr nur die Gemeinde die Gläubigen ermahnte und die Frevler aus ihrer Mitte verwies, sondern da die Kirche als organisirter Staat, als Weltmacht der Christenheit Gesetze dictirte, erkannten Papst und Concil

---

zahlreichen, bei Friedberg l. c. p. 90—112, und bei Permaneder a. a. O. Bd. II. S. 152 ff. aufgeführten gemischten Verbrechen nicht vermerkt. — Als zweites Argument wird noch c. 2. in VI⁰. de except. 2, 12 aufgeführt, in welchem Bonifacius VIII. die gegenseitige Anerkennung der exc. rei judicatae vor dem weltlichen und geistlichen Forum verlangt. Diese Decretale behandelt aber nur eine civile Frage.

[1]) Geib. I. S. 241: Das kanonische Recht will das weltliche Recht nicht verdrängen, sondern nur ergänzen, d. h. es will sich nicht über dasselbe, sondern bloss neben dasselbe stellen.

in der Pönitenz, das dem Wesen der kirchlichen Strafgesetzgebung angemessenste Correctivmittel für Vergehen jeder Art.

Trotzdem die Geschichte der Pönitenzen bis in die erste Entwickelung der Kirchengesetzgebung zurückreicht, ist die Natur derselben von der Veränderung der Gesetzgebung unbeeinflusst geblieben, mit der alleinigen Ausnahme, dass die Umwandlung der Pönitenz in Geldbussen sich erst später vollzogen hat. [1]) Dass mit der Pönitenz ausschliesslich der Besserungszweck verbunden wird, dass dieselbe daher bei ersichtlich eingetretener Besserung absolvirt wird, ist schon oben erörtert worden. Die Busse wird äusserlich zumeist in einem dem weltlichen Treiben möglichst entzogenen Leben, sowie durch eine Zurücksetzung gegen die andern Kirchengenossen im Genusse der kirchlichen Rechte vollzogen.

Die Lebensweise der Pönitenten findet sich in den Bussordnungen theilweise so genau vorgeschrieben, dass die an den Wochentagen und den Sonn- und Feiertagen zu geniessenden Speisen bis ins Einzelne bestimmt sind; [2]) in der Regel aber geben die Quellen darüber nur ganz allgemeine Vorschriften, die meistens Fastengebote enthalten. [3]) Auch auf die socialen Beziehungen des Büssenden hat die Pönitenz erheblichen Einfluss, ebenso wie auf sein Hauswesen, seine Familie. Sie trennt ihn von seiner Ehefrau, hindert ihn an der Ausübung

---

[1]) Ueber die Entwickelung der Pönitenz s. Wasserschleben: „Geschichte der Bussordnungen“, in dessen Bussordnungen der abendlaendischen Kirche. p. 1—104.

[2]) Poenitent. Remense: quinquagentis diebus post superpositiones pane sine mensura utatur et ferculo, aliquotenus buttero impinguato, hoc est quadrantem, et die dominico sic vivat. Ceteris vero diebus pachmatis panis mensura et misso parvo impinguato orto oleribus ova paces formatico; e milna lactis pro fragilitate corporale vinum da vero vel battutem lactis sextarium. pro sanctis gratia et aqua taleum puto s. Anhang, S. 172 cf. praefatio Gildae de Poenitentia, § 2. Wasserschleben, Bussordnungen, p. 103.

[3]) poeniteat unum annum, XL. dies, tres quadragesimas in pane et aqua. Regino l. II. c. 338. l. I. c. 164. Wasserschleben, Bussordnungen; canones Hibernenses c. 11. sq. (p. 137). Poenit. Pseudo-Egberti, Additamenta § 22. sq.: XX. dies jejunent (p. 347). eod. l. IV. c. 58. tres annos jejunent, secundo semper die in pane et aqua, et reliquis diebus ad nonam jejunet, et a carne se abstineat (p. 340).

seiner ehelichen Rechte und Pflichten,[1]) schliesst ihn aus vom Empfange der Weihen,[2]) heisst den waffenfähigen Ritter das Schwert von der Seite legen,[3]) den Kaufmann seinen Handel ruhen lassen.[4])[5])

Wie schneidig aber auch die Pönitenz mit diesen Wirkungen in das weltliche Leben eingreift, wir können dieselbe gleichwohl nicht als Strafe ansehen. Alle diese Vorschriften über die Lebensweise des Büssenden sind nur Mittel, um die innere geistliche Busse zu unterstützen; durch dieselben soll der Sünder nicht gezüchtigt werden, sondern nur von allen, die Kirchenbusse hindernden Dingen fern gehalten werden; mit der Beendigung der Pönitenz hören sie demnach auf, weil ihre Bestimmung erledigt ist.

Neben dieser ihm auferlegten Enthaltsamkeit von weltlichen Dingen soll die Busse des Sünders hauptsächlich durch Erfüllung bestimmter kirchlicher Pflichten erreicht werden, bestehend in Gebeten, Absingen von Psalmen, Spenden an den

---

[1]) Regino l. II. c. 217, 218.

[2]) Irregularität. Damit ist nicht zu verwechseln die Inhabilität in Bezug auf kirchliche Aemter und Würden. Vgl. Muenchen a. a. O. S. 153.

[3]) c. 15. C. 33. qu. 2.

[4]) c. 2. D. 5 de poen. Hierher gehören auch die Wirkungen der römischen Infamie, von welcher sich die kanonische Infamie in Nichts unterscheidet. c. 2. C. 6. qu. 1: Omnes vero infames esse dicimus, quos leges saeculi infames appellant, et omnes, qui culpis exigentibus ad Sacerdotium non possunt provehi.

[5]) Eine besonders umfassende Pönitenz legt Papst Stephan V. dem Grafen Haistulph auf: c. 8. C. 33. qu. 2: omnibus diebus non libere vinum et siceram (gl. omne potum, quod inebriat), numquam carnem (gl. ovum et lac) comedas, praeterquam in Pascha et in die Natalis Domini in pane et aqua et sale poenitentiam age, in jejuniis et vigiliis et orationibus et eleemosynis omni tempore persevera, armis numquam cingere, nec in quolibet loco litigare praesumas. Uxorem numquam ducere, concubinam non habere, nec adulterium committere audeas; in balneo numquam laveris, in conviviis laetantium numquam te misceas, in ecclesia segregatus ab aliis Christianis post ostium et postes humiliter te repone: ingredientium et egredientium suppliciter orationibus commenda te, communione corporis et sanguinis Domini cunctis diebus vitae tuae indignum te existimes, in ultimo tamen exitus vitae tuae, si merueris, pro viatico, si sit qui tribuat, tantummodo venialiter, ut accipias tibi concedimus.

Kirchenfonds, fromme Stiftungen an die Armen der Gemeinde. [1]) Diese traten auch ganz an die Stelle der Pönitenz, so dass man sich durch eine Anzahl von Gebeten, oder durch Leistung einer Geldbusse von einer mehrjährigen Pönitenz befreien konnte. [2])

Eine besondere Verschärfung der Pönitenz durch Kasteiungen (flagellationes) oder durch den Aufenthalt in einem Kloster war der Wahl des Pönitenten anheimgestellt. [3])

Die Zurücksetzung gegen die übrigen Gemeindeglieder im Genusse der kirchlichen Rechte bestand in einer Versagung des Abendmahls und der Anweisung eines untergeordneten Platzes in der Kirche. Dieselbe hatte vier Grade: fletus, auditio, substratio, consistentia (πρόσκλαυσις, ἀκρόασις,

---

[1]) Wasserschleben, Bussordnungen: Poenitent. XXXV. Capitulorum c. 14. § 1: De pecunia, quae ..... rapta fuerit, tertia pars ad ecclesiam vel pauperibus tribuatur et raptor XL dies poeniteat. § 2: — III annos poeniteat, I ex his in pane et aqua et omnia, quae tulit, eis restituat vel pauperibus det (p. 515). cf. Poenit. Cummeani c. 4. § 12 (p. 476). Poenit. Theod. l. I. c. 7. § 2 (p. 191). Poenit. Merseburgense c. 88 (p. 400). Poenit. Vinniai § 30 (p. 115). — Poenit. Cummeani c. 1. § 19: Qui in somnis voluntate pollutus est, surgat canatque genuflectendo VII psalmos in crastino in pane et aqua, vel XXX psalmos flectendo in fine unumquemque canat. § 20. Volens quasi in somno peccare, sive pollutus est sine voluntate XV psalmos cantet et uniuscujusque psalmi in finem dicat ter: Deus in adjutorium meum intende et rell. Peccans non pollutus XXIII psalmos canat (p. 470) cf. Poenit. Parisiense c. 40, 41 (p. 416). Poenit. Egberti c. 9. §§ 7, 8 (p. 240, 241). Excerpta libri Davidis §§ 8, 9 (p. 102).

[2]) Wasserschleben l. c. Poenitent. Egberti c. 13. § 11: Item qui autem quod in poenitentiale scriptum est, implere potuerit, bonum est, qui autem non potest, consilium damus misericordiae Dei. Inprimitus pro *uno die in pane et aqua L psalmos genua flectendo,* aut sine *genu flectendo LXX psalmos cantet infra* ecclesiam, vel in uno *loco per ordinem psallat,* et pro uno die CC genu flexum vel *unus dinarius pro die solvet* et *tres elemosinas tribuas pauperibus* .... Pro ebdomade CCC psalmos flectendo genua in ecclesia aut in uno loco per ordinem. Qui vero psalmos non novit et jejunare non potest, pro uno anno in pane et aqua donat in elemosinam solidos XXVI et in unaquaque ebdomada uno die jejunet usque ad nonam, et alium usque ad vesperum et III. quadragesimis, quantum sumit, penset et tribuat medietatem in elymosinam.

[3]) Morinus, de administr. sacram. poenit. l. 7. c. 14, 15.

ὑπόπτωσις, σύστασις). Fletus: der Büssende stand vor dem Portal der Kirche und bat die die Kirche Besuchenden, dass sie für ihn beten sollten. Auditio: der Büssende stand innerhalb der Kirche in einem besonderen, am Portal der Kirche befindlichen Ort (narthex); [1]) substratio: er knieete in der Kirche mit den Katechumenen zusammen; consistentia: er sass unter den Gläubigen, nahm aber noch nicht am Abendmahl Theil. [2]) War der Geistliche von der Reue und Besserung des Büssenden überzeugt, so absolvirte er ihn. [3]) Daher war auch die für einzelne Delicte festbestimmte Dauer der Pönitenz irrelevant; dieselbe ist nur dahin zu erklären, dass die Pönitenz für den Fall, dass der Sünder keine Besserung zeigen sollte, die festgesetzte Zeit hindurch andauern sollte. [4]) [5])

Censuren.

Die Excommunication ist die Ausschliessung aus der christlichen Gemeinschaft, [6]) und zwar aus der äusseren und inneren Gemeinschaft der Kirche, als die vollständige Entziehung aller Gnaden und Wohlthaten, die durch die Taufe erworben werden; als das schwerste aller kirchlichen Strafmittel, das in der Absicht ausgesprochen wird, den Schuldigen

---

[1]) narthex (νάρθηξ, ναρθηκῶδες) est vestibulum portae. Morinus l. c. l. VI. c. 2. § 2.

[2]) Morinus l. c. lib. VI. c. 1. — Diese Art der Pönitenz war auch die ursprüngliche Form der Excommunication. Morinus lib. IV. c. 3. § 9: segregatio est privatio communionis Eucharistiae ad aliquod tempus. Boehmer l. c. lib. V. p. 644, 652, 653. Richter-Dove a. a. O. S. 653.

[3]) Darstellung des kirchlichen Aktes im Poenit. Vaticellanum II. Wasserschleben p. 551—557.

[4]) c. 8. X. de poen. 5, 38 (Innocenz III.): Caeterum cum poenitentia non tam secundum quantitatem excessus, quam *poenitentis contritionem* per discreti Sacerdotis arbitrium sit moderanda. c. 84, 86. D. 1 de poen. In der Ausgabe des Corp. jur. canon. von Caravita findet sich eine gute Uebersicht über die für die einzelnen Delicte verhängten Pönitenzen. s. Anhang S. 203.

[5]) Ueber den Unterschied zwischen poenitentia publica und privata vgl. Dove, de eccl. progr. p. 59.

[6]) Ueber die Excommunication insbesondere Kober, der Kirchenbann. Richter-Dove, Lehrb. S. 653 ff. Eichhorn, Grundsätze. II. S. 91—98. Muenchen a. a. O. S. 156 ff., insbesondere über die Geschichte der Excommunication S. 157—164.

zu bessern, die Ehre der kirchlichen Genossenschaft zu wahren, und von den übrigen Mitgliedern die Gefahr der Ansteckung fernzuhalten. [1]) Die Excommunication wird geschieden in die excommunicatio major und minor. Die erstere, — wenn sie feierlich verkündet wird, anathema [2]) genannt — tritt nur bei schweren Verbrechen ein; ihre Wirkungen sind: 1) Ausstossung aus dem bürgerlichen Verkehr. Keiner, mit Ausnahme der Familie und der Dienerschaft des Excommunicirten, darf bei Vermeidung der eigenen Excommunication (exc. minor) mit ihm verkehren, [3]) 2) Ausstossung aus der kirchlichen Gemeinschaft; diese umfasst die Ausschliessung vom Empfang der Sacramente, passive Theilnahme am Messopfer, Versagung des christlichen Begräbnisses, [4]) Unfähigkeit zur Erlangung von Beneficien, Verlust der Jurisdictionsrechte, [5]) sowie der Fähigkeit, vor Gericht zu klagen, [6]) und Zeugniss abzulegen. [7]) Diese Wirkungen sind indess nur innerhalb der Grenzen kirchlicher Machtbefugniss zu verstehen; der Bannspruch des geistlichen Richters hat, insbesondere auf die weltlichen Gerichte, an sich gar keinen Einfluss. [8]) Dazu be-

---

[1]) Kober a. a. O. S. 33.

[2]) anathema stammt von ἄνα τιθέναι. ἄνα ist eine runde Figur, die ein Geschoss schräg in der Hand hielt. Diese Figur wurde auf die Stirn der Verurtheilten gedrückt. gl. anathematizamus zu c. 1 Extr. comm. 5, de sent. excomm.

[3]) Die gl. excommunicatione zu c. 15. X. de sent. exc. 5, 39 dehnt diese Fälle in dem bekannten Memorialvers:

Utile, lex, humile, res ignorata, necesse

noch etwas weiter auf Grund allgemeiner strafrechtlicher Principien aus, und auch c. 29. eod. tit. gestattet den Verkehr in Rede und Gebet; diese Freiheit ist aber wohl nur dem Geistlichen gestattet, der den Excommunicirten zur Reue führen soll. arg. c. 54. eod. tit. cf. c. 2, 3, 4, 7, 16. C. 11. qu. 3.

[4]) c. 1 Clem. de concess. praeb. 3, 7; eventuell muss der Beerdigungsplatz, auf dem ein Excommunicirter begraben ist, weil er als polluirt angesehen wird, von Neuem geweiht werden. c. 7. X. de concess. Eccles. 3, 40.

[5]) Kober a. a. O. S. 146.

[6]) Der Exc. kann aber verklagt werden. c. 7. X de judic. 2, 1. c. 1. in VI°. de rescriptis 1, 3.

[7]) c. 8. in VI°. de sent. exc. 5, 11.

[8]) Ueber diese Frage vorzüglich Dove, de eccl. progr. p. 113 ff., der

darf es erst der ausdrücklich vom Könige bzw. vom weltlichen Gericht verhängten Acht, die erst im 13. Jahrhundert als absolute Folge des Bannes ausgesprochen wurde. Noch wehrt der Sachsenspiegel in kräftigen, trefflichen Worten jede bürgerliche Wirkung des Kirchenbannes ab,[1]) aber schon Philipp von Schwaben lässt die Acht als direkte Wirkung des Bannes eintreten, und der vom Einflusse Innocenz III. umstrickte Friedrich II. verhängt über denjenigen, der über sechs Wochen im Kirchenbann ist, die Acht bis zur Absolution des Bannes,[2]) und beschränkt seine Rechts- und Handlungsfähigkeit vor dem weltlichen Richter in denselben Grenzen, die die Decretalen für das geistliche Forum gezogen haben.[3])

Im Gegensatz zur excommunicatio major bleibt die excommunicatio minor jedem Einfluss auf das weltliche Leben fremd. Sie ist nur eine Ausschliessung vom Empfang der Sacramente.[4])

---

auch aus Schspgl. II. 63. § 2: Jewelk man mut wol vorspreke sin unde tuegen unde klagen unde antworden, ane binnen deme gerichte, dar he innen verwest ist, oder of he in des rikes achte is. Vor geistlikeme gerichte ne mut he's aver nicht dun, of he to banne is," folgert, dass ein Excommunicirter persona standi in judicio seculari gehabt hat.

[1]) Sachsensp. III. 63. § 2: Ban scadet der sele unde ne nimt doch niemanne den lif, noch ne krenket niemanne an lantrechte noch an lenrechte, dar ne volge des koninges achte na.

[2]) Const. Friderici II. a. 1220. c. 36 (Mon. Germ. T. IV. p. 236): Item, sicut justum est, excommunicatos eorum, dum tamen ab ipsis viva voce, vel per literas eorum, vel per honestos nuntios fide dignos nobis denuntiati fuerint, vitabimus et nisi prius absolvantur, non concedemus ei personam standi in judicio: sic distinguentes, quod excommunicatio non eximat eos a respondendo impetentibus, sed sine advocatis; perimat autem in eis jus et potestatem ferendi sententias et aliis impetendi, c. 37: Et quia gladius materialis constitutus est in subsidium gladii spiritualis, excommunicationem, si excommunicatos in ea ultra sex septimanas perstitisse, predictorum modorum aliquo nobis constiterit, nostra proscriptio subsequetur, non revocanda, nisi prius excommunicatio revocetur.

[3]) Auch Schwabensp. c. 1. § 6: Als ein man ist in dem banne sechs wochen und ein tag, so sol in der wereltliche richter ze achte tun; und swer auch in der achte ist sechs wochen und einen tac, den sol man ze banne tun.

[4]) gl. exspirat. zu c. 56. X. de sent. excommun. 5, 39. Covarruvia l. c. p. VI. c. 7 de sententia excommunic.

Wesentlich für die Verhängung der Excommunication ist eine dreimalige Warnung (trina admonitio, interminatio); doch ist diese nur als formelle Vorschrift aufzufassen, denn wenn die Kirche die Bestrafung des Verbrechens thatsächlich erst nach vorangegangener Ermahnung zugelassen hätte, so würden die beiden ersten Verbrechensfälle stets ungestraft bleiben.[1]) Das Strafrecht der Kirche wäre dadurch in vielen Fällen illusorisch geworden.[2]) Die Dauer der Excommunication ist, ebenso wie Suspension, Interdict und die Pönitenzen von der eingetretenen Besserung abhängig. „Ist die Besserung eingetreten, so hat die Strafe des Bannes ihre Bestimmung erfüllt, der Grund, um deswillen sie angewendet wurde, besteht nicht mehr, und eben deswegen hört sie selbst auf fortzubestehen.“ [3]) Indess bedarf es dazu immerhin einer besonderen Absolution. War die Excommunication feierlich vom Bischof verkündet, so bedarf auch die Absolution einer besonderen kirchlichen Feier. Ebenso wie bei der Excommunication zwölf Priester dem Bischof assistiren mit Kerzen in der Hand, welche sie beim Ausspruch des: anathema sit zur Erde senkten und verlöschten, so geleiten nun zwölf Priester den Bischof an das Portal der Kirche und holen mit ihm den vor der Kirchenthüre knieenden Excommunicirten ein. In der Kirche wird dann laut die Befreiung vom Banne verkündet.[4])

[1]) c. 2. X. de purgat. can. 5, 34. c. 13. X. de poenitent. 5, 38. c. 3. X. de simon. 5, 3. c. 2. X. de eo, qui ducit. 4, 7. c. 15. C. 24. qu. 3. Die trina admonitio bei der Excommunication hat auf die gemeinrechtliche Lehre von den Excessen der Staats- und Kirchendiener Einfluss gehabt. Heffter, Arch. d. Criminalr. Bd. XIII. S. 84. Anm. 74.

[2]) Aus diesem Grunde halte ich die Ansicht von Muenchen a. a. O. S. 176, dass die Kirche nur die Beharrlichkeit im Bösen „contumacia“ habe strafen wollen, für irrthümlich, und insoweit ist auch Kober's Definition (s. oben) nicht ganz zutreffend.

[3]) Kober a. a. O. S. 448.

[4]) c. 106, 108. C. 11. qu. 3. — Die Frage, wer zur Ertheilung der Absolution competent ist, gehört nicht hierher; s. darüber Richter-Dove, Lehrb. S. 658, 659. Muenchen, II. S. 255 ff. Kober, S. 447 ff. — Die Excommunication wird auch als civiles Zwangsmittel gegen insolvente Schuldner angewendet. c. 5. in VI°. de sent. exc. 5, 11. c. un. Clem. de sequestrat possessorum et fruct. 2, 6.

Eine Anwendung der Excommunication auf ein grösseres Gebiet enthält die Strafe des Interdicts.[1]) Die Kirche bediente sich desselben als Mittel, um den Widerstand der Obrigkeit, der Fürsten und Herren zu beugen. Sie entzog den Unterthanen die Wohlthaten des Gottesdienstes, um durch sie den Herrn zur Nachgiebigkeit zu veranlassen. Die Art[2]) der Verhängung dieser Censur legt das glänzendste Zeugniss für die kluge Politik des Kirchenregiments ab.

Das Interdict erstreckte sich hauptsächlich über ein Stadtgebiet, es umfasste aber auch zuweilen ein ganzes Land und andererseits wieder in der Stadt nur einzelne Orte und Baulichkeiten.[3]) Die vorzüglichste Wirkung dieser Censur ist die Einstellung sämmtlicher priesterlicher Functionen in dem interdicirten Gebiet; nur die Taufe, letzte Oelung,[4]) Firmelung[5]) und stiller Gottesdienst in den Klöstern[6]) und an hohen Festtagen ist gestattet.[7]) Ein charakteristisches Moment dieses Strafmittels, das es von allen anderen Strafmitteln unterscheidet, ist das, dass es den Unschuldigen zugleich für das Vergehen des Schuldigen büssen lässt,[8]) und darin eben liegt auch seine politische Bedeutung. Mit dem Interdict gilt es der Kirche nicht, den reuigen Sünder zu bessern; das Wohl des Einzelnen ist hier ganz irrelevant. Darum verdient das Interdict auch nicht den Namen Censur im eigentlichen Sinne; es ist eine „politische Massregel", eingekleidet in ein geistliches Gewand.[9])

---

[1]) Muenchen, II. S. 210. Boehmer l. c. lib. V. t. 39. § 63 de sent. exc. führen das Interdict als Art der Excommunication auf.

[2]) Savigny, Geschichte des römischen Rechts im Mittelalter. II. S. 318 ff. Loening, die Haftung des Staats. (1879.) S. 28.

[3]) Die verschiedenen Arten des Interdicts s. bei Kober, Archiv f. katholisches Kirchenrecht. Bd. XXI. S. 291 ff.

[4]) quia haec sunt sacramenta necessitatis. c. 39. C. 1. qu. 1.

[5]) c. 43. X. de sent. exc. 5, 39. c. 19. in VI°. de sent. exc. 5, 11.

[6]) c. 11. X. de sponsal. 4, 1 und gl. donec zu c. 11. X. de poenitent. 5, 38. c. 11. in VI°. 5, 7 de privilegiis. — c. 57. X. de sent. exc. 5, 39 gestattet es nur zu Gunsten der Sterbenden und Kranken.

[7]) c. 24. in VI°. de sent. exc. 5, 11.

[8]) Die ohne eigene Schuld Interdicirten dürfen aber ausserhalb ihres Gebiets am Gottesdienst theilnehmen. c. 6. in VI°. de sent. exc. 5, 11.

[9]) Das älteste Interdict stammt aus dem 11. Jahrhundert. Eck, de

Eine besondere nur gegen Geistliche gerichtete Censur ist die Suspension, eine geistliche Disciplinarstrafe, die den ungehorsamen Kleriker bald in der Ausübung seiner Amtsrechte [1]) oder seiner Weiherechte [2]) oder auch beider zugleich [3]) und endlich auch im Genusse seiner Einkünfte [4]) beschränkte. Die Suspension vom Amte oder von den Weiherechten hatte auf die Beschränkung der Einkünfte keinen Einfluss, und auch die letztere konnte unabhängig von der Beschränkung der sonstigen Functionen des Geistlichen ausgesprochen werden. [5]) Wohl aber wurde zuweilen eine generelle Suspension des Geistlichen ausgesprochen, die ihm zugleich seine Amtsführung und seine Einkünfte entzog. [6])

Andererseits konnte aber auch die Suspension auf einzelne Zweige der amtlichen Functionen oder nur einen bestimmten Theil der Einkünfte eingeschränkt sein. [7]) Auch als provisorische Administrativ-Massregel in Kriminal-Untersuchungen wird die Suspension angewandt. [8])

Ein der Suspension verwandtes Disciplinarmittel ist das interdictum ingressus Ecclesiae, das Verbot, gottesdienstliche Handlungen in der Kirche vorzunehmen. [9]) Dieses Verbot richtet sich aber nur gegen die Prälaten vom Bischof aufwärts. [10]) Stirbt ein Geistlicher, ohne von dem Interdict absol-

---

nat. poen. p. 68. Das letzte ist das Paul V. gegen die Republik Venedig (1606). Richter-Dove, Lehrb. S. 661. Anm. 14.

[1]) suspensio ab officio. c. 32. D. 50. c. 1. X. de cler. venat. 5, 24. c. 1. in VI°. de sent. et re jud. 2, 14. Kober, die Suspension, Festschrift. Tuebingen 1859. S. 3.

[2]) c. 13. X. de temp. ord. 1, 11. Kober, S. 3. suspensio ab ordine.

[3]) Walter, Kirchenrecht. § 191a.

[4]) suspensio a beneficio. c. 16. in VI°. de elect. 1, 6. Kober, S. 3.

[5]) van Espen l. c. p. 1544.

[6]) suspensio generalis. c. 7. in VI°. deel ect. 1, 6. c. 1. in VI°. de sent. et re jud. 2, 14. c. 2. X. de calumn. 5, 2. Kober, S. 5. c. 2. in VI°. de cens. 3, 20.

[7]) Richter-Dove, Lehrb. S. 664. Kober, suspensio partialis. S. 6. suspensio a jurisdictione. S. 60 ff.

[8]) Kober, S. 8.

[9]) c. 2. in VI°. de cens. 3, 20 und gl. interdictum zu c. 2. cit. c. 20. in VI°. de sent. exc. 5, 11.

[10]) c. 2. cit.

virt zu sein, so darf er nicht auf einem geweihten Kirchhof beerdigt werden.[1])

Die Suspension ist ebenso wie Excommunication und Interdict eine Censur mit allen rechtlichen Eigenschaften derselben.[2]) Der Umstand, dass die Suspension auch auf bestimmte Zeit verhängt werden kann,[3]) ist, wie wir oben bei der Pönitenz dargethan haben (S. 46), nicht für den Charakter der Strafe entscheidend.[4])

§ 11.
Eigentliche Strafen.

Während die Kirche bei der Auferlegung von Pönitenzen und Censuren nur die Besserung des Sünders durch das ihm auferlegte Uebel und die Förderung der Religion bezweckt, will sie durch die eigentlichen Strafen den Verbrecher und alle Uebrigen ausschliesslich vor der Begehung weiterer Verbrechen abschrecken. Der Sünder soll durch die Pönitenz nur deshalb zur Religion zurückgeführt werden, damit ihn die Kirche wieder in ihren Schooss aufnehmen kann. Den Verbrecher dagegen sucht sie durch die Strafe von sich zu entfernen; seine Reue oder Besserung berücksichtigt sie nicht. Dieses Princip ist in den eigentlichen Kirchenstrafen auf das deutlichste ausgeprägt.

Die mildeste Strafe ist die *privatio beneficii*[5]), welche den Besitz der Pfründe entzieht, ohne zugleich den Verbrecher der Fähigkeit, eine andere zu erwerben, verlustig zu machen.

Die nächst strengere Strafe ist die Deposition. Die-

---

[1]) gl. interdictum zu c. 2. cit. und c. 20. cit.

[2]) ista tria sunt paria. c. 1. in VI°. de sent. exc. 5, 11.

[3]) Schulte, Lehrb. II. S. 393, und Eichhorn, Grundsätze. II. S. 101 wollen deshalb die Suspension als Strafe ansehen.

[4]) Ueber den Unterschied zwischen censurae ferendae und latae sententiae, censurae hominis und juris vgl. van Espen l. c. p. 1530. Morinus l. c. lib. 5. c. 25. Muenchen, II. S. 239. Richter-Dove, Lehrb. S. 651. Anm. 7. Ueber die Absolution vgl. Schulte, Lehrb. II. S. 394. Diese Fragen sind processualisch und daher hier auszuscheiden.

[5]) c. 13. X. de vit. et hon. cler. 3, 1.

selbe entzieht dem Geistlichen nicht allein sein Amt und seine Pfründe, sondern sie beraubt ihn auch zugleich der Fähigkeit je wieder ein Amt oder eine Pfründe zu erwerben, [1]) er behält nur den geistlichen Charakter, [2]) der ihm das privilegium fori und privilegium canonis sichert. Der Deposition muss die Suspension [3]) und die kanonische Admonition [4]) vorausgehen.

Durch die Degradation endlich wird der Geistliche auch noch seines geistlichen Standes entkleidet und muss ganz in den Laienstand zurücktreten. [5]) Die Degradation (degradatio actualis) im Gegensatz zu dem blossen Verdict der Degradation (degradatio verbalis) [6]) wurde mit besonderer Feierlichkeit in der Kirche ausgesprochen, und der Verurtheilte dabei der einzelnen Insignien entkleidet. [7]) Nach erfolgter Degradation wird der Verurtheilte gewöhnlich dem weltlichen Richter zur weiteren Strafverfolgung übergeben. [8])

Zu diesen eigentlichen Kirchenstrafen sind aus dem weltlichen Recht noch aufgenommen: Geldstrafen, [9]) an deren Stelle im Unvermögensfalle körperliche Züchtigung tritt, [10])

---

[1]) c. 13. cit. c. 26. D. 6 de poen. c. 9. D. 28. c. 1. D. 47. c. 5, 12. D. 81. c. 4, 10. X. de jud. 2, 1.

[2]) Kober, Deposition und Degradation. S. 184 ff. Schulte, Lehrb. II. S. 396. Boehmer, J. P. l. V. tit. 37.

[3]) c. 4. X. de cohabit. Cler. 3, 2.

[4]) c. 6. X. de cohabit. Cler. 3, 2.

[5]) c. 2. in VI°. de poenis 5, 9. c. 27. X. de V. S. 5, 40. c. 5. C. 23. qu. 8.

[6]) Richter-Dove, Lehrb. S. 667.

[7]) c. 2. § Actualis. in VI°. de poen. 5, 9. Boehmer l. c. p. 736 ff. citirt die Formeln der Degradation von den verschiedenen Würden. cf. Krause, de jure degradationis canonicae. § 31 ff.

[8]) c. 27. X. de V. S. 5, 40.

[9]) c. 3. C. 21. qu. 5. c. 3. X. de poen. 5, 37.

[10]) Hoc generale est, ut verberibus castigentur, qui sunt inopes. gl. verberibus zu c. 11. C. 12. qu. 1. c. 3. C. 5. qu. 6. gl. peccatum zu reg. 1, 4. in VI°. de reg. jur. Grimm, Weisthuemer. I. S. 669: hat er nut, das er einen vrevel gebussen muge, man sol in vahen, unde sol in in den stoc legen.

Prügelstrafen,[1] Gefängnissstrafe (zeitige[2]) und lebenslängliche,[3]) Verstrickung,[4]) Verbannung.[5]) Die verstümmelnden Strafen sowohl wie die Todesstrafe sind dem kanonischen Rechte fremd.[6]) Ecclesia non sitit sanguinem.

§ 12.

Allgemeine Grundsätze über die Strafe.

Der Richter soll die Strafe ausmessen nach Erwägung aller Umstände.[7]) Zu Gunsten des Thäters sprechen dessen Jugend, weibliches Geschlecht, mangelndes oder vermindertes Bewusstsein, Affecte; geringere Bedeutung des verletzten Objects, der geringere Grad verbrecherischen Willens, die Geheimhaltung des Verbrechens.[8]) Wird dasselbe Verbrechen mehrfach wiederholt, so erhöht sich die Strafe,[9]) das kanonische Recht verwirft ganz energisch die Ansicht, dass die öftere unbestrafte Wiederholung eines Delicts die Strafbarkeit desselben mindere.[10])

---

[1]) gl. dispensare zu c. 2. X. de bigam. non ord. 1, 21.

[2]) c. 7. § De Episcopis. C. 2. qu. 1. c. 5. X. de apost. 5, 9. c. 8. X. de poen. 5, 37.

[3]) c. 3. in VI°. de sent. exc. 5, 11. c. 3. in VI°. de poenis 5, 9. In letzter Stelle will Boehmer l. c. p. 734 eine Beziehung zu art. 10 und art. 101 (bez. 196) CCC. erkennen; m. E. ohne Grund. — Ivo Carnot epist. 186 scrib. episcopo Aurelianensi: Jeder Bischof soll in seiner Diöcese zwei Gefängnisse für die Geistlichen haben (van Espen l. c. p. 1518).

[4]) c. 10. D. 50. Wasserschleben, Beiträge zur Geschichte der vorgratianischen Kirchenrechtsquellen. S. 164.

[5]) c. 10. cit. c. 23. D. 63. c. 9. C. 3. qu. 1. c. 13. C. 17. qu. 4.

[6]) Omnis iniquitas judicium sanguinis est. c. 25. D. 1 de poen. c. 1 Clem. de poen. 5, 9. — c. 14. C. 33. qu. 5 spricht allerdings die Todesstrafe vom Gesichtspunkte der Talion aus. Die Stelle ist aus 5. Mose c. 33 entnommen. s. dag. c. 6. C. 33. qu. 2. Ecclesia gladium non habet, nisi spiritualem; non occidit, sed vivificat (P. Nicolaus). c. 1—4. c. 31. C. 23. qu. 5.

[7]) c. 31. X. de sim. 5, 3.

[8]) c. 14. X. de sent. exc. 5, 39. gl. eam zu c. 20. eod. c. 31. cit. c. 6. X. de homic. 5, 12. c. 2. X. de apost. 5, 9.

[9]) c. 1. D. 5 de poen.: defleat *quantum* perseveraverit: perseverasse fornicando utrumque auget delictum.

[10]) c. 8. X. de sim. 5, 3. diuturnitas temporis non diminuit peccata,

Durch die gewohnheitsmässige Ausübung werden Handlungen, welche als einzelne straflos sind, zu strafbaren Handlungen. [1])

Eine Strafverschärfung durch Rückfall kennen die Quellen nicht. [2]) Wird dasselbe Verbrechen mehrfach begangen, so wird es mehrfach bestraft. [3]) Es herrscht absolutes Kumulationsprincip. [4]) Selbst in den Fällen, in denen durch eine und dieselbe Handlung mehrere Strafgesetze verletzt werden, wird die Verletzung eines jeden Gesetzes besonders gestraft. [5]) Alle diese Grundsätze sind eben nur die stricte Annahme des römischen Quot delicta, tot poenae. Daher ist der Einfluss dieser Lehre auf die italienischen Juristen und die folgende Kriminalistik auf das römische Recht zurückzuführen.

Die Vollstreckung der Strafe wird allein ausgeschlossen durch den Tod des Verbrechers. Ist aber die Strafe bei Lebzeiten des Verbrechers schon ausgesprochen worden, so wird sie — unter Verwandlung der Pönitenz in die Stiftung

---

sed auget: nec sub obtentu cujusquam consuetudinis reatum quis tueatur c. 2. C. 15. qu. 8.

[1]) Assiduitas facit aliquid peccatum, quod alias non esset. gl. zu c. 5. C. 22. qu. 1.

[2]) Allerdings scheinen mehrere Quellenstellen, nach denen ein Häretiker, der nach erhaltener Absolution, d. i. nach verbüsster Strafe, wieder in Häresie verfällt, der weltlichen Macht übergeben wird, die Annahme eines Rückfalls zuzulassen. c. 43. C. 23. qu. 5. c. 9. X. de Iud. 5, 7. c. 13. § adjicimus eod. Allein diese Strafverschärfung ist wohl nur daraus zu erklären, dass der Kirche die Macht zu noch härterer Strafe versagte und dass sie deshalb den weltlichen Arm zur Hülfe anrief. Der Gesichtspunkt der Strafschärfung wegen Rückfalls liegt hier nicht vor. A. M. Geib, II. S. 92.

[3]) Ea, quae frequenti praevaricatione iterantur, frequenti et sententia condemnantur. Regino lib. I. c. 324.

[4]) Quotiens clericus in delicto repertus fuerit, totiens ab eo poena exigatur. gl. condemnentur zu c. 1. X. de poen. 5, 37.

[5]) c. 4. X. de eo, qui cognovit 4, 13 handelt von einem incestuosen Ehebrecher: qui etiam pro incestu et adulterio, donec cum ea permanserit, juxta moderamen tui arbitrii poenitentiam agens. cf. c. 2. X. de sim. 5, 3. — Dagegen scheint freilich: c. 16 u. Gr. zu c. 16. C. 22. qu. 1 nur eine Erhöhung der ursprünglichen Strafe zu bestimmen: dupliciter reus est, qui per creaturas jurat mendaciter: graviori se subjicit poenae.

eines frommen Werkes — in den Nachlass vollstreckt.[1] Nur im Fall der Ketzerei kann noch gegen den Verstorbenen ein Strafprozess anhängig gemacht und das Anathem über ihn verhängt werden.[2] „Diese Ausnahme beruht auf der Gleichstellung der Ketzerei mit dem römischen Majestätsverbrechen, für welches derselbe Grundsatz aufgestellt ist.[3] [4]

Die Ausschliessung der Strafe durch Verjährung oder Begnadigung[5] kennen die Quellen nicht.

---

[1]) c. 8. § Si vero. in VI°. 5, 2.

[2]) c. 5. X. de Iud. 5, 7, und gl. post mortem zu c. 5. cit.

[3]) l. 4. § 4. C. de haereticis 1, 5. In mortem quoque inquisitio tendatur. Nam si in criminibus majestatis licet memoriam accusare defuncti, non immerito et hic debet subire judicium. l. 11. D. ad l. Iul. maj. 48, 4.

[4]) c. 6, 10. X. de immunitat. Eccles. 3, 49. c. 6. c. 32 ff. C. 17. qu. 4. Gr. zu c. 2. C. 36. qu. 1 behandeln das Asylrecht, d. i. die Ausschliessung von Leibes- und Lebensstrafen durch die Flucht in eine Kirche oder Kapelle und zwar nach c. 6. cit.: bei grösseren Kirchen im Umkreis von 40 Schritt, bei kleineren Kirchen und Kapellen im Umkreis von 30 Schritt. Räuber und nächtliche Verwüster der Felder, sowie diejenigen, welche in der Kirche selbst Verbrechen begehen, geniessen diesen Schutz nicht. c. 6. c. 10. X. de immun. Eccl. 3, 49. Das Asylrecht gewährt aber nur Ausschliessung der weltlichen Strafen und gehört daher nicht in die Behandlung des kanonischen Strafrechts. s. Wilda, das Strafrecht der Germanen. S. 537—543. Ueber den Einfluss des Asylrechts auf die germanischen Rechtsanschauungen vgl. die trefflichen Worte Berner's, Wirkungskreis des Strafgesetzes. S. 174—178.

[5]) Absolution, Dispensation, Indulgenz sind nicht mit Begnadigung zu verwechseln.

B.

Besonderer Theil.

I. Verbrechen gegen die Kirche.

a) Als Staat.

§ 13.

Häresie.

Häresie ist die Befolgung einer vom katholischen Dogma abweichenden Glaubenslehre.[1] Haereticus est qui non tenet articulos fidei. Die Häresie richtet sich gegen den Bestand der Kirche; sie will diesen vernichten und statt seiner eine neue Kirche, eine neue Religionsgemeinschaft gründen. Die Häresie ist daher als kirchlicher Hochverrath anzusehen.[2] Unter diesen Begriff fallen sonach sehr verschiedenartige Handlungen, deren jede einen gesonderten objectiven und subjectiven Thatbestand hat, deren Vergleichungspunkt aber darin liegt, dass ihr beabsichtigter mittelbarer oder unmittelbarer Erfolg die Vernichtung der Existenz der Kirche ist. Die Quellen selbst zählen sechs verschiedene Arten der Häresie auf:[3] Häretiker ist 1) wer im Glauben schwankend, ungläubig ist.[4] 2) Wer Simonie

---

[1] Hieronymus in c. 26. C. 24. qu. 3. c. 26. X. de V. S. 5, 40. c. 1 Clem. de summ. trin. 1, 1.

[2] Innocenz III. in c. 10 X. de haeret. 5, 7 nennt die Häresie ein crimen laesae majestatis divinae.

[3] gl. haeresim zu c. 26. C. 24. qu. 3.

[4] c. 1. X. de haeret. 5, 7.

treibt.[1]) 3) Wer die heilige Schrift falsch auslegt.[2]) 4) Wer neue Glaubenstheoreme aufstellt.[3]) 5) Wer die Kirche des Privilegs beraubt, dass sie allein durch das göttliche Wort gegründet ist.[4]) 6) Wer die Vorschriften des apostolischen Stuhles überschreitet.[5])[6])

Die Kanonisten hatten aber den Begriff noch weit ausgedehnt. Indem sie als Ausgangspunkt der Häresie das „male credere“ ansahen, betrachteten sie in analoger Weise die anderen Verbrechen vom Gesichtspunkt des „male vivere“ und gelangten dazu, alle Verbrechen als Arten der Häresie aufzuführen.[7]) Diese Auffassung ist jedoch nur eine rein theologische und von der kriminalistischen Wissenschaft nicht angenommen worden. Diese hat in der Häresie stets nur das Verbrechen des Hochverraths erkannt, und sie nach den Grundsätzen des römischen Rechts über den Hochverrath behandelt.[8]) Daher wurde Mord, Mordversuch, Anstiftung zum Morde, Vorbereitung zum (machinari in mortem) Morde eines Kardinals oder des Papstes, als Häresie bez. Hochverrath gestraft.[9])

Eine sehr interessante juristische Konsequenz bekunden

---

[1]) c. 5. C. 1. qu. 1. Die Simonie wird gleichwohl überall als besonderes Verbrechen aufgeführt und soll auch hier (§ 16) besonders behandelt werden.

[2]) c. 27. C. 24. qu. 3. van Espen, supplem. in jus eccl. univ. t. IV. c. 2 ad n. 9: Verschiedenheit der Meinungen über dogmatische Fragen, die mit der apostolischen Tradition nicht übereinstimmen, ist nicht Häresie.

[3]) c. 28. C. 24. qu. 3. c. 2. Extravag. comm. 3 de relig. et ven. sanct.

[4]) per illud verbum, per quod terra et coelum constructum est. c. 1. D. 22.

[5]) c. 6. D. 19.

[6]) Die Glosse führt noch als siebenten Fall auf: Wer excommunicirt ist. — Ueber die Unterscheidung der haeresis materialis und formalis, haeresis externa und interna s. Hinschius in Holtzendorff's Rlxk. Bd. II. S. 18.

[7]) Vgl. die bei Farinacius qu. 178. n. 75 citirten Schriftsteller.

[8]) c. 5. in VI°. de poen. 5, 9. c. 22. C. 6. qu. 1 ist eine wörtliche Wiedergabe der l. quisquis. J. Clarus lib. 5. sent. recept. § haeresis. Farinacius qu. 112. n. 5. Dieser will aus c. 22. C. 11. qu. 3 noch den Verrath von Staatsgeheimnissen als Häresie bestrafen. qu. 115. n. 213.

[9]) Farinacius qu. 112. n. 96.

die Quellen bei der Bestrafung der wiederholten Häresie. Die Begehung zweier von einander ganz verschiedener selbstständiger Delicte, welche unter den Gattungsbegriff der Häresie fallen,[1]) wird als wiederholte Häresie bestraft; ebenso die Begünstigung der Häresie und die nachfolgende Häresie selbst.[2])

Die Strafe der Häresie ist gegen Laien und Geistliche das Anathem.[3]) Da die Kirche aber zur Ausrottung der Häretiker kräftigerer Machtmittel bedurfte, wandte sie sich stets behufs weiterer Bestrafung an den weltlichen Richter.[4]) Die weltlichen Rechte kamen auch dem Rufe der Kirche nach und bestraften die Ketzer mit den schwersten Strafen.[5])

Aus dem Rahmen der zum Gattungsbegriff der Häresie gehörigen Verbrechen soll das Sortileg herausgehoben werden. Dieses bedarf deshalb einer gesonderten Erwähnung, weil es sich aus seinem Zusammenhang mit der Häresie allmählich

---

[1]) c. 8. § Eum vero in VI°. de haeret. 5, 2: Eum vero, qui in una haeresis specie vel secta commisit, aut in uno fidei articulo, seu Ecclesiae sacramento erravit, et postmodum haeresim simpliciter vel generaliter abjuravit, si extunc in aliam etiam haeresis speciem, sive sectam, aut alio articulo, seu sacramento committat, volumus ut relapsum in haeresim judicari.

[2]) gl. eum vero § ille zu c. 8. cit.

[3]) c. 9, 13. X. de haeret. 5, 7.

[4]) c. 9. cit. c. 3. in VI°. de haeret. 5, 2. c. 11, 18. eod.

[5]) Friedrich II. const. ad decus. 1220 (Pertz, Mon. Germ. T. IV. p. 244). cf. Authentica, Sí vero und Credentes zu l. 4. C. de haereticis 1, 5, sowie Authentica Gazaros zu l. 20. eod. Schwspgl. c. 261: Swâ man kezzere innen wird, die sol man ruegen dem geistlichen gerihte;.... Und als si ueberkommen werdent, so sol sich ir werltlich gerihte underwinden, und sol ueber si rihten als reht ist, also daz man si ûf einer huerde brennen sol. Bamberg. und Brandenburg. H. G. O. art. 130: Item wer durch den ordenlichen geystlichen Richter für einen Ketzer erkannt, und dafür dem weltlichen Richter geantwort wurde, der sol mit dem fewer vom leben zum todt gestrafft werden. Dieser Artikel ist weder in das 1. und 2. Project, noch in die CCC. selbst übergegangen. — Etabl. de St. Louis l. 1. c. 223: Et quand li juges l'auroit examiné, se il trouvoit, que il fust bougres, se le devroit fere envoier à la justice laie, et la justice laie le doit fere ardoir. Friedberg, de fin. inter eccl. p. 90, 91. Dove, de eccl. progr. p. 105 sq. 156 sq. — Gegen Mönche brachte man die Strafe der Einmauerung zur Anwendung. c. 1. 8 i. f. in VI°. de haeret 5, 2.

gelöst hat und eine Mittelstellung zwischen Häresie und Falsum einnahm. In der älteren Zeit musste man das Sortileg (Wahrsagerei, Zauberei) deshalb als Häresie ansehen, weil es thatsächlich fremde Gottheiten einführte, oder besser die alten heidnischen Götter und den Glauben des Volkes an diese zu erhalten bestrebt war. Für die Existenz des noch jungen, seine Macht noch kräftigenden Christenthums bereitete dieses Delict daher die ernstesten Gefahren. Als aber die christliche Religion die absolute Herrscherin geworden war, wandelte sich dieses Delict in einen unschädlichen, frommen Betrug um, dessen man sogar auch die damals noch wenig anerkannten Naturwissenschaften und die Mathematik beschuldigte. Gregor, der Sammler der Decretalen, hat diese Bedeutung des Delicts richtig erkannt, und es unter die Fälschungsverbrechen eingereiht. Trotzdem aber wird dasselbe von der gesammten Wissenschaft und Gesetzgebung des Mittelalters noch als Unterart der Häresie aufgeführt und gleich ihr bestraft.

Das Sortileg ist die Weissagung der Zukunft aus geheimnissvollen Büchern, Tafeln oder Schriften, oder aus den Kundgebungen unbekannter heidnischer Gottheiten, und der Glaube an diese Weissagung. [1]) Das Delict kann also activ wie passiv begangen werden und ist in beiden Fällen gleich strafbar. Die gewöhnliche Strafe ist die Excommunication. [2]) Es stellt den heutigen Aberglauben [3]) und die Benutzung desselben zu irgend einem eigennützigen Zweck in der vollendetsten Form dar. Nach den kanonischen Quellen hat die Wissenschaft das Delict aufgenommen, und mit den grotesken Zuthaten mittelalterlichen Aberglaubens bereichert. [4]) In dieser

---

[1]) c. 1. C. 26. qu. 1. c. 1, 3, 5, 6, 7, 9, 10, 11. C. 26. qu. 5. c 2, 3. X. de sortilegiis 5, 21.

[2]) c. 7, 11. cit.

[3]) Beispiele in den Pönitentialbüchern: Poenit. Pseudo-Romanum. c. 6: in setula in Kalendis Januarii vadere, ad arbores, ad fontes, in cancellum votum vovere; daemones invocare. Wasserschleben, p. 367 sqq. Poenit. Merseburg. c. 99: ponere filium super tectum, aut in fornacem, ut sanet. Wasserschleben, p. 401.

[4]) Farinacius, qu. 181. n. 4: ineuntes foedus pactumque facientes

Gestalt ist das Delict, aber als Unterart der Ketzerei, in die weltlichen Rechte übergegangen. [1])

Sachsenspiegel B. 2. art. 13 § 7: Swelk kersten man oder wif *ungelovich* is unde mit tovere umme gat, oder mit vorgiftnisse, unde des verwunnen wirt, den sal man uppe'r hort brennen. cf. Swspgl. c. 148. § 12. [2]) In beiden Quellen wird übrigens auch die „Vergiftniss" mit der Zauberei zusammengestellt. Darunter ist aber nicht der Giftmord, sondern nur das Eingeben von Tränken oder Kräutern zu einem abergläubischen Zweck gemeint. [3]) Dass der Sachsenspiegel die Zauberei für eine Art Ketzerei hält, folgt aus dem Worte „ungelovich"; ihm ist eben die Zauberei mit dem Unglauben identisch.

Demselben Gedanken begegnen wir endlich noch in der Bambergensis, die jedoch schon zu der Unterscheidung zwischen schädlicher und unschädlicher Zauberei fortgeschritten ist. art. 131: Item so yemand den lewten durch Zauberey schaden oder nachtheil zufüget, sol man straffen vom leben zum tode, und man sol solche straff gleych der ketzerei mit dem fewer thun; wo aber yemant Zauberey gebraucht und damit Niemand keinen schaden gethan hette, sol sunst gestrafft werden, nach gelegenheit der sach, darinnen die urteyler rats gebrauchen sollen, als von radtsuchen geschrieben stet. Dieser Artikel ist in die CCC. a. 109 übergegangen, ohne aber dass diese die Zauberei der Ketzerei gleichstellt.

Die grosse Gefahr, welche das Delict der Zauberei im Mittelalter in sich barg, ist offenbar. Nur Wenige schützte die Erkenntniss wissenschaftlicher Forschungen und eine durch diese geläuterte freie Anschauung vor der Umstrickung

---

cum daemone, illi immolantes, adorantes, imagines fabricantes, Anulum, Speculum, Phialam vel aliam quamcunque rem ad daemones allegandos conficientes, nec non impetentibus a daemone responsa et pro implendis eorum pravis desideriis auxilia postulantes.

[1]) P. Sixtus IV. hat im Decretal. VII°. tit. de malefic. et incantatoribus 5, 12. c. 2 das Sortileg auch als Häresie bezeichnet.

[2]) Die gleiche Auffassung im Beaumanoir c. 11. a. 25—27, der d[illegible] Zauberei (sorcerie) als fidei transgressio darstellt, aber nur mit einfacher Pönitenz büssen lässt. Dove l. c. p. 157, 158.

[3]) Friedberg l. c. p. 93. n. 4 scheint der Meinung zu sein, dass hier an Giftmord zu denken sei.

der Zauberformel. Die Masse des Volkes war dem Einfluss der mit solchen Mitteln ausgerüsteten Verbrecher willenlos hingegeben. Es ist daher ein stolzes Verdienst der Kirche, dass gerade sie sich bemühte, die Geister aus diesem Banne zu befreien und durch eigenes energisches Vorgehen auch der weltlichen Macht den Anstoss gab, mit schneidiger Waffe gegen dieses Unwesen vorzugehen.

§ 14.

Apostasie.[1]

Unter dem allgemeinen Verbrechensbegriff „Apostasie" zählt man gewöhnlich drei Fälle auf, die nur das Moment des Abfalls von einer kirchlichen Gemeinschaft gemein haben. 1) apostasia a fide (apostasia fidei), der Abfall von der katholischen Kirche; der gleichzeitige oder nachfolgende Uebergang zu einer andern Religionsgemeinschaft ist nicht wesentlich. Dieses Delict steht der Häresie sehr nahe und wird gleich wie diese bestraft.[2]) 2) apostasia irregularitatis sive religionis, der unbefugte Uebertritt aus dem geistlichen in den weltlichen Stand. Das Vergehen enthält eine Verletzung der mit der Weihe übernommenen Pflichten. Es wird mit Pönitenz und Censuren bestraft.[3]) Giebt ein Mönch unbefugt seine Ordensgemeinschaft auf, so wird er mit Gefängniss bestraft.[4]) 3) apostasia inobedientiae; ein Disciplinarvergehen: die Uebertretung der bischöflichen Befehle oder Instructionen Seitens eines Geistlichen. Auch für dieses sind als Strafen Pönitenzen oder Censuren gesetzt.[5])

---

[1]) Muenchen a. a. O. S. 357—363.

[2]) Farinacius, qu. 183. n. 13. Apostasia fidei: qui in totum recedit a fide Christi, ut si Christianus efficiat Judaeus. Schulte, II. S. 401. Die apostasia a fide ist Grund für eine zeitweilige Trennung der Ehe. c. 5. C. 28. qu. 1. c. 2, 3. X. de divort. 4, 19.

[3]) c. 1, 3. X. de apost. 5, 9.

[4]) c. 5. eod.

[5]) c. 1. eod. und gl. apostasia zu c. 1.

§ 15.
Schisma.

Das Schisma ist ein kirchenpolitisches Verbrechen. In der älteren Zeit (P. Pelagius 555) verstand man darunter den Abfall eines Presbyters von dem vorgesetzten Bischof unter Bildung einer selbstständigen Gemeinde.[1]) Später aber entwickelte sich daraus eine Lostrennung vom Kirchenverbande überhaupt, insbesondere eine Lossagung von der Herrschaft des regierenden Papstes.[2]) Das Delict wird regelmässig nicht von einem Einzelnen begangen, weil mit der Trennung von dem bestehenden Kirchenverbande gewöhnlich die Bildung einer neuen Gemeinschaft verbunden ist, die nothwendig eine Mehrheit von Personen erfordert. Daher ist nicht nur derjenige, der die Trennung veranlasst, — der geistige Führer der schismatischen Bewegung —, sondern auch alle diejenigen, die sich ihm anschliessen, sind als Schismatiker strafbar. Die Strafe ist das Anathem, bei Klerikern Degradation.[3])

§ 16.
Simonie.

Die kirchliche Gesetzgebung hat es von jeher für ein wesentliches Erforderniss der kirchlichen Integrität erkannt, den Erwerb geistlicher Güter nur von der Würdigkeit des Empfangenden abhängig zu machen, jedes gewinnsüchtige Interesse aber bei der Beurtheilung unbedingt zurückzuweisen und zu verdammen. Alle diejenigen Handlungen nun, durch

---

[1]) c. 43. C. 23. qu. 5: si qua Ecclesiastici officii persona, cui subjectus est, restiterit, vel seorsum collegerit, aut aliud altare erexerit, seu schisma fecerit, iste excommunicetur atque damnetur. c. 44. eod.

[2]) c. un. in VI°. de schismaticis 5, 3. Ueber die Trennung in schisma universale und particulare, schisma purum und haereticum, schisma materiale und formale s. Hinschius in Holtzendorff's Rlxk. II. S. 544.

[3]) c. un. in VI°. de schism. 5, 3. c. 44. cit. Benedict XI. hat die Strafe des c. un. bis auf die Vermögensconfiscation aufgehoben und statt dessen die Censur gesetzt. c. un. Extravag. commun. de schismaticis 5, 4.

welche ein geistliches Gut um ein weltliches verliehen oder erworben wird, oder werden soll, werden als Simonie bestraft.

In der älteren Zeit, in der die Kirche nur geringe Besitzthümer hatte, war der Begriff „geistliches Gut“ nothwendig eingeschränkt auf „geistliche Würden:“ die Würde eines Presbyter, eines Bischofs; daher erstrecken sich die ältesten Gesetze gegen die Simonie auch nur auf diese Dignitäten [1]. Mit der Erweiterung des Kirchenvermögens aber, das bald sehr umfangreichen realen Besitz umfasste, wurde auch der Begriff der geistlichen Güter ausgedehnt; unter diesen waren nun insbesondere die reich dotirten Kirchenämter und wohl ausgestatteten Pfründen begehrenswerth, so dass es energischer Massregeln bedurfte, um den simonistischen Handel mit diesen Gütern zu verhüten. In dieser Strenge ging nun aber die Gesetzgebung dadurch zu weit, dass sie auch den Erweis der geringsten Gefälligkeiten als simonistisches pretium ansah, sobald sie mit Rücksicht auf den Erwerb eines geistlichen Gutes gethan waren. [2]

Das Delict der Simonie ist consummirt, sobald nur zwischen zwei Personen, einem Geistlichen und einem Laien, oder zwei Geistlichen unter einander die Uebereinkunft geschlossen ist, ein geistliches gegen ein weltliches Gut hinzugeben, oder umgekehrt für ein weltliches ein geistliches Gut einzutauschen. (simonia conventionalis). [3]

---

[1]) can. XXX. canonum apostolorum: *Eἴ τις ἐπίσκοπος διὰ χρημάτων τῆς ἀξίας ταύτης ἐγκρατὴς γένηται.* can. XXXI. *εἴ τις ἐπίσκοπος κοσμικοῖς ἄρχουσι χρησάμενος δι' αὐτῶν ἐγκρατὴς γένηται ἐκκλησίας.* Hefele, Conciliengeschichte. Bd. I. S. 809. cf. Regino I. c. 236. c. 237 (ex Concilio Chalcedonensi): si quis episcopus per pecuniam fecerit ordinationem. c. 238 (ex epistolis Gelasii Papae): Quos constiterit indignos meritis sacram mercatos esse pretio dignitatem. c. 239 (ex epistola Hormisdae Papae): Hoc itaque ad priora conjungimus, ne benedictio per impositionem manus, quae a Deo esse creditur, pretio comparetur. c. 240 (ex concilio Meldensi) ut nemo per simoniacam haeresim regiminis locum obtineat.

[2]) So schon Gregor I.: Regino I. 241 (ex dictis Gregorii Papae): Sunt nonnulli, qui nummorum quidem praemia ex ordinatione non accipiunt et tamen sacros ordines pro humana gratia largiuntur. Hi nimirum, quod gratis accipiunt, gratis non tribuunt, quia nummum favoris de impenso officio sanctitatis expetunt.

[3]) Die Kanonisten lassen das Delict noch vor der geschlossenen

Es ist irrelevant, welcher Art die Uebereinkunft ist; mag sie in einem blossen einseitigen Versprechen, oder in einem Anerbieten mit nachfolgender Annahme [1]) bestehen, oder mag sie ein zweiseitiger Vertrag [2]) sein. Keineswegs aber bedarf es zur Vollendung der wirklichen Erfüllung des Vertrages. Ist diese eingetreten, so wird das Verbrechen dadurch qualificirt (simonia realis). [3])

Das Delict der Simonie bedingt die nothwendige Theilnahme mehrerer Personen, da ohne eine gegenseitige Uebereinkunft über Gabe und Gegengabe eine Simonie nicht vorhanden ist. Indessen ist es nicht nothwendig, dass die simonistische Verabredung zwischen dem wirklichen Geber und dem wirklichen Empfänger abgeschlossen worden ist, so dass z. B. der simonistisch Ordinirte von dem für seine Ordination gezahlten Entgelt keine Kenntniss hat, [4]) oder so, dass der Empfänger des geistlichen Gutes zwar Kenntniss davon hat, dass seinem Erwerbe eine simonistische Uebereinkunft zwischen dem Geber und einem Dritten vorausgegangen ist, ohne aber selbst daran Theil zu nehmen. [5])

Der Vorsatz ist darauf gerichtet, ein geistliches Gut zum Gegenstande eines Tauschvertrages zu machen, sei es, dasselbe gegen ein weltliches Gut hinzugeben, oder dasselbe für ein weltliches Gut zu erwerben. Object der Simonie und Mittel zur Begehung des Delicts scheinen, — der Natur des Tausches entsprechend — in einem Gegenseitigkeitsverhältniss zu stehen, indem für den Geistlichen das Object das

---

Uebereinkunft consummirt sein, und nennen eine solche Simonie: simonia mentalis. Diese ist aber strafrechtlich irrelevant, vgl. Hinschius in Holtzendorff's Rlxk. Bd. II. S. 592. Richter-Dove, Lehrb. § 221. S. 673. Anm. 2. Permaneder, II. § 550. Sotus, lib. 19 de justitia et jure qu. 8, art. 1 ad 6.

[1]) c. 14. X. de sim. 5, 3. c. 2, 11. C. 1. qu. 1.

[2]) c. 14. C. 1. qu. 3. c. 1. in VI°. de testibus 2, 10. c. 1, 2. X. ne praelati vices suas 5, 7.

[3]) c. 8. X. de sim. 5, 3. Hinschius a. a. O. Richter-Dove a. a. O.

[4]) simoniaci non simoniace a simoniacis ordinati. c. 117. C. 1. qu. 1. c. 22. X. de sim. 5, 3. In diesem Falle ist der Ordinirte straflos.

[5]) c. 22. X. de sim. 5, 3 (strafbare Theilnahme an der Simonie).

weltliche Gut, das Mittel die Hingabe des geistlichen Gutes, für den Laien bez. den geistlichen Empfänger, das Object, das geistliche Gut, das Mittel die Hingabe eines weltlichen Gutes wäre. Der Geist der Gesetze über Simonie ist aber ausschliesslich gegen den Handel mit geistlichen Gütern gerichtet. Einen Tauschvertrag über ein weltliches Gut würde die kirchliche Strafgesetzgebung, sofern nicht andere Gründe vorliegen, nie unter Strafe gestellt haben. Das Object des Verbrechens ist daher ausschliesslich ein geistliches Gut: Spendung der Sacramente, [1] Institution von Prälaten, Weihe von Kirchen und Kapellen, [2] Aufnahme in ein Kloster, [3] in einen Orden, [4] die Gewährung von Pfründen, [5] der Kauf und Verkauf von Kirchenämtern, [6] Uebertragung von Kirchenzehnten. [7]

Mittel zur Begehung der Simonie ist der beabsichtigte Erwerb, oder die versprochene Hingabe irgend eines weltlichen Vortheils, als: die Hingabe von Geld, [8] der Erwerb von Stimmen für eine geistliche Wahl, [9] Bereicherung des Kirchenvermögens und der Armenkassen, [10] Erlangung irgend einer Gunst, einer Ehrenbezeugung. [11]

Die Strafe der Simonie ist für Geistliche Deposition, für Laien Excommunication. [12]

---

[1]) c. 16. 43. X. 5, 3. B. Thomas 2, 2. qu. 100. art. 2 ad 4. c. 15. C. 1. qu. 3.

[2]) c. 16. cit.

[3]) c. 25, 34. X. 5, 3.

[4]) c. 1. Extravag. commun. 5. de simon.

[5]) c. 11. X. 5, 3.

[6]) c. 1. sqq. C. 1. qu. 3.

[7]) c. 14. C. 1. qu. 3.

[8]) c. 1. 2. X. ne praelati 5, 4. c. 34. X. de sim. 5, 3. c. 1, 8. C. 1. qu. 2.

[9]) c. 2, 3. C. 1. qu. 6.

[10]) c. 9. C. 1. qu. 3.

[11]) c. 114. C. 1. qu. 1. c. 11. C. 1. qu. 3. Regino I. c. 241 (ex dictis Gregorii Papae): Aliud est munus ab obsequio, aliud munus a manu, aliud munus a lingua. Munus ab obsequio est subjectio indebite impensa, munus a manu pecunia est, munus a lingua, favor.

[12]) c. 8. X. de sim. 5, 3.

b) Verbrechen gegen die Kirche als Glaubensanstalt.

§ 17.

Blasphemie.

Die Blasphemie ist das Verbrechen der Gotteslästerung, der Schmälerung der Würde und Verehrung Gottes.[1])

Object des Verbrechens ist hier die Kirche nur insoweit, als sie die Hauptträgerin der göttlichen Lehre ist, und der Laienwelt als die Vertreterin Gottes auf Erden erscheint.

Es ist selbst für theologische Begriffe die Verletzung eines idealen, unkörperlichen Wesens etwas Undenkbares. Um die gedachten Handlungen als Verbrechen darzustellen, bedurfte es eines verletzbaren körperlichen Objects; als solches erscheint eben die Kirche.[2])

Das Verbrechen bietet sich hauptsächlich in zwei Erscheinungsformen dar: 1) die Schmälerung Gottes durch unerlaubtes Schwören; und zwar a) durch den Schwur bei fremden, nichtgöttlichen Wesen.[3]) b) dadurch, dass man Gott in den Schwur als körperliches Wesen aufnimmt, und bei einzelnen Theilen desselben, beim Haar Gottes, beim Haupt Gottes schwört.[4]) c) endlich dadurch, dass man überhaupt ohne ernsthaften Grund Gott zum Zeugen der Wahrheit seiner Aussagen anruft.[5]) 2) Die öffentliche Beschimpfung Gottes

---

[1]) Blasphemus est, qui divinae majestati derogat, ejus potestati et bonitati detrahens. B. Thomas. 2. 2. qu. 13. art. 1. Covarruvia l. c. p. I. § 7 de perjur. n. 12. Farinacius, qu. 194. n. 2. — Covarruvia l. c. n. 15: blasphemia est derogatio christianae fidei.

[2]) Das Analogon der Blasphemie im heutigen Recht ist die Majestätsbeleidigung; auch in ihr wird vorzüglich der ideale Begriff der Majestät verletzt; der Landesherr selbst, als der Träger der Majestät, ist nur das körperliche Object, welches diesen Begriff ausfüllt: seine Verletzung als Mensch steht zurück hinter der Verletzung der Würde, die er vertritt.

[3]) c. 9. C. 22. qu. 1. Clericum per creaturas jurantem, acerrime objurgandum. c. 10. eod.

[4]) c. 10. Si quis per capillum Dei, vel caput juraverit.

[5]) c. 10. Si quis — vel alio modo blasphemia contra Deum usus fuerit.

und der kirchlichen Institutionen überhaupt, insbesondere auch der in die Verehrung der Kirche aufgenommenen Heiligen. [1]) Bei der Begriffsbestimmung dieser letzteren Art der Blasphemie hat die kirchliche Gesetzgebung ihre rein kirchliche Aufgabe über der Politik vergessen; denn die vom moralischen Standpunkt in gleichem Masse verwerfliche heimliche Beschimpfung, welche vor wenigen Personen geäussert wird, bleibt straflos. Strafbar ist nur die vor einer Menschenmenge (multis coram astantibus publice) ausgestossene Schmähung, welche, als mittelbaren Vorsatz, die Verleitung Anderer zum Abfall von der göttlichen Lehre in sich trägt. [2])

Die Blasphemie wird an den Klerikern mit dem Anathem, an den Laien mit Excommunication bestraft. [3])

Das Delict der Blasphemie ist zwar schon im römischen Strafrecht aufgestellt, [4]) hat aber seine Ausbildung erst im kanonischen Recht erfahren. In dieser Gestalt ist es von grossem, fast ausschliesslichem Einfluss auf die Gesetzgebung des Mittelalters und die CCC. gewesen.

Die Wissenschaft entwickelte zunächst aus den kanonischen Quellen die Definition der Blasphemie dahin:

---

[1]) c. 2. X. de maledicis 5, 26: Statuimus, ut si quis contra Deum, vel aliquem Sanctorum suorum, et maxime beatam Virginem linguam in blasphemiam publice relaxare praesumpserit, per episcopum suum poenae subdatur interius annotatae. cf. c. 1. eod.: Quia nobis per litteras retulisti quod J. Clericus multis coram astantibus, verba quaedam in depressionem officii et beneficii nostri protulit, ipsum a temeritate sua compescas.

[2]) c. 13. C. 24. qu. 3: Apostolicae auctoritatis exemplo didicimus, errantium et *in errorem mittentium* spiritus tradendos esse Satanae, ut blasphemare dediscant. A. M. Rosshirt a. a. O. III. S. 139.

[3]) c. 10. C. 22. qu. 1. c. 35. C. 23. qu. 5. cf. auch c. 2. X. de maled. 5, 26.

[4]) Nov. 77. Quia vero nonnulli praeter ea, quae diximus, etiam blasphema verba et juramenta per Deum jurant, deum ad iracundiam provocantes, his quoque similiter praecipimus, ut a blasphemis verbis istis et jurejurando per capillos et caput, atque id genus aliis verbis abstineant. Si enim maledicta in homines collata non inulta relinquuntur, multo magis ille, qui deum blasphematur, dignus est, ut supplicium sustineat.

Blasphemus est, qui Deo contribuit, quod Dei non est, et qui a Deo neget, quod Dei est. [1])

Dieser Begriffsbestimmung schliesst sich nun zwar der Abschied und Befehl auf dem Reichstag zu Wormsa. 1495 nicht an; derselbe geht aber direct auf c. 2. X 5,26 zurück, indem er bestimmt: § 26. „Als frevenlich Lesterunge des „Namens, der Glieder und Marter Gottes und seiner Mutter, „der Jungfrauen Marien, und seiner Heiligen, gebraucht „wirdet. Ist geratslagt, dass die Römisch Königlich Majestät, „mit Willen und Wissen der Kurfürsten, Fürsten und Stände, „eyn gemein offenbar Gebot in dem heiligen Reich, Deutscher „Nation, ausgehen und proklamiren lasse, darinnen er solch „frevenlich Lesterung ernstlich verbite, bey den Personen des „gemeinen geschrieben Rechten.

Die darauf gegründete „Königliche Satzung von den Gotteslästerern, Worms 1495“ verweist wieder auf das römische Recht (Nov. 77):

„Demnach Kaiser Justinianus, unser Vorfahr am „Reiche, männiglich zu halten, ernstlich ermahnt und „streng geboten hat, alle lästerliche Worte,“

dagegen entstammt die Strafmilderung:

„aus bewegter Hitz des Zorns, aus Trunkenheit oder „dergleichen Unfall“

aus c. 9. C. 22. qu. 1: Inter epulas vero cantantem. [2])

Die Bambergensis nun steht ganz auf dem Boden des kanonischen Rechts und nimmt auch die oben (Anm. 1) gedachte Begriffsbestimmung mit auf.

---

[1]) Farinacius, qu. 194. n. 2.

[2]) Dass auch die Stadtrechte sich ganz den Bestimmungen des kanonischen Rechts anschlossen, beweist ausser den zahlreichen bei Friedberg l. c. p. 94. n. 3 aufgeführten Rechtssammlungen, insbesondere das Stadtrecht von Speyer: „Wer wider Gott und sine Heilgen unziemlich schwert, oder übel redete, und mit Namen, wer da schwert bei Gotes Stirne, Hirn, Schweiss, Schmeisse, Augen, Nase, Barte, Darm, Gederme, Lunge, Leber, Gottes Schedel, Gottes Ars oder Fuss, oder anders schemelich bi Gottes Glidern, wird zu 5 Schillingen verurtheilt. Lehmann, speyersche Chron. lib. 4. c. 16 bei Friedberg l. c. n. 4.

Bamberg. u. Brandenburg. H.G.O. Art. 127: „Item so „einer got zumist, das got nit bequem ist, oder mit seinen „Wortten got, das ym zustet abschneidet, der allmechtigkeyt „gottes widerspricht, oder sunst eytel oder lesterwort und „schwur bey got seiner heyligisten marter, wunden oder gli- „dern, der jungkfrawen marie und seinen heyligen thut, die- „selbigen Tetter, auch, die jhnen so zuhören, das nit wider- „reden, straffen, und der oberkeit verschweygen, Söllen durch „unser .... wie sölche lesterung den gemeynen „Keyserlichen rechten gemess, und sunderlich nach inhalt „königlicher ordnung, so auff gehalten Reychstag zu wurms „auffgericht (darinnen deshalb die ernsthaft löblich satzung „des Keysers Justinianus angezogen wirt) gestrafft werden „söllen."

Mit diesem Text stimmt der R. A. von Trier und Köln 1512 T. 3. fast wörtlich überein. Dagegen hat schon das I. Project der CCC. aus dem Jahre 1521 art 112 das unerlaubte Schwören aus dem Delictsbegriff der Gotteslästerung beseitigt, und das II. Project der CCC. aus dem Jahre 1529 art. 112, sowie der Reichsabschied von Augsburg 1530 T. 1. und endlich die CCC. art. 106 beschränken die Gotteslästerung lediglich auf die Beschimpfung Gottes und der heiligen Mutter, behalten aber die Begriffsbestimmung der Kriminalisten (S. 69. Anm. 1) bei.

CCC. art. 106: Item so eyner Gott zumist, das Gott nitt „bequem ist, oder mit seinen wortten Gott, das ihm zusteht, „abschneidet, der allmechtigkeyt gottes, sein heylige mutter, „die jungfraw Maria schendet, sollen durch die amptleut oder „Richter von ampts wegen angenommen, eingelegt, und darum „an leib, leben oder gliedern, nach gelegenheit und gestalt „der person und lesterung gestrafft werden. Doch so eyn „solcher lesterer angenommen und eingelegt ist, das soll an „die oberkeyt mit nottürftiger underrichtung aller umbstende „gelangen, die darauf Richtern und urtheylern bescheid „geben, wie solche lesterung den gemeynen unsern Keyser- „lichen rechten gemess, und sonderlich nach innhalt besonderer „artickeln unser Reichsordnung gestrafft werden sollen."

Die Gotteslästerung der CCC. umfasst demnach nicht

alle diejenigen Merkmale, die das kanonische Recht dem Delict beilegt; ihre Begriffsbestimmung beruht aber ausschliesslich auf den kanonischen Quellen.

§ 18.
Sacrileg.

Das Sacrileg war ursprünglich jede Beschädigung des Kirchenvermögens durch Diebstahl oder Raub. [1]) Es wurde als Unterart des furtum behandelt, und war dadurch besonders qualificirt, dass neben der Vermögensverletzung zugleich auch die Verletzung des besonderen Schutzes, unter dem die Kirche stand, gestraft wurde. [2])

Das spätere Recht geht von einem höheren Gesichtspunkt aus. Es sieht in dem Sacrileg eine Verletzung der kirchlichen Weihe und schützt daher durch seine Strafsanktion Alles, was durch die kirchliche Weihe geheiligt worden ist. [3]) Das Sacrileg kann daher begangen werden gegen Personen und Sachen. [4]) Man begreift darunter 1) den auf das Leben, die Gesundheit oder Freiheit eines Priesters unternommenen An-

---

[1]) Regino II. c. 283 (Anacletus a. 103) Qui res ecclesiae abstulerit, sacrilegium facit et ut sacrilegus judicandus est: c. 284 (Urban I. a. 227). Res et facultates ecclesiasticae oblationes appellantur, quia Domino offeruntur, et vota sunt fidelium ac pretia peccatorum, atque patrimonia pauperum. Si quis illa rapuerit, reus est damnationis Ananiae et Saphirae et oportet hujusmodi tradere satanae, ut spiritus salvus sit in diem Domini.

[2]) Regino II. c. 285—291. Poenitent. Pseudo-Beda c. 26. Wasserschleben p. 270.

[3]) Bonifacius II. in c. 3 C. 12 qu. 2: Nulli liceat ignorare, omne quod Domino consecratur, sive fuerit homo sive animal sive ager, vel quidquid semel fuerit consecratum, sanctum sanctorum Domino erit et ad jus pertinebit Sacerdotum. Propter quod inexcusabilis erit omnis, quia Domino et Ecclesiae, cui competunt, aufert vastat invadit, vel eripit et usque ad emendationem Ecclesiaeque satisfactionem, ut sacrilegus judicetur: et si emendare noluerit, excommunicetur. — Dieselbe Auffassung tritt, allerdings in weit unklarerer Form, bereits im römischen Recht hervor: l. 6. l. 11 § 1, 2. D. ad. l. Iul. pecul. et de sacrileg. 48, 13.

[4]) Ueber die Eintheilung in sacrilegium personale, locale und reale s. Geib I. S. 136. Da wir die Verletzung einer Kirche auch als Sach-

griff.[1]) 2) jede Beschädigung geweihter Sachen a) durch Diebstahl oder Raub von geweihten Dingen (gleichgültig ob von geweihten oder ungeweihten Orten),[2]) b) durch Zerstörung, insbesondere vermittelst Brandstiftung, und Plünderung geweihter Orte,[3]) c) durch widerrechtliches Eindringen in das Besitzthum der Kirche,[4]) d) durch Unterschlagung von Kirchenvermögen,[5]) e) durch Verletzung der Immunität der Kirche,[6]) insbesondere des Asylrechts,[7]) f) durch Unterstützung der mit der Kirche im Kriege befindlichen Ungläubigen,[8]) und durch Verkauf von Waffen, Pferden und sonstigem Kriegsmaterial an diese.[9]) Die Strafe ist die Excommunication. Die kanonistische Wissenschaft hat dieses Delict, dessen einzelne Unterarten sich schon sehr weit von der ursprünglichen Bedeutung des Verbrechens der Verletzung der Weihe entfernt haben, zu einem Rahmen ausgedehnt, der endgültig alle möglichen Verbrechen umfassen kann.[10])

Die Kriminalisten dagegen haben das Delict ausserordentlich eingeschränkt und erkennen in demselben nur den Diebstahl an geweihten Dingen und Orten. Gratian selbst definirt den sacrilegen Diebstahl:[11]) Sacrilegium ergo est, quoties quis sacrum violat, vel auferendo sacrum de sacro, vel sacrum de non sacro, vel non sacrum de sacro.

Diese Definition allein ist von der Wissenschaft aufge-

---

verletzung ansehen, würde die Zweitheilung in sacrilegium personale und reale genügen. c. 7. X. de reg. jur. 5, 41.

[1]) c. 3. C. 12 qu. 2. c. 12, 21, 29. C. 17 qu. 4. c. 5. in VI° de poen. 5, 9. c. 22. C. 24 qu. 3. c. 1 Clem. de poen. 5, 8.

[2]) c. 1, 6, 10. C. 12 qu. 2. c. 5, 10, 16, 17, 18, 22. C. 17 qu. 4.

[3]) c. 14. C. 17 qu. 4. c. 11. 12. C. 17 qu. 4.

[4]) c. 11, 12. C. 17 qu. 4.

[5]) c. 1 Clem. de regularib. et trans. 3, 9.

[6]) c. 5. in VI°. de immunit. 3, 23.

[7]) c. 19, 20. C. 17 qu. 4.

[8]) c. 1. Extravag. commun. 5 de Iudaeis.

[9]) c. un. Extravag. tit. 8.

[10]) Boehmer l. c. lib. V. tit. XVII. p. 120. Christiani ipsi, atque ecclesiae Doctores, ex quo tempore superstitio eam corrupit atque depravavit, pedetentim immensum sacrilegiorum numerum excogitarunt ut, si in eo substiterit, nihil facilius sit, quam hoc ipso sese maculare.

[11]) Gr. zu c. 20. C. 17. qu. 4.

nommen worden, und es war schon zweifelhaft, ob auch die dritte Art: non sacrum de sacro als Sacrileg aufzufassen sei.[1]) Allein die Mehrheit der Schriftsteller hat dieses Merkmal für das Delict beibehalten, so dass die Definition Gratian's die mustergültige geworden ist.

Sacrileg ist demnach in der kriminalistischen Literatur des Mittelalters: Diebstahl geweihter Gegenstände (Monstranzen) und Diebstahl ungeweihter Gegenstände aus geweihten Orten[2]) (Altardecken, Messgewänder aus der Kirche, Geld aus dem in der Kirche aufgestellten Opferstock).

In dieser Gestalt ist das Delict in die Stadtrechte des Mittelalters[3]) und durch die Bambergensis in die CCC. übergegangen.[4])

§ 19.
Meineid.

Gleich wie das Römische Recht in dem Bruch des geschwornen Eides ein Vergehen gegen die Gottheit erkennt, so auch das kanonische. Dieses aber begnügt sich nicht mit dem „satis Deum habet ultorem“, sondern übernimmt die Vollstreckung der Strafe selbst. Die kirchliche Gesetzgebung hat das Delict zuerst selbstständig gebildet, und auch freilich mit vielen theologischen Zuthaten durchsetzt. Nach Abstreifung dieser

---

1) Suarez l. c. c. 20 § 24: sacrilegium est furtum rei sacrae ex loco sacro factum. Res igitur *privatorum* ex loco sacro, sive rem *sacram* ex loco *profano* auferens, jure civili furti non sacrilegii tenetur.

2) Gonzales Tellez l. c. lib. 2 ad c. 8. X. de for. compet. 2, 2. Barth. Socinus regulae et fallentiae, reg. 434.

3) vgl. die Citate bei Friedberg l. c. p. 110 und Dove l. c. p. 163: Beaumanoir, coutumes de Beauvoisis c. 11 art. 15: sacrilieges si est, qui emble coze sacrée en liu saint, ou hors de liu saint, ou qui emble coze qui n'est pas sacrée, en liu saint.

4) Bamberg. art. 197. I. u. II. Project art. 178. CCC. art. 171: Item stelen von geweichten dingen oder stetten ist schwerer denn andrer diebstall, und geschicht inn dreierley weiss. Zum ersten, wann eyner etwas heyligs oder geweichts stielt an geweichten stetten. Zum andern, wann eyner etwas geweichts an ungeweichten stetten stielt. Zum dritten, wann eyner ungeweichte ding an geweichten stetten stielt. CCC. art. 172–175.

erscheint es dann in der Gerichtsordnung Karl V. als wortgetreue Wiedergabe des kanonischen Gesetzestextes. [1])

Meineid (perjurium) ist in den Quellen die Verletzung einer jeden über eine Aussage oder ein Versprechen geleisteten Berufung auf einen geweihten Gegenstand.

Die von der späteren Wissenschaft gemachte Unterscheidung zwischen Meineid und Eidesbruch findet sich in den Quellen nirgend. Der Ausdruck perjurium ist die ausschliessliche Bezeichnung für jede Verletzung eines Schwurs.

Das Verbrechen enthält eine Entweihung der Gottheit und richtet sich daher gegen die Religion. Dementsprechend ruft der Schwörende auch in den meisten Fällen Gott selbst zum Zeugen der Wahrheit an, obwohl sich daneben auch andere Schwurformeln „per Evangelium, per altare, per crucem, per salutem principis [2])“ finden. Aber in allen diesen Formeln und selbst in der Berufung auf Gegenstände, bei denen zu schwören verboten ist, — per membra Dei, per creaturas, — wird stets nur die Beziehung auf die Gottheit erkannt und in der Verletzung des Schwures deren Entheiligung bestraft [3]) Es war daher für das kanonische Strafrecht irrelevant, ob der Eid vor Gericht geleistet war oder nicht, und es bedurfte nicht der strafrechtlichen Unterscheidung, ob eine gemachte falsche Aussage beschworen oder ein beschworenes Versprechen nicht erfüllt wurde. [4]) Das Delict kann sowohl

---

[1]) Jarcke a. a. O. Th. 2. S. 70: „Aus dem kanonischen Rechte ging die Ansicht in das weltliche germanische Recht über, dass der Meineid als solcher ein selbstständiges, an sich ebenso schweres Verbrechen sei, als jedes andere weltlich strafbare.“

[2]) gl. zu c. 11. C. 22 qu. 1.

[3]) c. 10. C. 22 qu. 5: Ecce dico charitati vestrae, et qui super lapidem falsum jurat, perjurus est. Unde hoc dico? quia multi et in hoc falluntur, et putant, quia nihil est, per quod jurant, non se crimine teneri perjurii. Prorsus perjurus es, quia per id, quod sanctum non putas, falsum juras. Si tu illud sanctum non putas, sanctum putas cui juras. Non enim quando juras, tibi juras, aut lapidi juras: sed proximo juras. Homini juras ante lapidem; sed numquid non ante Deum? Non te audit lapis loquentem, sed punit te Deus fallentem.

[4]) Der Gedanke der Entweihung der Gottheit beherrschte die ganze Auffassung des Delicts so sehr, dass selbst derjenige für meineidig ange-

vorsätzlich wie fahrlässig begangen werden; der Vorsatz ist darauf gerichtet, Andere zu täuschen durch Missbrauch ihres Vertrauens auf die Wahrheit und Heiligkeit des Eides.

---

sehen wurde, welcher ohne Grund zu oft schwört. Non est contra Dei praeceptum jurare: sed quum jurandi usum facimus, perjurii crimen incurrimus. c. 13. C. 22. qu. 1. — Als Beispiel dafür, welchen Einfluss die kanonische Auffassung des Meineids auf die Anschauung der Zeit ausübte, diene eine Canzone zwischen Aimerie de Pegulha und Elias d'Uisel aus Choix des poésies originaires des Troubadours par Raynouard. T. IV. p. 221.

*) N'Elias, conseill vos deman	Herr Elias, ich bitte um Euren Rath
De lieis c'am mais c'autrui ni me	In Bezug auf die, die ich mehr liebe als einen andern und mich,
Que m ditz que m colgara ab se	Die mir sagt dass sie mich mit sich zu Bett nehmen wird
Una nuoich, ab que *il jur* e man	Eine Nacht, wenn ich ihr *schwöre* und verspreche,
Que non la fortz, part son talan	Dass ich sie nicht gegen ihren Willen zwinge,
Mas qu'eu estei baisan tenen	Sondern dass ich sie küssend mich begnüge.
Del far digatz m'al vostre sen	In Bezug auf das Thun sagt mir noch eure Meinung,
S'es mieils c'aissi sofra et endur	Ob es besser ist, dass ich so dulde und leide
O part son voler me perjur.	*Oder gegen ihren Willen meineidig werde.*
N'Aimerie ie us vauc conseillan	Herr Aimerie, ich rathe euch,
Que s'ab si us colga, faitz l'o be	Wenn sie Euch mit zu Bette nimmt, macht es ihr gut,
Car qui sa dompna en son bratz te	Denn wer seine Geliebte im Arm hält,
Fols es s'alhor la vai cercan	Ist ein Thor, wenn er sie irgendwo anders sucht.
Car s'ieu era ab mi donz jazen	Denn wenn ich bei meiner Donna läge
E' n'avia fait *sagramen*	Und hätte es auch *geschworen,*
Faria l'o, so us assegur	Ich würde es ihr doch thun, das versichre ich Euch,
Qui que m'en tengues per parejur.	*Wer mich auch deshalb für meineidig halte.*

---

*) Die Uebersetzung verdanke ich Herrn Dr. phil. Emil Levy aus Berlin.

c. 1. C. 22. qu. 2: In dolo jurat, qui aliter facturus est, quam promittit, cum perjurium sit, nequiter decipere credentem. cf. Gr. zu c. 2. eod.

Wissentlich meineidig ist daher derjenige, welcher 1) eine falsche Thatsache, wissend, dass sie unwahr ist, beschwört, 2) eine wahre Thatsache, glaubend, dass sie unwahr sei, beschwört,[1]) 3) eine Handlung zu erfüllen beschwört, welche er nicht zu erfüllen beabsichtigt,[2]) 4) eine Handlung zu er-

---

N'Elias a lei de truan Me conselnatz er et ancse Mal a qui del conselh vos cre	Herr Elias, wie ein Treuloser Rathet Ihr mir jetzt und stets. Schlimm geht's dem, der Eurem Rathe glaubt,
E sai ben que il fals vos creiran	Und ich weiss wohl, dass die Falschen Euch glauben werden,
Cill que non amon tan ni quan Car dieu e sa dompna eissamen Pert qui *aisso qu'il jura men*	Die, die ganz und gar nicht lieben, Denn Gott und seine Donna ebenso Verliert, der in *dem lügt, was er schwört.*
Per qu'al tenen baisan m'atur	Deshalb halte ich mich daran, sie küssend zu halten
Ab cor que del far non perjur.	*Mit der Absicht in Bezug auf das Tun nicht meineidig zu werden.*
N'Aimeric vilania gran	Herr Aimerie, grosse Thorheit Sagt und redet Ihr stets,
Disetz e razonatz desse Car s'ab lieis jatz qu'am mais que me	Denn wenn ich bei ihr liege, die ich mehr als mich liebe, Werde ich nichts Andres verlangen,
Ja als non l'irai demandan Mas bellamen rizen, jo gan, L'o farai, pus plorarai m'en	Sondern schön lachend und scherzend Werde ich es ihr thun, dann werde ich darüber weinen, Bis sie mir das Vergehen verzeiht.
Tro que m perdon lo falhimen *Puois irai, pelegrins, part Sur*	*Dann werde ich als Pilger über Syrien hinaus gehen,*
Querr' en dieu perdon del perjur.	*Bei Gott Verzeihung des Meineids zu suchen.*

---

[1]) c. 3. C. 22. qu. 2. c. 9. C. 23. qu. 5.
[2]) c. 1. cit. c. 86. C. 11. qu. 3.

füllen beschwört, von der er glaubt, dass er sie nicht erfüllen kann. [1])

Eine Mentalreservation des Schwörenden mindert die Schuld nicht. [2]) Wohl aber ist der Inhalt des Schwurs auf die Schuld des Schwörenden von Einfluss: Leistet Jemand einen Eid dahin, unerlaubte oder unmögliche Handlungen zu erfüllen, oder solche, welche der Freiheit der Kirche schädlich sind, in der Absicht, diese Handlungen nicht vorzunehmen, so wird er nicht als meineidig angesehen. [3]) Diese höchst bedenkliche und gefährliche Ausnahme ist in vollem Umfange auch von den italienischen Kriminalisten angenommen worden. [4]) Ja, Bonifacius de Vitalinis hat ihn sogar dahin erweitert, dass jeder Eid, der sich auf Gesetze bezieht, welche gegen das Wohl der Kirche verstossen, straflos gebrochen werden könne, denn: juramentum non debet esse vinculum iniquitatis. [5])

Die Fahrlässigkeit des Meineides wird darin gefunden, dass der Schwörende vor Leistung des Schwurs sich nicht mit grosser Sorgfalt (cum magna diligentia) von der Wahrheit seiner Aussage bez. von der Möglichkeit, das von ihm Versprochene zu erfüllen, überzeugt hat. [6])

Derjenige, welcher, ohne es zu wissen, einen falschen Eid leistet, d. i. welcher eine unwahre Thatsache in der gegründeten Ueberzeugung, dass sie wahr sei, beschwört, oder

---

[1]) perjurium indiscrete factum. gl. zu C. 22. qu. 2.

[2]) Gr. zu c. 13. C. 22. qu. 5: Ex his omnibus intelligitur, quod juramenta secundum intentionem praestantis, non recipientis a Deo judicantur. Quomodo ergo, secundum Isidorum, quacumque arte verborum quis jurat, Deus sic accipit, sicut ille, cui juratur, intelligit.

[3]) Hierher gehört auch der dem Staate geleistete Treueid. c. 1. in VI°. de jurejur. 2, 11.

[4]) Gandinus, tract. de maleficiis. de poenis reorum. n. 50.

[5]) Bonifacius, tract. super maleficiis, prooemium n. 14.

[6]) Gr. zu c. 3. C. 22. qu. 2: nec temere, vel negligenter, sed cum magna diligentia videbatur sibi deprehendisse verum, quod juravit falsum. Regino l. c. l. II. c. 332: si quis suspicatur, quod ad perjurium inducitur, et tamen per consensum jurat, II annos poeniteat. c. 333: si quis per cupiditatem perjuraverit, omnes res suas vendat et pauperibus distribuat, et monasterium ingressus, jugi poenitentiae se subdat. Poenitent. Remense c. 7. § 10 (s. Anhang S. 185).

der eine Handlung zu erfüllen schwört, von der er nicht weiss, dass sie unmöglich zu erfüllen ist, wird zwar auch als perjurus bezeichnet, ist aber straflos.[1])

Die Eidesmündigkeit beginnt mit dem vollendeten vierzehnten Lebensjahre.

Die Theilnahme am Meineid erscheint zunächst in der Form der Anstiftung, die strenger gestraft wird, als der Meineid selbst;[2]) aber auch die blosse Mitwissenschaft wird als Theilnahme gestraft,[3]) und ebenso die unterlassene Abhaltung eines Andern von der Leistung des Meineids.[4]) — Der Meineid ist vollendet mit dem Aussprechen der Schwurformel.

Besonders qualifizirt wird das Delict durch den Ort, wo der Schwur geleistet wird (Kirche, Altar[5]), sowie durch die Person, die ihn entgegennimmt[6]) (Bischof, Presbyter).

Dagegen hat die Unterscheidung des votum simplex und votum solenne keinen Einfluss auf die Strafbarkeit der Verletzung desselben.[7])

In Bezug auf die vor Gericht geschworenen Eide ist es von Bedeutung, ob dieselben im Civilprocess, oder im Kriminalprocess geleistet werden: im ersteren Fall ist die Strafe eine erheblich geringere.

Gr. zu c. 3. C. 5. qu. 6: Presbyteri, seu diaconi, si falsum testimonium dixerint: siquidem in *re pecuniaria*, divino ministerio dumtaxat, per tres annos separati, monasterio tra-

---

[1]) Gr. zu C. 22. qu. 2. c. 3. c. 5. eod.

[2]) c. 4. C. 22. qu. 5.

[3]) c. 4. cit.: si conscii fuerint.

[4]) Gr. zu c. 7. eod.: qui audit, aliquem falsum jurare, et tacet, delinquit.

[5]) Poenitent. Bedae c. 18. § 12 (Wasserschleben, p. 267). Poenitentiale Remense c. 7 § 14 (s. Anhang S. 185).

[6]) Poenitent. Egberti c. 6 (Wasserschleben, p. 238). c. 2. C. 22. qu. 5. Dem Eid, der in die Hand des Bischofs geleistet wird, steht derjenige, welcher auf ein geweihtes Kreuz (crux consecrata) geschworen wird, gleich. Milder dagegen wird der Meineid in cruce non consecrata bestraft. c. 6. cit. c. 2. cit.

[7]) c. 6, 7. X. qui clerici 4, 6.

dantur. Si in *criminali*, Clericatus honore nudati legitimis poenis subjiciantur. [1])

Diese Worte Gratian's sind von um so höherem Werth, als sich an dieselben art. 107. CCC. — der übrigens mit der Bambergensis und den Projecten übereinstimmt [2]) — eng anschliesst, [3]) mit der selbstverständlichen Unterscheidung, dass an Stelle der kirchlichen Strafmittel die weltlichen Strafen treten. [4])

Die Strafen des Meineids sind Pönitenzen und Censuren, und daneben ausnahmslos Zeugnissunfähigkeit (d. i. vor geistlichen Gerichten). [5])

II. Verbrechen gegen das Leben und die Gesundheit.

Mit der Darstellung dieser Verbrechensgattung betreten wir einen Boden, auf welchem der kriminalistische Einfluss des kanonischen Rechts weit hinter dem des römischen zurücktritt. Die kirchliche Strafgesetzgebung fand hier nicht mehr

---

[1]) cf. Authent. de sanctiss. episcop. l. 8 C. de episcop. et cler. 1, 3 und Nov. 123 c. 20.

[2]) Zoepfl, die peinliche Halsgerichtsordnung Karl V. S. 92, 93.

[3]) Dass die Carolina bez. die Bambergensis die Worte Gratian's und nicht das römische Recht zum Muster genommen hat, ist deswegen anzunehmen, weil erst durch das kanonische Recht das Meineidsdelict entwickelt ist, und die Literatur bei der Behandlung desselben fast ausschliesslich die kanonischen Quellen zur Unterlage genommen hat, der Meineid auch zumeist nur von den geistlichen Gerichten gestraft wurde. Dove l. c. p. 161 Friedberg l. c. p. 95 sqq.

[4]) CCC. art. 107: Item welcher vor Richter oder gericht eyn gelerten meineydt schwert, so derselb eydt zeitlich gut antrifft, das inn des, der also felschlich geschworn hat, nutz kommen, der ist zuvorderst schuldig ..... Wo aber eyner durch seinen falschen eyde jemand zu peinlicher straff schwüre, der selbig soll mit der peen ......

[5]) Regino l. c. l. II. c. 316. c. 1 sqq. C. 22 qu. 5. Gandinus, qualis et quantus sit fama effectus nro. 20.

das geeignete Feld zur Entwickelung ihrer Thätigkeit: zunächst waren diese Verbrechensbegriffe schon durch die römische Wissenschaft und Gesetzgebung in solcher Weise ausgebaut, dass die juristische Fähigkeit und Technik der kanonischen Gesetzgeber nicht ausreichte, um an dem überlieferten Werke verbessernde oder ausbildende Hand anzulegen; diese Arbeit war einer späteren Zeit vorbehalten. Sodann aber ermangelte für die Kirche auch das eigene Interesse. Weder ihr staatlicher Bestand noch ihre geistliche Macht wurden durch diese Verbrechen angegriffen oder gefährdet, und nur die — schon wegen der Heiligkeit des Standes immerhin seltenen — Verletzungen einzelner Geistlichen, sowie die Verbrechen dieser selbst wurden von der Kirche im Anschluss an die bestehende weltliche Gesetzgebung besonderer Gesetze gewürdigt.

Unter der Herrschaft der Pönitentialbücher allerdings richtete die Kirche, in einzelnen Gebieten sowie über alle andern Verbrechen, auch ausschliesslich über die hier behandelten; daher finden wir auch in diesen noch die Verhängung der Todesstrafe durch den geistlichen Richter ausdrücklich ausgesprochen. Allein zur Zeit der Gratianischen Sammlung hatte sich in den Ländern des germanischen Rechts die gesetzgeberische Thätigkeit gerade in dieser Verbrechensgattung schon längst entwickelt und zu einem System gebildet, und in den römischen Rechtsgebieten hatte die bestehende Gesetzgebung Nichts an ihrer Geltungskraft verloren.

Alle diese Umstände führten die Kirche dazu, ihre legislative Thätigkeit nur auf ein geringes Maass einzuschränken und sich mit ihrer engeren Aufgabe, der Waltung des kirchlichen Sühnamts, zu begnügen.

Die gewaltige Umwälzung, welche die Carolina und die ihr kurz vorausgehenden Strafgesetzgebungen in dieser Verbrechensgattung schufen, sind daher vorzüglich auf römischen Einfluss zurückzuführen.[1]) Immerhin aber gebührt ein be-

[1]) Es ist unrichtig wenn Rosshirt, a. a. O. III S. 193 sagt: „Die römischen Vorstellungen bleiben immer auf das somatische Verhältniss gerichtet; das kanonische Recht dagegen fasste in seinem

scheidener Antheil an der Ausbildung dieser Delicte auch der kanonischen Gesetzgebung. Wie weit sich derselbe erstreckt, wird die folgende Darstellung lehren.

§ 20.

Mord und Todtschlag.

Die Bezeichnung der Quellen für Mord, Todtschlag, wie überhaupt jede andere Art der Tödtung ist homicidium. [1]) Eine terminologische Unterscheidung der Tödtungsbegriffe ist daher den Quellen unbekannt. In Wahrheit aber haben die Quellen einen deutlich erkennbaren sachlichen Unterschied zwischen Mord und Todtschlag gemacht.

Regino l. II. c. 10: Qui voluntarie homicidium fecerit, poenitentiae quidem jugiter se submittant. (Ex Concilio Ancyrano).

c. 11: Si quis homicidium sponte commiserit, et non violenti resistens, sed vim faciens, innocentem et simpliciter gradientem interfecerit, cum isto penitus non communicandum. (Ex Concilio Parisiensi).

Das charakteristische Merkmal des Delicts liegt hier in den Worten: voluntarie und sponte. Der Verbrecher begeht die Tödtung aus ganz eigenem verbrecherischen Entschlusse, ohne dass ihm durch irgend eine Handlung des Getödteten

---

Geiste das höhere oder Seelenleben auf, natürlich in Rücksicht auf die christlichen Vorstellungen von der Bedeutung einer Seele für das ewige Leben. Die Verhinderung der Erweckung einer christlichen Seele war ihm schon Todtschlag." Rosshirt unterschätzt die Bedeutung des römischen, überschätzt — recht phrasenhaft — die Bedeutung des kanonischen Rechts. Wenn das kanonische Recht unter homicidium nicht blos Mord und Todtschlag, sondern auch Abtreibung und noch andere Delicte begreift, so schliesst es sich darin theils an die l. 1. 2. D. de sicariis 47. 8. an, theils aber beruht diese allgemeine Bezeichnung auf einem S. 122, 123 ausgeführten Grunde.

[1]) Homicida ist aber auch der Bruder, welcher seinen Bruder sittlich verdirbt, homicida ist der bewaffnete Dieb u. a. m. Die gl. tria genera zu c. 24. D. 1. de poen. begreift sogar unter homicidium: quilibet illicitus motus ad nocendum.

die Veranlassung zur Fassung dieses Entschlusses gegeben ist (innocentem et simpliciter gradientem). Die Handlung ist nicht im Affect begangen.

c. 1. X. de homicidio 5, 12: Si quis per industriam occiderit proximum suum et per insidias, ab altari meo evelles eum, ut moriatur. (Ex Exodo).

Diese Quelle ist dem 2. B. Mose c. 21. v. 14 entnommen: „Wo aber Jemand an seinem Nächsten frevelt und ihn mit List erwürget: so sollst Du denselben von meinem Altar nehmen, dass man ihn tödte."

Aus dem angeführten Bibeltext ist zu ersehen, dass c. 1. cit. nicht von einem Mord aus dem Hinterhalt (Meuchelmord) spricht, sondern von einer mit Ueberlegung ausgeführten, vorbedachten Tödtung. Die Worte „per industriam" sind als „Vorsatz" zu verstehen.

Fassen wir diese Quellenstellen zusammen, so ergiebt sich aus dem negativen Resultate des Concilientextes und dem positiven der Decretalen ein besonderes Tödtungsdelict, dessen besondere Merkmale sind: mangelnder Affect und Ueberlegung, oder da das Requisit des mangelnden Affects in dem der Ueberlegung schon enthalten ist: die vorsätzliche mit Ueberlegung ausgeführte Tödtung; nach der heutigen Bezeichnung „Mord".

Dem entgegen stellen die Quellen die im Affect begangene Tödtung, welche durch eine mildere Pönitenz gesühnt wird.

Regino l. II. c. 23: Qui pro vindicta fratris aut aliorum parentum hominem occiderit, annum unum poeniteat ....

c. 24: Qui per iram et rixam et ebrietatem subito hominem occiderit, quatuor annos poeniteat. (Ex Poenitentiali). [1])

c. 40. D. 50: Qui vero odii meditatione, vel propter cupiditatem, Iudaeum vel Paganum occiderit: quia imaginem Dei, et spem futurae conversationis exterminat, quadraginta dies in pane et aqua poeniteat.

---

[1]) Wahrscheinlich Poenitentialis Darmstadiensis c. 13. Wasserschleben, ed. Reginonis p. 223. n. c. und Beiträge p. 132, 133. — Die besonders milde Strafe des c. 23. im Verhältniss zu c. 24. rechtfertigt sich aus der Blutrache.

In diesen drei Fällen ist zwar das Merkmal des „Vorsatzes" nicht ausdrücklich aufgenommen, erhellt aber klar aus dem Sinn der einzelnen Stellen. Ueberall aber prägt der Affect [1]) (Zorn, Hass, Leidenschaft) dem Verbrechen das besondere Delictsmerkmal auf, welches es von der vorbesprochenen vorsätzlichen Tödtung unterscheidet, und zugleich die geringere Strafe rechtfertigt.

Die kanonischen Quellen unterscheiden sonach zwei vorsätzliche Tödtungsdelicte: die mit Ueberlegung ausgeführte vorsätzliche Tödtung und die im Affect ausgeführte vorsätzliche Tödtung. [2])

Eine besondere Behandlung gewähren die Quellen der Frage nach dem Kausalzusammenhang zwischen der gewollten Verletzung und dem Erfolge; so zwar, dass sie, wo durch die Sachverständigen die Ursache des Todes nicht genau festgestellt werden kann, stets die Präsumption gegen den Verletzer nehmen. [3])

Object des Verbrechens ist der Mensch. [4]) Von hervorragender Bedeutung für die schärfere oder mildere Strafbarkeit ist aber die Qualität des Getödteten und seine Beziehung zu dem Verbrecher selbst. Ist der Getödtete ein Heide, Ketzer, oder Excommunicirter, so wird dieser Umstand dem Thäter als Strafmilderungsgrund zugerechnet, [5]) in der An-

---

[1]) Das in c. 24. cit. erwähnte subito (auf der Stelle) verdient wohl deswegen keine besondere Berücksichtigung, weil es erstens nur an dieser Stelle aufgeführt wird, und zweitens selbst hier neben den andern Merkmalen nur untergeordnete Bedeutung hat.

[2]) Dass diese Unterscheidung auf art. 137. CCC. von Einfluss gewesen ist, lässt sich nicht beweisen. Die italienische Rechtswissenschaft kennt die Unterscheidung nicht, ebenso wenig das germanische Recht. Im römischen Recht tritt dieselbe dagegen, wenn auch nicht so deutlich wie im kanonischen Recht, hervor. Es ist daher eben so wohl möglich, dass Schwarzenberg sich bei Aufstellung der Unterschiede von Mord und Todtschlag an das römische Recht angeschlossen hat, wie dass er sich die kanonischen Quellen zum Muster genommen hat.

[3]) c. 12, 18, 24. X. de homic. 5, 12.

[4]) Ueber die Tödtung eines monstrum sagen die Quellen Nichts.

[5]) c. 7. C. 23. qu. 5. c. 40. D. 50. — Die Schilderung Henke's: (Th. II. S. 17. a. a. O.) ist übertrieben: „Ketzer sind, seit die christliche Kirche die Gestalt einer Universalmonarchie angenommen und statt der

nahme, dass die That aus frommem Glaubenseifer verübt sei. Die Tödtung des Ehebrechers durch den verletzten Ehemann ist nicht mehr straflos, erfährt aber nur eine milde Strafe.[1])

Ebenso wird als privilegirter Tödtungsfall der Kindesmord angesehen. Die Quellen[2]) erwähnen als solchen: die Tödtung eines ehelichen Kindes durch die Mutter aus Zorn darüber, dass — in dem einen Fall — die eheliche Geburt des Kindes, — in dem andern Fall — die Rechte der Mutter an dem Kinde bestritten werden. Es erhellt daraus, dass auch die kanonischen Quellen die Milderungsgründe des Kindesmords in der verletzten Frauenehre fanden.

Sonstige verwandtschaftliche Beziehungen des Getödteten zum Verbrecher (Elternmord,[3]) Brudermord, Gattenmord[4])) haben keinen besonderen Einfluss auf die Strafbarkeit.

Wohl aber wird mit verschärfter Strafe der an einem Priester, sowie an dem eignen Herrn des Verbrechers verübte Mord geahndet.[5])

Straflos ist die Tödtung des bei der That ertappten

Bitten und Thränen, die Tertullian ihre Waffen nennt, zu Feuer und Schwert gegriffen, gleich Hochverräthern der Tödtung Preis gegeben."

[1]) c. 6. C. 33. qu. 2. Angel. Aretinus tract. de maleficiis: che hai adulterato la mia donna. nro. 5 beschränkt dem Ehemann das Recht der Tödtung des Ehebrechers auf den Fall, wenn der adulter vilis persona ist, die Ehefrau dagegen nicht ignominiosa persona.

[2]) tit. de his, qui filios occiderunt. X. 5, 10. (Alexander III. Lucius III.) Die in diesen Titel unter c. 3 aufgenommene Decretale Lucius III, welche die Tödtung eines Kindes durch Vater und Mutter behandelt, ist sowohl an sich ohne Bedeutung, als auch ohne jeden inneren Zusammenhang mit den beiden anderen den Titel ausfüllenden Decretalen. — c. 2. Poenitent. Pseudo-Egberti fordert noch als Merkmal des Kindesmords die Tödtung sofort nach der Geburt: si mulier filium suum *deinde* occiderit, *postquam natus sit.* Wasserschleben. l. c. p. 324.

[3]) c. 15. C. 33. qu. 2.

[4]) Der Gatte soll keine zweite Ehe eingehen. c. 5. C. 33. qu. 2.

[5]) c. 7. C. 33. qu. 2; Eadem lex (i. e. anathema) erit illi, qui seniorem suum interfecerit. gl. seniorem: i. e. episcopum, vel alium praelatum vel dominum suum. — Eine Beziehung zwischen dieser Stelle und art. 137. CCC.: Und mag man inn fürgesetzten mordt, so der an hohen trefflichen personen, des t h e t t e r s e y g e n h e r r n, zwischen eheleuten... dürfte nicht ausgeschlossen sein, insbesondere wenn man dazu

nächtlichen Diebes;[1]) aus allgemeinen Gründen straflos ist die Tödtung des Soldaten im Kriege, und des zum Tode Verurtheilten durch den von der zuständigen Behörde zur Vollstreckung bevollmächtigten Beamten.[2]) Aber selbst an dem zum Tode Verurtheilten ist auch noch durch den Henker schuldbare Tödtung möglich, sobald der Henker „sponte“, d. i. zur Zeit, zu der er noch nicht hinrichten sollte, das Urtheil vollstreckt.[3])

Der Selbstmord wird als Sünde durch Entziehung des feierlichen Begräbnisses gerügt.[4]) Diese Satzung ist eingeführt worden durch das kanonische Recht, und hat seitdem in der gesammten deutschen Strafrechtswissenschaft und Gesetzgebung — mit rühmenswerther Ausnahme der Carolina[5]) — bis auf die neueste Zeit Geltung gehabt.[6])

Durch welche Mittel das Delict begangen wurde, ob durch Waffen, durch Gift, oder andere sonst, war irrelevant.

Eine besonders qualifizirte Art des Mordes wird von Innocenz IV. auf dem Concil von Lyon[7]) mit schwerer Strafe bedroht: der Lohn- oder Banditenmord (assassinium). Die Decretale war veranlasst durch eine in den phönizischen Bergen wohnende Räuberbande, Assassinen genannt, welche den Kreuzfahrern durch zahlreiche Ausfälle gefährlich wurden.[8]) Bei den häufigen Streitigkeiten der Kreuzfahrer unter einander wurden die Assassinen aber auch von Christen gedungen, und statt der Assassinen übernahmen auch Christen

---

vergleicht: Regino l. II. c. 48: Si quis proximum et consanguineum suum occiderit, X annis poeniteat. Similiter, si quis seniorem et dominum suum dolo trucidaverit.

1) c. 2. X de homic. 5, 12.

2) c. 8, 13, 14. C. 23. qu. 5.

3) c. 14. cit.

4) c. 9. sq. C. 23. qu. 5. c. 11. X. de sepultur. 3, 28. Poenit. Theodori. c. 10. § 4. Wasserschleben p. 211. Regino l. II. c. 91.

5) art. 135.

6) Vgl. das reiche Quellenmaterial bei Geib II. S. 207 ff. Erst der mahnenden Worte Waechter's (N. Arch. des Kriminalr. Bd. X) bedurfte es, um das deutsche Strafrecht von diesem Makel zu befreien.

7) c. 1. in VI° de homicid. 5, 4.

8) Boehmer l. c. l. V. tit. 12 § 26.

das blutige Handwerk.[1]) Aus der Decretale Innocenz IV., welche nun auch gegen die christlichen Mörder und ihre Anstifter Anwendung fand, entwickelte sich das Delict des Lohnmordes, welches sich lange Zeit im Gerichtsgebrauch erhielt.[2])

Die Grenze des Mordversuchs ist darin zu finden, dass der Verbrecher, in der Absicht zu tödten, Hand an den zu Verletzenden gelegt hat.[3])

Als Theilnehmer werden zunächst diejenigen gestraft, welche den Thätern zur Ausführung des Mordes ihre Unterstützung leihen, — natürlich ohne selbst an den Getödteten Hand anzulegen, sonst sind sie Mitthäter —; sodann die, welche den Thäter zur Begehung dieses Verbrechens anstiften; schon die Anstiftung zur Begehung eines Mordes, ohne die Richtung auf ein bestimmtes Object, wird als schuldbare Anstiftung zum Morde zugerechnet, sofern in Folge dieser Anstiftung durch den Angestifteten irgend ein Mord ausgeführt ist.[4]) Eine weitere Theilnahme erkennen die Quellen in der Begünstigung des Mörders, welche sich dadurch vollzieht, dass der Begünstiger, wissend, dass der Begünstigte einen Mord begeht, während der Zeit der Begehung die Sachen des Mörders bewacht, in der Absicht, dem Mörder dadurch einen Dienst zu leisten.[5]) Endlich wird auch noch derjenige, welcher bei der Ausführung des Verbrechens bewaffnet anwesend ist, als Theilnehmer bestraft,[6]) weil auch darin — nicht mit Unrecht — eine Unterstützung des Verbrechers erkannt wird.

Die Strafe des Verbrechens sind Pönitenzen; bei Kleri-

---

[1]) Henke a. a. O. Th. II. S. 51.

[2]) Heffter a. a. O. § 235 n. 4.

[3]) c. 6 cit. animo occidendi citra manuum injectionem se fatentur venisse.

[4]) c. 6. § Qui X. 5, 12: Qui vero se asserunt animum Regis inflammasse ad odium, unde homicidium fuit secutum, dure et aspere sed non ita severe sunt puniendi.

[5]) c. 6. § Hi. eod.

[6]) c. 6. § Clericos eod.

kern Deposition;[1]) im Falle des Assassinats und der Tödtung von Geistlichen und des eigenen Herrn Anathem.[2])

Die fahrlässige Tödtung wird milder gestraft,[3]) die rein zufällige Tödtung bleibt straflos.[4])

§ 21.
Körperverletzung.

Wenngleich die Quellen die Strafen gegen die Verletzung der Körperintegrität ohne festes Princip bald nach dem germanischen Kompositionensystem[5]) festsetzen, bald an die Aquilische Ersatztheorie anknüpfen,[6]) und endlich auch nach dem eigenen Pönitentiarsystem behandeln, so haben dieselben doch die aus dem römischen Recht übernommenen Grundsätze, insbesondere nach der Zurechnungsfrage hin, so selbstständig durchgebildet, dass sie in der folgenden Literatur und Gesetzgebung allein herrschend geworden sind.

Die kanonische Körperverletzung ist in eine leichte und eine schwere Verletzung zu scheiden.

Schwere Körperverletzung ist diejenige, durch welche der Thäter wissentlich die Zeugungsunfähigkeit des Mannes, oder die Unfruchtbarkeit der Frau herbeiführt, sowie alle diejenigen Verletzungen, welche den Tod des Verletzten nach sich ziehen. Der Thäter wird als homicida behandelt.

Ex concilio Guarmaciensi; c. 5. X de homicid. 5,12:

Si aliquis causa explendae libidinis vel odii medita-

---

[1]) tit. X. eod. c. 4, 5. D. 50.

[2]) c. 1. in VI[o] de hom. 5, 4. c. 7. C. 33. qu. 2. c. 1. Clem. de poen. 5, 8.

[3]) casuale homicidium (casus in der S. 18 bemerkten Bedeutung) c. 7. sqq. X. eod. — Die Beispiele der Quellen für die fahrlässige Tödtung entstammen den Bestimmungen der lex Aquilia, und auf diese ist auch, wie Berner, Lehrb. S. 475 richtig anführt, die Carolina zurückzuführen, nicht dass, wie Rosshirt, a. a. O. II. S. 215 meint, „alle christlichen Völker der neueren Zeit das Princip der fahrlässigen Tödtung aus dem kanonischen Recht entnommen haben.“

[4]) c. 13, 22. X. eod.

[5]) c. 27, 28. C. 17. qu. 4.

[6]) c. 1. X. de purgat. 5, 36. gl. legaliter zu c. 32. C. 23. qu. 8.

tione homini, aut mulieri aliquid fecerit, vel ad potandum dederit, ut non possit generare, aut concipere, vel nasci soboles, ut homicida teneatur.

Das Motiv der That — libido, odium — ist hier nur als Beispiel gesetzt. [1]) Nothwendig ist aber, — dies folgt aus der Erwähnung der causa, — dass das Verbrechen wissentlich verübt werden muss. Die fahrlässige Unfruchtbarmachung wird nicht gestraft.

Als Mittel ist die Beibringung schädlicher Stoffe in der Form von Getränken hervorgehoben; daneben ist aber auch ganz allgemein jedes andere Mittel, durch welches die Zeugungs- oder Empfangsfähigkeit vernichtet wird, unter Strafe gestellt. [2])

Das Delict ist nicht mit der Hingabe, sondern erst mit der eingetretenen schädlichen Wirkung vollendet.

Dass der art. 133 CCC, bzw. der art. 158 Bamberg.:

> Item so jemandt eynem weibsbild durch bezwang, essen oder drinken eyn lebendig kindt abtreibt, wer auch mann oder weib unfruchtbar macht, so solch übel fürsetzlicher und bosshaftiger weiss beschicht, soll der mann mit dem schwert, als eyn todtschläger, unnd die fraw so sie es auch an jr selbs thette, ertrenckt oder sunst zum todt gestrafft werden.

aus c. 5. cit. übernommen ist, ist des übereinstimmenden Inhalts wegen sicher anzunehmen, [3]) zumal auch c. 5 im selben

---

[1]) Regino l. II. c. 87 schliesst sich noch an das römische Recht (Pauli sententiae l. V. c. 25 § 13 interpret.) an und bestraft bei der Verletzung der Zeugungsfähigkeit vorzüglich das gewerbsmässig ausgeführte Delict: Qui hominem libidinis aut *negotiationis* causa castraverit castrandumque tradiderit, sive servus sive liber sit, capite puniatur. cf. l. 3 § 4 i. f. D. ad leg. Corn. de sicar. 48, 8: qui hominem libidinis vel promercii causa castraverit. Aus Pauli sent. l. V. c. 22 § 3 sq. hat Regino l. II. c. 89 sq. auch die Bestrafung der Circumcision aufgenommen, sofern sie von Juden an Nichtjuden, oder von Nichtjuden an sich selbst oder Anderen judaico ritu vorgenommen wird. Dies Delict ist nicht in das Corpus juris canonici übergegangen.

[2]) Die Form der Reichung von Getränken wurde wahrscheinlich am häufigsten angewandt.

[3]) Vielleicht dürfte auch das bei diesem Delict nach der Anschauung

Zusammenhang von der Abtreibung des lebendigen Kindes (nasci soboles) spricht.

Die zweite Art der schweren Körperverletzung, Körperverletzung mit tödtlichem Erfolge, wird dadurch consummirt, dass der Thäter einen Andern vorsätzlich körperlich verletzt, und hierdurch der Tod des Andern verursacht wird. Zwischen der Verwundung und dem Tode muss Kausalzusammenhang bestehen; ist derselbe zweifelhaft, so wird die Ursache des Todes auf die Verwundung zurückgeführt. [1]) Folgt der Tod aus einer fahrlässigen Körperverletzung, so wird er dem Thäter nicht zugerechnet. [2])

Leichte Körperverletzungen sind alle diejenigen, welche die Körperintegrität verletzen, ohne dass sie die oben bezeichneten Wirkungen der schweren Körperverletzungen haben. [3])

Qualificirt ist die leichte und schwere Körperverletzung, sofern sie an Geistlichen verübt wird, da in derselben zugleich auch die Verletzung des Privilegium canonicum (c. 23. C. 17. qu. 4 si quis suadente) gestraft wird. Die Strafe ist durchgehends Excommunication. [4]) Ist der verletzte Kleriker excommunicirt, so hebt dieser Umstand die Qualification des Delicts nicht auf, wohl aber die Deposition des Verletzten, weil der deponirte Geistliche den Schutz des Privilegs nicht mehr geniesst. [5])

Die mässige körperliche Züchtigung im Wege der Disciplin, welche der Vater an den Kindern, die Herrschaft am

---

des Mittelalters thätige Zauberhandwerk Schwarzenberg zur Annahme der geistlichen Satzung bewogen haben. Der Einfluss des kanonischen Delicts der „Magie“ (Sortileg) reichte ja bis in diese Zeit. art. 109 CCC.

[1]) c. 18. c. 7 X. de homic. 5, 12. c. 50 D. 50.

[2]) c. 23. X. eod.

[3]) verberare, debilitare, in aliquo laedere: Regino II. c. 32 sq. (ex capitularium Libr. III. c. 14). Ist die Körperverletzung mit Blutverlust verbunden, so wird das Vergehen schärfer gestraft. c. 33 eod. — violentas manus injicere: c. 1. X. de injuriis 5, 36. c. 19, 24, 36 X. de sent. exc. 5, 39.

[4]) c. 1. cit. c. 19, 24, 36 citt. Die Verletzung von Geistlichen wird auch als Injurie behandelt.

[5]) quia foris Ecclesiae est. gl. ordinati zu c. 36 X. de sent. exc. 5, 39.

Gesinde, der Vorgesetzte an seinem Untergebenen ausübt, wird nicht bestraft.[1])

Auch die im Scherz oder im Kampfspiel erfolgte Verletzung ist straflos.[2])

Die Grundsätze über die Theilnahme beschränken sich auf die besondere Art der Körperverletzung, welche durch Mehrere im Raufhandel verübt ist.

> c. 34. C. 23. qu. 8: Si quatuor aut quinque homines, seu etiam plures contra unum hominem rixati fuerint, et ab his vulneratus, mortuus fuerit, quicumque eorum plagam ei imposuit, secundum statuta canonum, ut homicida judicetur, *reliqui autem, qui eum impugnabant, volentes eum interficere, similiter poeniteant.* Qui vero nec eum impugnabant, nec vulnerabant consilio, nec auxilio cooperatores fuerunt, sed tantum adfuerunt, extra noxam sint. (Concilium apud Vermerias.)

Ist Jemand bei einer Schlägerei vorsätzlich verwundet worden und in Folge der Verwundung gestorben, so wird derjenige, von dem festgestellt ist, dass er die tödtliche Wunde geschlagen hat, als homicida gestraft. Da aber in Folge der Betheiligung Mehrerer nicht genau ermittelt werden kann, wieviel von dem Erfolge der Thätigkeit der Andern zugerechnet werden soll, ihre Hauptschuld jedoch schon durch die thätige Betheiligung begründet ist, so sollen auch sie als Todtschläger bestraft werden.[3]) Nur diejenigen, welche bei

---

[1]) c. 54 X. de sent. exc. 5, 39. c. 21. in VI° de sent. exc. 5, 11.

[2]) c. 2. C. 15 qu. 1, wenn das Spiel nicht an sich so gefährlich ist, dass Aufmerksamkeit geboten war; denn dann wäre culpa vorhanden. gl. zu c. 2 cit.

[3]) Eine gleiche ratio legis, wie sie Berner, Lehrb. S. 508 für die Strafe der Betheiligung am Raufhandel aufstellt, hat auch die kanonischen Gesetzgeber geleitet. „Es handelt sich nur um die unabhängige Strafe der Betheiligung am Raufhandel. Ist letztere eine schuldhafte, so ist den Grundsätzen der Zurechnung genügt, und die Strafe des Raufhandels begründet, auch wenn jene schwere Folge, um deren Zurechnung es hier sich gar nicht handelt, eine zufällige sein sollte. Wenn die Gefährlichkeit des Raufhandels und die Schwierigkeiten des Beweises zur Bedrohung des Raufhandels bei schwerer Verletzung oder Tödtung geführt haben, so darf man bei jenen Folgen, die eben aus der Gefährlichkeit des Rauf-

der That anwesend waren, ohne irgendwie dieselbe zu fördern, sind straffrei. War unter den Letzteren ein Geistlicher, so wird dieser schon wegen der blossen Anwesenheit mit zweimonatlicher abstentio a celebratione Missarum bestraft.[1])

Den hier aufgestellten Grundsatz nahm die italienische Praxis und Wissenschaft, wie Ang. Aretinus [2]) bezeugt, in überwiegender Mehrheit an. Aretinus selbst freilich weist denselben zurück, weil der Beweis der Schuld nicht genügend geführt sei; er will indess nur die Strafe des Todtschlags nicht vollstreckt wissen, nimmt aber im Uebrigen eine Gleichheit der delictischen Schuld bei allen Theilnehmern an. Das kanonische Recht hatte somit die römischen Grundsätze über dieses Delict, welche die individuelle Schuld in den Vordergrund stellen, verdrängt,[3]) und ist von der Carolina im Anschluss an c. 34. cit. recipirt worden:

CCC. art. 148: So aber etlich person ungeschichts inn einem schlagen oder gefecht beyeinander weren, eynander helffen, vnndt jemandt also on gnugsam ursach erschlagen wuerde, So man dann den rechten thätter weiss, von des hand die entleibung geschehen ist, der soll als eyn todtschleger mit dem schwert zum todt gestrafft werden. Wer aber der entleibt durch mer dann eynen die man wüst geverlicher weiss tödtlich geschlagen, geworffen oder gewundt worden, vnnd man kuendt nit beweislich machen, von welcher sonderlichen handt und thatt er gestorben wer, *So seyn die selben, so die verletzung wie obsteht gethan haben, alle als todtschlaeger vorgemelter massen, zum todt zu straffen.* Aber der ander beistender, helfer und ursacher straff halber, von welchs handt obbe-

---

handels hervorgehen, und bei denen gerade die Schwierigkeiten des Beweises hervortreten, offenbar nicht den Beweis einer individuellen Schuld fordern."

[1]) c. 3. X. de clerico percussore 5, 25.

[2]) Tract. de malefic. Et Andraeam Marci lanificem. n. 22. sqq.

[3]) l. 17. D. ad leg. Cornel. de sicar. 48, 8: Si in rixa percussus homo perierit, ictus *uniuscujusque* in hoc collectorum contemplari oportet. Dass l. 11. § 3. D. de leg. Aquil. 9, 2. nicht hierher gehört, ist schon von Aretinus n. 22. cit. und neuerdings von Mittermaier zu Feuerbach, Lehrb. § 226. bemerkt worden.

stimbter massen der entleibt nit toedtlich verlezt worden ist .... Sollen die urtheyler bei den rechtverstendigen und an enden und orten, wie hernach gemeldet wirdet, radts pflegen.[1])

Die Carolina stimmt mit den Projecten und der Bambergensis überein.[2])

§ 22.
Abtreibung.

Die Abtreibung ist die Tödtung der Frucht im Mutterleibe. Die Quellen stellen das Delict der Tödtung des Menschen gleich, indem sie in der Tödtung der Frucht die Tödtung der werdenden Seele erkennen. Diese Anschauung aber hat sie dazu geführt, im Anschluss an die Satzung der Bibel und die dermalen geltenden naturwissenschaftlichen und medizinischen Ansichten, einen bestimmten Termin nach der Zeugung anzunehmen, von dem an erst das Delict als Tödtung gelten könne, weil, wie geglaubt wurde, erst mit diesem Termin der in den Mutterleib gelegte Samen sich körperlich so gestalte, dass er den Geist empfangen könne.

Augustinus in libr. quaest. vet. et nov. testamenti c. 23 (c. 9. C. 32. qu. 2):

> In Adam exemplum datum est, ut ex eo intelligatur, quia jam formatum corpus accipit animam. Nam potuerat animam limo terrae admiscere et sic formare corpus. Sed ratione infirmabatur; quia *primum* oportebat *domum compaginari et sic habitatorem induci.* Anima certe, quia spiritus est, in sicco habitare non potest, ideo in sanguine fertur habitare. Cum ergo corporis lineamenta compacta non fuerint, ubi erit anima?

Aug. in libr. quaest. Exodi qu. 80 (c. 8. C. 32. qu. 2):

> ideo lex noluit ad homicidium pertinere, quia nondum

---

[1]) Es ist demnach die Ansicht Rosshirt's III. S. 217, der in diesem Delict die Mittelstufe des kanonischen Rechts zwischen dem römischen Recht und der Carolina übersieht, historisch unrichtig.

[2]) Zoepfl. a. a. O. S. 126. 127.

dici potest anima viva in eo corpore, quod sensu caret.

Die Pönitentialbücher setzten nun den 40. Tag nach der Conception als denjenigen Tag fest, von welchem an der Körper die Seele aufnehme, und aus einem corpus informatum zu einem corpus formatum werde; danach sonderten sie das Verbrechen in zwei Arten: die Abtreibung des corpus formatum; diese sahen sie als Tödtung an und bestraften sie gleich dieser; die Abtreibung des corpus informatum wurde milder bestraft. [1])

Das Gratianische Decret und die Decretalen nehmen gleichfalls die Scheidung der Abtreibung eines corpus formatum, die sie als homicidium [2]) bezeichnen, und der eines corpus informatum an; sie überlassen aber die Entscheidung, ob die eine oder die andere Art des Delicts zu statuiren sei, der Untersuchung des concreten Falles.

Das Object des Delicts ist nicht die Mutter, sondern der Fötus. Es ist daher für die Beurtheilung des Delicts selbst irrelevant, ob die Mutter durch die Abtreibung körperlich verletzt worden ist oder nicht.

Die Mittel der Abtreibung sind entweder Reichung von Gift oder Stoffen, die das Leben des Fötus vernichten (venena sterilitatis procurare, [3]) ad potandum dare, ut non

---

[1]) Poenit. Theodori cap. Dacheriana c. 113: mulier perdens partum suum, si ante XL dies conceptionis, annum I poeniteat, si vero post, III annos poeniteat. Wasserschleben p. 155. Poenit. Theodori I. § 24; ut homicida. Wasserschleben p. 199. Poenitent. Remens. c. 8 § 30 s. Anhang S. 188. Die Poenitent. Hibernenses c. 6 u. 7 und das Poenitent. Bigotianum c. 1 § 2 u. 3 unterscheiden zwischen perditio liquoris materiae infantis in utero mulieris (3jährige Pönitenz) und perditio carnis et animae in utero (7 und 14jährige Pönitenz), ohne einen bestimmten Termin festzusetzen, von dem an der liquor materiae zu caro et anima wird. — Regino l. II. c. 65 macht eine dreifache Unterscheidung: a) ante XL dies, b) post XL dies, c) postquam animatus fuerit; erst im letzten Fall ist das Verbrechen homicidium. Vgl. darüber auch die eingehende Darstellung von Horch, das Verbrechen der Abtreibung. Diss. inaug. Mainz 1878 S. 9, 15.

[2]) Si ille, qui conceptum per abortum in utero deleverit, homicida est. c. 20 C. 2 qu. 5.

[3]) c. 7 C. 32 qu. 2.

possit nasci soboles [1])) oder Anwendung körperlicher Gewalt irgendwelcher Art (percutere, aliquo modo inter viscera extinguere et fundere). [2]) Das Verbrechen wird nach den Quellen zumeist durch die Mutter selbst begangen. [3]) Ist das Delict von einem Dritten verübt worden, so ist es bezüglich der Strafe von gleicher Bedeutung, ob die Abtreibung wider den Willen der Mutter, [4]) oder mit deren Einwilligung geschehen ist. [5])

Die fahrlässige Abtreibung wird nur bestraft, wenn sie an einem corpus formatum erfolgte; und zwar milder als die vorsätzliche: an Priestern mit der suspensio ab altaris officio. Dieselbe stellt sich dar als eine fahrlässige Körperverletzung der Mutter, die den Abgang des Fötus verursacht. Es bedarf hier auch eines besonderen Nachweises über den Kausalzusammenhang zwischen der Körperverletzung und der Abortion. [6]) Die Bestrafung der Fahrlässigkeit überhaupt wird dadurch gerechtfertigt, dass der Thäter wusste, dass die Verletzte schwanger war; es war ihm dadurch die Beobachtung um so grösserer Vorsicht geboten (quae (scil. ei) asserebat, se concepisse ex eo c. 20. cit.).

Die fahrlässige Abtreibung eines corpus informatum ist straflos. [7])

Das Delict ist in der Gestalt, die ihm das kanonische Recht gegeben hat, besonders in der Unterscheidung zwischen lebendem und nichtlebendem Fötus, in die italienische Praxis und Statutengesetzgebung übergegangen. Aretinus, der dies bekundet, wendet sich aber dagegen, dass die Abtreibung selbst

---

[1]) c. 5. X. de homic. 5, 12.

[2]) c. 7, 9. C. 32. qu. 2.

[3]) Regino l. II. c. 65: si qua mulier partum *suum sponte* perdiderit. c. 64. eod. c. 7. C. 32. qu. 2: volendo *suam* prolem potius interire, quam vivere.

[4]) c. 5. X. cit.

[5]) c. 9. cit.

[6]) c. 20. X. de hom. 5, 12: Presbyter — quandam mulierem praegnantem — per zonam arripuerit quasi ludens, ipsa *per hoc* sic se asseruit esse laesam, quod *occasione hujusmodi* abortivit.

[7]) c. 20. cit.: quod si nondum erat vivificatus conceptus, ministrare poterit (sc. presbyter).

des lebenden Fötus als homicidium bestraft werde.[1]) Augustinus de Bonfranciscis[2]) hält in diesem Fall die Strafe des Mörders aufrecht, verlangt aber, noch unter römischem Einfluss stehend, die Straflosigkeit des Vaters, der seiner ehebrecherischen Tochter die Geburt abtreibt, weil der Vater auch die Tochter selbst tödten könne.[3]) Er und Albericus de Rosciate[4]) erkennen auch die fahrlässige Abtreibung als zulässig an und verlangen den Nachweis, dass dem Thäter die Schwangerschaft der Verletzten bekannt war.

Die Carolina art. 133 nimmt gleichfalls die kanonische Unterscheidung an:

Item so yemandt ein lebendig kindt abtreibt. —
So aber das kind noch nicht lebendig wer ...

Auch sie bestraft die Abtreibung des lebenden Fötus als Tödtung, lässt aber die fahrlässige Abtreibung straffrei.

§ 23.
Aussetzung.

Es ist ein heiliges Recht und eine Pflicht der Kirche, die von ihren Eltern aus barbarischer Lieblosigkeit oder auch in Folge eigener Hülflosigkeit verlassenen, dem Verderben preisgegebenen Kinder zu schützen und unter ihre Obhut zu nehmen. Dieses Recht ist schon durch die römischen Kaiser sanctionirt[5]) und durch die Concilien näher geregelt worden. Das Concil von Rotomagi[6]) forderte alle diejenigen Frauen, die aus unzüchtigem oder ehebrecherischem Umgang Kinder geboren haben, auf, dass sie, ehe sie dem Verbrechen, das sie schon durch die Geburt an ihren Kindern begangen, durch

---

[1]) Tract. de malef.: et ex intervallo. n. 10: in der richtigen Erkenntniss: cum in veritate de praesenti non sit homo, sed futurus homo.

[2]) ibidem. n. 11.

[3]) Augustinus sieht daher in der Abtreibung noch ein Delict gegen die Mutter.

[4]) Albericus de Rosciate opus statutorum, p. 3. qu. 59 bei Aretinus l. c.

[5]) l. 2. C. de infant. expos. 8, 51. Nov. 153.

[6]) Regino l. II. c. 68.

einen Kindermord noch ein zweites hinzufügen wollten, ihre Kinder vor die Thüren der Kirche niederlegen sollten. Dort nimmt sie der Priester unter seinen heiligen Schutz und fordert die Gläubigen auf, an den Kindern Elternliebe zu üben und sie bei sich aufzunehmen und zu ernähren.

Früher sprach die Kirche nach dem theodosischen Gesetz demjenigen, der ein solches Kind bei sich aufgenommen und es erzogen hatte, die patria potestas an diesem Kinde zu.[1] Gregor IX. aber beseitigt diesen Grundsatz. Der fremde Ernährer dieses Kindes darf keine Elternrechte an demselben geltend machen. Das Kind wird frei mit dem Augenblick, wo der Vater sich durch die Aussetzung desselben entsagt.[2]

Demnach behandelte die Kirche die Aussetzung nicht eigentlich als strafwürdiges Verbrechen. Nur eine einzige Bestimmung des zweiten Concils von Arelat setzte fest, dass der Vater, welcher sein Kind ausgesetzt hat und nach Ablauf von zehn Tagen, nachdem das Kind von der Kirche seinem neuen Ernährer zugesprochen worden ist, seine Rechte an dem Kinde wieder geltend machen will, nunmehr als homicida bestraft werden soll.

c. 9. D. 57: Si expositus ante Ecclesiam cujuscumque fuerit miseratione collectus, contestationis ponat epistolam, ut si is, qui collectus est, intra decem dies quaesitus agnitusque non fuerit, securus habeat qui collegit. Sane, qui post praedictum tempus calumniator extiterit, ut homicida Ecclesiastica districtione damnabitur, sicut Patrum sanxit auctoritas.

Diese Bestimmung, dass die Aussetzung als solche straflos ist, ist kriminalpolitisch schwer zu begreifen, und findet auch wohl in keinem andern Strafrecht eine Analogie.

Nur wenn der Aussetzende den Hohn gegen das Gesetz und seine Verachtung jeder Sittenpflicht so weit treibt, dass er, nachdem er sein Kind wohl aufbewahrt weiss, aus seiner Heimlichkeit hervortritt und sich nicht allein offen zu seinem Verbrechen bekennt, sondern auch seine früheren

---

[1]) Regino l. c. c. 70, 71.
[2]) c. 1. X. de infant. et languid. expos. 5, 11.

Rechte geltend machen will, dann soll er die Strafe büssen, deren sein Verbrechen an sich schon würdig gewesen wäre. Auch diese Ausnahme beweist nur die Straflosigkeit der That selbst; denn sie zieht den Verbrecher nicht wegen der Aussetzung, sondern nur wegen seiner offenbaren Ehr- und Gewissenlosigkeit zur strafrechtlichen Verantwortung.

Der Decretale Gregor IX. zufolge wird das Verbrechen nur von den Eltern, oder durch einen Dritten, aber im Auftrage und mit Genehmigung der Eltern [1]) begangen. (Die Decretale gebraucht zwar nur den Ausdruck: pater; dieser dürfte aber gemeinschaftlich Vater und Mutter umfassen.) Wird nicht das eigene Kind, sondern werden hülflose und schwache Personen, deren Obhut und Pflege das Gesetz Jemandem zuweist, ausgesetzt, so kann das Verbrechen auch von dem gesetzlich zur Pflege Verpflichteten begangen werden. [2])

§ 24.

Duell und Turnier.

Für die Kirche galt der Satz: Converte gladium tuum in vaginam. Omnis enim, qui gladium acceperit, gladio peribit. Von diesem Standpunkt aus war es den Priestern schon an sich verboten, Waffen bei sich zu tragen, und um so mehr, sich in den Kampf mit Waffen einzulassen. [3]) Es war daher das Duell den Geistlichen auf das Strengste untersagt.

Die Herausforderung schon zum Zweikampf, sowie die Annahme desselben wurden bestraft. Kam es zur Ausführung des Kampfes, so wurden beide Parteien mit Deposition bestraft. Hatte indess der Kampf nicht den Tod oder eine Körperverletzung zur Folge, so war eine arbiträre mildere

---

[1]) Daher ist die Bemerkung Berner's, Lehrb. S. 500, dass nach kanonischem Recht die Aussetzung auch von fremden Personen begangen werden könne, nur in dieser Einschränkung anzunehmen.

[2]) c. un. X. h. t.

[3]) c. 1. sq. C. 23. qu. 8.

Strafe zugelassen.[1]) Der Duellant, welcher den andern getödtet hatte, wurde als homicida angesehen.[2])

Diejenigen, welche die Duellanten zum Zweikampf anreizen (consilio aut praecepto), werden wie diese gestraft.[3])

Dem Gefallenen wird das feierliche Begräbniss verweigert.[4])

Während die Kirche das Duell nur den Geistlichen verbot, strafte sie die Abhaltung von Turnieren auch an Laien. Indessen vermochte sie hierin nur wenig Einfluss zu üben. Denn wenn auch das Lateranconcil allen im Turnier Gefallenen das feierliche Begräbniss versagte,[5]) so unterstanden die Bestimmungen über diese Vergehen doch ausschliesslich der weltlichen Macht, daher denn auch Johannes XXII. auf Wunsch des Königs Louis Philipp das Decret Clemens V., welches Duell und Turnier bei Strafe des Anathems verbietet, ohne Weiteres aufheben musste.[6])

Bemerkenswerth aber und von entschieden ethischem Einfluss auf die Anschauung der Zeit sind die Worte des Lateranensischen Concils, mit denen es sein Verbot gegen das Turnierwesen begründet.

> Ad ostentationem virium suarum et audaciae temere congredi solent.

Gegen diesen eitlen Stolz der Körperkraft erhebt sich die Kirche, — und in demselben erkennt sie in zutreffender Weise den letzten und vorzüglichsten Grund, aus dem alle jene Kampfspiele hervorgehen: sei es, dass sie, wie die Kämpfe der römischen Gladiatoren und die mittelalterlichen Turniere, sich offen zu demselben bekennen, sei es, dass sie, wie die meisten unserer heutigen Duelle, sich mit dem erborgten Deckmantel der Ehre, unter dem Schein der Erfüllung einer sittlichen Nothwendigkeit, umhüllen.

---

[1]) c. 1. X. de Cler. pugn. in duello. 5, 14.
[2]) c. 3. eod.
[3]) c. 3. cit.
[4]) c. 4. C. 23. qu. 8.
[5]) c. 1, 2. X. de torneamentis. 5, 13.
[6]) Extravag. Johannes XXII. de torneam. 9.

III. Verbrechen gegen die persönliche Freiheit.

§ 25.
Menschenraub.

Von den Verbrechen gegen die persönliche Freiheit kennt das kanonische Recht nur die Entführung und den Menschenraub. Die Entführung wird, weil die Verletzung der Eheordnung ihr wesentlichstes Delictsmoment ist, dieser Verbrechensgattung zugereiht. Aber auch bei dem Delict des Menschenraubes erscheint nicht die Beraubung der persönlichen Freiheit als das allein wesentliche Merkmal; es wird auch noch ein verbrecherischer Zweck gefordert, um deswillen die Handlung unternommen wird.

Des Menschenraubes ist schuldig, wer einem Menschen die Freiheit raubt, in der Absicht, ihn zu einem verbrecherischen Zwecke zu missbrauchen.[1])

Die Freiheitsberaubung kann, nach Art des Diebstahls, heimlich geschehen (furari), so dass der Thäter sich des zu Raubenden, ohne vorher von diesem noch von Andern bemerkt zu werden, bemächtigt und ihn nach einem versteckten, sicheren Ort wegbringt. Die offene Freiheitsberaubung geschieht dadurch, dass der Thäter aus einer grösseren Menschenmenge heraus, vor Aller Augen, einen Menschen ergreift und ihn gewaltsam mit sich fortreisst.

Mit der Absicht der Freiheitsberaubung verbindet sich

---

[1]) c. 4. X. de raptor. 5, 17: In Archiepiscopatu tuo quandoque Sarraceni mulieres Christianas et pueros rapiunt et eis abuti praesumunt. c. 1. X. de furt. 5, 18: Qui furatur hominem et vendiderit. Unter homo in c. 1. cit. ist ein freier Mensch, nicht ein Sclave zu verstehen. gl. qui furatur zu c. 1. cit.

zugleich die Absicht, den Geraubten zu missbrauchen, d. i. seinen Körper zu irgend einem verbrecherischen Zwecke zu verwenden: ihn in die Sclaverei zu verkaufen, unzüchtige Handlungen mit ihm vorzunehmen, ihn zu verletzen, ja zu tödten.

Hat der Menschenraub eine Körperverletzung oder die Tödtung des Geraubten zur Folge, so ist das Verbrechen qualifizirt.[1])

Die Strafe für das Verbrechen ist aus den Quellen nicht zu entnehmen, da c. 1. cit. (ex Exodo) noch die biblische Strafsatzung der Todesstrafe mit übernommen hat, und c. 4. cit. nur von Nichtchristen (Sarrazenen) handelt, so dass die gegen diese festgesetzten Strafen — Geldstrafe, körperliche Züchtigung und, im Fall der Tödtung oder Körperverletzung: Auslieferung an die weltliche Macht zur Vollziehung der Todesstrafe — nicht massgebend sind.

IV. Verbrechen gegen die Ehe-Ordnung.

Die christliche Kirche betrachtete die Ehe nicht, wie die Gesetzgeber Roms, als ein politisches Institut, dessen grösserer oder geringerer Strafschutz durch die jeweilige Lage der Zeitverhältnisse begründet und gerechtfertigt wurde. Ihr galt die Ehe zunächst als die göttliche, mit sacramentalen Eigenschaften begabte Institution,[2]) welche, über allen zeitlichen Veränderungen erhaben, allein durch die ewige Gnadenquelle, aus der sie floss, geheiligt und durch unveränderliche Strafsanctionen geschützt war. Ihrem Inhalt nach wurde die Ehe

[1]) Si vero ita gravis fuerit excessus, quod mortem vel detruncationem membrorum debeant sustinere, vindictam reserves Regiae potestati, c. 4. i. f. cit.

[2]) Gr. zu c. 2. C. 32. qu. 2: nuptiarum bonum est tripartitum: fides, proles et sacramentum. Hieran möchte ich die, freilich unbewiesene Annahme knüpfen, dass das Institut der sponsalia de praesenti dasselbe

von der kirchlichen Gesetzgebung als die ausschliessliche, von Gott gewollte Vereinigung zwischen Mann und Weib aufgefasst. Daraus ergab sich, dass sie nicht nur jeden Bruch der so geschlossenen Vereinigung strafte, sondern auch jede unter andern Formen vollzogene geschlechtliche Gemeinschaft zwischen Mann und Weib, wie überhaupt den Drang des Geschlechtstriebs nach einer andern, als der durch die Ehe und in der Ehe gestatteten Befriedigung, als ein Delict gegen die Eheordnung behandelte. [1]

Diese Anschauung der Kirche traf in den Gebieten des deutschen Rechts auf einen besonders empfänglichen Boden. Die laxe römische Sittenlehre widersprach der ernsten und straffen germanischen Zucht, und hat daher auch in die deutschen Quellen keinen Eingang gefunden. Bis auf die Carolina und noch weit über diese hinaus waren die deutschen Landes- und Stadtrechte in der Lehre der Sittlichkeitsverbrechen ausschliesslich vom Einfluss der kanonischen Satzungen beherrscht. [2]

§ 26.

Ehebruch.

Der Ehebruch ist die Verletzung der ehelichen Treue durch die vorsätzliche geschlechtliche Vereinigung eines Ehegatten mit einer andern Person.

Streben der Kirche bekundet, jede andere geschlechtliche Vereinigung neben der ehelichen zu verhüten. Die Sanction der copula carnalis zum ehelichen Bande dürfte aus einem andern Gesichtspunkt nicht zu verstehen und in sittlicher Beziehung zu rechtfertigen sein.

[1]) Omne stuprum adulterium est. c. 4. C. 32. qu. 4. Stuprum committitur in virgine, vidua, vel puero, vel etiam in soluta muliere, quae non habetur loco uxoris vel concubinae (gl. stuprum.). — Das Wort adulterium bezeichnet jede Art unerlaubter geschlechtlicher Gemeinschaft. vgl. C. 32. C. 33.

[2]) Vgl. darüber auch Jarcke, Handb. Th. 3. S. 3 ff. Rosshirt, a. a. O. Th. III. S. 89, 90.

Christiana religio adulterum in *utroque sexu pari ratione* condemnat (c. 13. C. 23. qu. 5.).[1]

Mit diesem gewaltigen Fortschritt in der ethischen Auffassung des Ehebruchs erweiterte das kanonische Recht die Grenzen des Delicts.

Das Object, gegen welches sich die verbrecherische fleischliche Begier der Ehebrecher richtet, ist die concrete Ehe, in welcher der eine der Verbrecher oder beide — sofern qualifizirter Ehebruch vorliegt — leben. Die Ehe muss gültig nach den Grundsätzen des kanonischen Rechts geschlossen sein. Die copula carnalis der Ehegatten ist aber für den Thatbestand des Delicts nicht erforderlich: auch mit einer von ihrem Ehemann geschlechtlich noch nicht erkannten Ehefrau kann ein Ehebruch begangen werden.[2] Dagegen ist die Verletzung eines Verlöbnisses durch geschlechtliche Vereinigung des Verlobten mit einer andern Person straflos.[3]

Gegen die durch immerwährende Scheidung getrennte Ehe kann der Ehebruch noch begangen werden.[4]

Subject des Verbrechens ist der Ehegatte (Ehemann oder Ehefrau) und dessen Concumbent.[5] Der Ehegatte selbst verletzt die eheliche Treue, und Beide zugleich die Eheordnung. Sind beide Delinquenten verheirathet, so dass sie Jeder die eheliche Treue gegen ihren eigenen Gatten brechen, so ist das Delict qualifizirt.

Gr. zu c. 10. C. 32. qu. 7: Sunt enim in fornicatione gradus, ut sicut gravius peccat adulter, quam fornicator: sic

---

[1]) c. 4. C. 32. qu. 4. Nec viro licet, quod mulieri non licet. Eadem a viro, quae ab uxore debetur castimonia.

[2]) gl. reatum zu c. 6. X. de eo, qui cognovit 4, 13.

[3]) c. 1. X. de matrimon. contract. 4, 16. — Poenit. Merseburg. a: c. 8. b: c. 24. Wasserschleben p. 392, p. 431. Poenitentiale Hubert. c. 9. Wasserschleben p. 378. Nur die mit einer Nonne getriebene Unzucht wird als strafbare Verletzung des mit dem Himmel geschlossenen Verlöbnisses (sponsa Christi) angesehen, c. 1, 6. C. 27. qu. 1.

[4]) c. 1. C. 32. qu. 7: Interveniente divortio non aboletur illa confoederatio nuptialis; ut sibi conjuges sint, etiam separati: cum illis autem adulterium committant, quibus etiam fuerint post suum repudium copulati. cf. c. 4. 7. 10. 25. eod. Vgl. darüber Feuerbach § 376. n. b.

[5]) c. 4. cit. c. 13. cit.

gravius delinquit, qui nec sua dimissa, aliam ducit, eo, qui suam dimittens, aliam cognoscit: gravius quoque, qui uxorem habens ad conjugem proximi sui accedit, quam qui non habens uxorem, torum alterius violat vel uxoratus ad solutam accedens.

Ein Milderungsgrund des Delicts wird darin gefunden, dass der ehebrecherische Gatte vor Begehung des Delicts von seinem Ehegatten getrennt lebte. c. 10. cit.

Der Ehebruch kann nur wissentlich begangen werden. Der ehebrecherische Gatte muss wissen, dass er in einer gültigen Ehe lebt. Glaubt z. B. eine Ehefrau, dass ihr Ehemann gestorben sei, weil er überlange, ohne Nachricht von sich zu geben, abwesend ist, und gestattet sie, ohne die Gewissheit vom Tode des Mannes zu haben, einem Fremden den Beischlaf, so macht sie sich dadurch, wenn der Mann noch lebt, des Ehebruchs schuldig. [1]) Ebenso muss der Ehebrecher wissen, dass die Person, mit welcher er den Beischlaf vollzieht, nicht sein Ehegatte ist. Daher ist der Ehemann, welcher unwissend eine fremde Frau, die sich heimlich in das Ehebett geschlichen hat, beschläft, straflos. [2])

In einer eigenartigen, durchaus theologischen Auffassung des Theilnahmebegriffs strafen die Quellen den Ehemann, welcher seine verbrecherische Ehefrau, wissend, dass sie Ehebruch getrieben, bei sich aufnimmt und mit ihr ehelich umgeht, ehe dieselbe die ihr auferlegte Busse gethan hat, als Theilnehmer am Ehebruch. [3]) In juristischer Formulirung könnte diese Handlung allenfalls als eine Begünstigung der Uebertretung der Eheordnung aufgefasst werden; thatsächlich ist sie eine schuldhafte Unterstützung in der Nichtachtung der auferlegten kirchlichen Sühne.

Von einer Theilnahme der Ehefrau in diesem Sinne sprechen die Quellen nicht, wie sie überhaupt den Ehebruch

---

1) c. 4. X. de secund. nupt. 4, 21.

2) c. 6. C. 34 qu. 1.

3) c. 5, 7, 8. C. 32. qu. 1. c. 3. X. de adult. et stupr. 5, 16. Conc. Eliberit. c. 65.

des Mannes um des willen strenger auffassen und schärfer strafen, weil sie in dem Mann den Herrn der Frau insbesondere nach der sittlichen Seite hin erkennen, der ihr nicht nur an äusserer Macht, sondern an Kraft des Geistes und der Seele überlegen sein soll. [1])

Das Delict consummirt sich mit der Vollziehung des Beischlafs. Aber auch schon die Begier nach demselben wird der Sühne für würdig erachtet. [2])

Die Strafe des Ehebruchs sind Pönitenzen, die der Ehebrecher getrennt von dem verletzten Ehegatten büssen muss. [3]) Nur wenn beide Gatten Ehebrecher sind, darf sich der eine nicht weigern, den andern Gatten bei sich aufzunehmen. [4])

Der Ehebruch mit einer Nonne wird mit Excommunication gestraft, [5]) Kleriker erleiden Deposition und Gefängniss. [6])

Der verletzte Ehegatte darf zwar den ehebrecherischen Gatten verlassen, darf sich aber vor dessen Tode nicht wieder verheirathen. [7])

Der verletzte Ehemann darf die buhlerische Ehefrau nicht tödten, selbst wenn er sie bei der That ertappt. [8]) Nur den Klerikern war es vor Gregor VII. erlaubt, ihre ehebrecherischen Frauen durch Einsperrung und Schmälerung der Kost zu züchtigen. [9]) Trennt sich der verletzte Ehemann

---

[1]) c. 4. C. 32. qu. 7: cum tanto gravius eos puniri oportuerit, quanto magis ad eos pertinet et virtute vincere et exemplo regere foeminas. c. 5. eod. vir caput mulieris est.

[2]) quia etiam solo visu, cum turpiter vel innupta concupiscitur, adulterium perpetratur.

[3]) c. 7. C. 34. qu. 2. c. 5, 7, 8. C. 32. qu. 1.

[4]) c. 6, 7 X. de adult. 5, 16.

[5]) c. 1, 6 C. 27 qu. 1.

[6]) c. 11, 15 eod.

[7]) conc. Eliberitanum c. 9. Regino II. c. 102. Hat die Ehebrecherin mit Andern den Tod ihres Gatten beschlossen, so kann dieser sich von ihr trennen und sich wieder verheirathen. Die Ehebrecherin selbst muss für immer ehelos bleiben. c. 6 C. 31 qu. 1.

[8]) c. 5, 6 C. 33. qu. 2.

[9]) Gr. zu c. 9 C. 33. qu. 2. c. 10 eod.

wegen des Ehebruchs von der Frau, so kann diese weder die Dos, noch das Dotalitium von ihm zurückfordern. [1])

Aus den kanonischen Satzungen haben die deutschen Quellen, insbesondere die CCC. art. 120 vorzüglich das Princip der Bestrafung des Ehebruchs beider ehebrecherischen Gatten aufgenommen. Die Strafe war eine überall verschiedene. Nur hat die Bambergensis art. 145 sich dem kanonischen Rechte insoweit angeschlossen, als sie das Heirathsgut und die Morgengabe der Ehebrecherin dem Ehemann zuspricht (c. 4. X. de don. int. vir. 4, 20). Dieser Satz ist aber nicht in die CCC. übergegangen. [2])

§ 27.

Bigamie.

Die Bigamie erscheint in den Quellen bald als eine nicht delictische Handlung, die nur einen Defect für die Ordination zur Folge hat, [3]) bald als wirkliches Delict. Nur das letztere soll hier behandelt werden.

c. 19. C. 24. qu. 3: Qui duas simul uxores habet, excommunicandus est.

Die delictische Bigamie ist die gleichzeitige mehrfache Ehe.

Das Delict verletzt wie der Ehebruch zugleich die Eheordnung und die eheliche Treue, welche der bigamische Gatte seinem ersten Ehegatten schuldet.

Obwohl c. 19. cit. nur von der Doppelehe des Mannes spricht, so muss dasselbe, dem Geiste der kanonischen Sittenlehre entsprechend, auch auf die Ehefrau erweitert werden.

---

[1]) c. 4. X. de don. int. vir. et uxor 4, 20.

[2]) Vgl. noch Jarcke, Handb. Th. 3 S. 45.

[3]) irregularitas ex defectu: c. 13, 14, 16, 17. Gr. zu c. 14, zu c. 19. D. 34. c. 1. X de big. non ord. 1, 21. c. 55. D. 50. c. 2 D. 33. c. 2, 3 D. 26. Hierzu gehört die Ehe eines Geistlichen, der schon einmal verheirathet gewesen ist (bigamia successiva), die Ehe mit einer Wittwe, einer Deflorirten, einer Hure (bigamia interpretativa). Vgl. noch c. 2, 3, 4, de big. 1, 21. c. 11, 12, 13 C. 31. qu. 1. Poenitent. Theodori can. Gregor. c. 85. Wasserschleben p. 170.

Jeder in einer gültigen Ehe lebende Ehegatte kann sich der Bigamie schuldig machen; aber auch nur ein solcher; von einer Schuld der andern Person, mit der der bigamische Gatte die Ehe eingeht, erwähnen die Quellen Nichts.

Der Verbrecher muss bei Eingehung der zweiten Ehe wissen, dass er schon in einer gültigen Ehe lebt. Die fahrlässige Bigamie, welche darin zu finden ist, dass Jemand bei Eingehung der zweiten Ehe im Zweifel darüber ist, ob die erste Ehe noch besteht (z. B. weil der erste Ehegatte verschollen ist), ist als solche straflos; die zweite Ehe ist natürlich, sobald festgestellt ist, dass die erste Ehe noch besteht (durch die Rückkehr des Gatten), nichtig. [1])

Der Bigamie nicht schuldig wird derjenige erachtet, welcher sich während des Bestehens der Ehe eine oder mehrere Concubinen hält. [2])

Das Delict wird dadurch begangen, dass ein Ehegatte während des Bestehens der ersten Ehe mit einer andern Person einen neuen Ehebund eingeht. Es ist nicht erforderlich, dass der zweite Ehebund ein auch nur formell gültiger ist. Vielmehr genügt zur Consummation des Delicts, dass der Delinquent mit der dritten Person eine Vereinigung ein-

---

[1]) c. 2 X. de secund. nupt. 4, 21.

[2]) c. 6 X de big. 1, 21: Qui plures habuit concubinas, ex eo bigamus non est. — Daraus folgt zur Evidenz, dass das kanonische Recht den Ehebruch von der Bigamie scharf trennt. Wilda, Strafr. d. Germ. S. 807 behauptet zwar, dass die Kirche auch das Concubinat neben bestehender Ehe als Bigamie angesehen habe. Er stützt sich zum Beweise dessen auf Capit. Hlotharii (a. 835): Nulli liceat uno tempore duas habere uxores, uxoremve et concubinam ..... und auf K. Cnut's weltl. Gesetz c. 51 § 1: Wenn Jemand eine rechte Ehefrau (riht wif) und ein Kebsweib (ceafese, Grimm, Rechtsalterthümer p. 438) hat, soll ihm kein Priester eins von den Rechten gewähren, die man Christen gewährt, bevor er absteht und so tief büsst, wie es ihm der Bischof vorschreibt. Allein diese Gesetze sind eben weltliches und nicht kirchliches Recht, und wenn sie auch unter dem Einfluss der damaligen kirchlichen Anschauung hervorgegangen sind, so ist doch die Decretale Innocenz III. (c. 6 cit.) als das spätere Gesetz massgebend. Vgl. indess auch Bingham, Origines Ecclesiasticae or The Antiquities of the Church vol. VII. p. 465: The church reckoned him guilty of Polygamy, who kept a concubine and a wife together.

geht, die, wenn ihr nicht das rechtliche Hinderniss der ersten Ehe entgegenstünde, eine gültige Ehe wäre. [1])

Die Strafe der Bigamie ist für Laien Excommunication, [2]) für Geistliche Anathem und Verlust jedes privilegium clericale. [3])

§ 28.
Entführung.

Lex illa [4]) praeteritorum principum ibi raptum dixit commissum esse, ubi puella, de cujus ante nuptiis nihil actum fuerat, videbatur abducta. (c. 49. C. 27. qu. 2.)

Die Entführung ist die Wegführung einer unverheiratheten Frauensperson (oder einer Wittwe) aus ihrem väterlichen oder vormundschaftlichen Schutze, in der Absicht, mit ihr Unzucht zu treiben oder sie zu ehelichen. [5])

Object des Delicts ist ausschliesslich die Entführte selbst, weder deren Vater noch ihr Vormund wird als Verletzter angesehen. Denn nach der kanonischen Anschauung verletzt das Delict das der Entführten zustehende natürliche Recht, eine Ehe als virgo, (bez. wenn sie Wittwe ist, eine neue Ehe unbefleckt) eingehen zu können. [6])

Das ältere Kirchenrecht forderte allerdings von dem Entführer eine Geldbusse an den Vater oder Vormund der Entführten. Conc. Aurelianense I (a. 511) c. 4: raptor patri

---

[1]) c. 4, 7 X de big. 1, 21. — Einen besonderen Fall erwähnt Regino II. c. 126 (Ex Conc. ap. Vermerias a. 756 c. 19): Wenn Jemand im Auslande eine Ehe eingeht, so kann er bei der Rückkehr ins Inland die erste Frau verlassen, und eine neue Ehe eingehen, ohne sich der Bigamie schuldig zu machen.

[2]) c. 19 C. 24. qu. 3.

[3]) c. un. in VI° de big. 1, 12.

[4]) Die Glosse zu c. 48 cit. kennt dies Gesetz nicht. — Es ist mir nicht gelungen, dessen Ursprung zu finden.

[5]) c. 2 C. 36. qu. 1. C. 36. qu. 2. c. 37, 38 C. 27. qu. 2. Regino I. c. 428 II. c. 155 sqq.

[6]) Gr. zu c. 2 C. 36. qu. 1: Raptus admittitur, cum puella violenter a domo patris abducitur, ut *corrupta* in uxorem habeatur. c. 8 C. 36. qu. 2: Tria legitima conjugia scriptis leguntur. Primum legitimum conjugium est, *virgo casta in virginitate* viro data legitime.

superioris conditionis satisfactione tenetur obnoxius. (c. 3. C. 36. qu. 1.)

Ambrosius in Apolog. David c. 8: Denique et puellae pater illius, quae vim concubitus nulli desponsa pertulerit, quinquaginta drachmas accipiet (c. 9. C. 36. qu. 2.) cf. Conc. Parisiense I. (a. 362.) c. 6. (c. 6. C. 36. qu. 2.)

Daraus folgt, dass in den älteren Quellen unbedingt zunächst das Recht des Vaters und Vormunds — des Mundwalts — auf Schutz des Kindes als durch die Entführung verletzt angesehen wurde. [1])

Allein auch schon in den älteren Quellen wird mit lebhafter Betonung der Grundsatz vertreten, dass Entführung dann nie als Delict anzusehen sei, wenn sich Entführer und Entführte vorher das Eheversprechen gegeben haben. puella, de cujus *ante nuptiis nihil actum fuerat,* videbatur abducta. [2]) Es galt der Kirche, die Reinheit der Ehe zu schützen und aufrecht zu erhalten, und dies Bestreben hat seinen festen Ausdruck und gesetzlichen Abschluss in der Decretale Lucius III. gefunden, nach der die Entführung der eigenen Braut ohne Rücksicht auf die Verletzung des elterlichen oder vormundschaftlichen Rechts, straflos ist. [3])

Es ist auch unwesentlich, ob die Braut in die Entführung einwilligt oder nicht; auch die Entführung der nicht einwilligenden Braut kann ja nur den Zweck haben, die schon versprochene Ehe zu schliessen.

Zudem sind die Entführung der Braut und die irgend eines andern Mädchens an sich in gleicher Weise wider das elterliche bzw. vormundschaftliche Recht gerichtet; die letztere verletzt aber auch ausserdem die Eheordnung. Dieses Delictsmerkmal fehlt bei Entführung der Braut. Da nun diese straflos ist, jene aber als Delict gestraft wird, so folgt, dass die Strafbarkeit der Entführung durch die Verletzung der

---

[1]) Entsprechend den Anschauungen der germanischen Volksrechte. Wilda a. a. O. S. 845 ff.

[2]) c. 49 C. 27. qu. 2. c. 2 C. 36. qu. 1. (P. Gelasius.) c. 4 C. 36. qu. 2: *necdum desponsatis* (conc. Cabilonense). c. 5 eod: Si quis virginem. vel viduam, *nisi desponsaverit*, rapuerit (P. Gregor. II.).

[3]) c. 6 X. de rapt. 5, 17.

Eheordnung bedingt wird, oder näher: durch die Verletzung des Rechts der Jungfrau auf Eingehung einer legitimen Ehe. Die Verletzung des Elternrechts wird somit nicht als Delictsmerkmal betrachtet.

Die Einwilligung der zu Entführenden in die Entführung wirkt strafmildernd. [1]) Nothwendig ist die Unbescholtenheit der Entführten. [2])

Der Vorsatz des Entführers geht darauf, die Entführte zum unzüchtigen Beischlaf [3]) oder zur Ehe zu bringen; [4]) für die Strafbarkeit ist die Unterscheidung irrelevant.

Als Mittel der Entführung wider den Willen der Jungfrau kennen die Quellen entweder offene Gewalt (violentia) [5]) oder heimliche Wegführung und listige Vorspiegelungen (furari, seducere, sub nomine simul habitandi). Das Delict ist consummirt mit der vollendeten Wegführung der Jungfrau aus dem väterlichen oder vormundschaftlichen Schutze. [7]) Tritt zu der Wegführung noch der Beischlaf mit der Entführten hinzu, so wird dadurch nicht die Entführung qualifizirt; es liegt dann Concurrenz von Entführung und Beischlaf vor. [8])

Die Strafe der Entführung ist Excommunication bzw.

---

[1]) Gr. zu c. 49. C. 27. qu. 2. c. 3. C. 36. qu. 1. Waechter, Abhandlungen aus dem Strafrecht. S. 70. Boehmer l. c. t. 17. § 144, und Feuerbach, Lehrb. § 256 n. c. halten sie für straflos.

[2]) Dieser Satz ist zwar in den Quellen nirgends ausdrücklich ausgesprochen. Aber er hängt mit dem Princip des Gesetzes untrennbar zusammen.

[3]) c. 1, 4. C. 36. qu. 2.

[4]) c. 4, 6. eod.

[5]) c. 3. C. 36. qu. 1. Gr. zu c. 49. C. 27. qu. 2.

[6]) c. 1, 4, 11. C. 36. qu. 2.

[7]) c. 49. C. 27. qu. 2: raptum ibi commissum esse, ubi puella — videatur abducta. c. 2. C. 36. qu. 1. — Bingham l. c. p. 478 erweitert das Delict einerseits, indem er es auch auf verheirathete Frauen ausdehnt, und schränkt es andererseits wieder dadurch ein, dass er nur gewaltsame Entführung in der Absicht, die Entführte zur Unzucht zu bringen, anerkennt: ravishment is using Force and Violence to Virgins and Matrons to compel them to commit Uncleanness.

[8]) c. 48. C. 27. qu. 2: qui rapta potitur, stupro fruitur. — Der Anfang der Quelle (sie ist aus Isidor. Etymolog. l. 5. c. 26 entnommen)

Anathem für Laien, für Geistliche Degradation.[1]) Die entführte Jungfrau muss in den elterlichen oder vormundschaftlichen Schutz zurückkehren.[2])

Dem Entführer sowohl wie der Entführten ist es gestattet, eine andere Ehe einzugehen. Die Ehe Beider miteinander ist verboten.[3])

Nach Feststellung des delictischen Thatbestandes der Entführung, wie ihn die Quellen darbieten, muss eine Beziehung des kanonischen Rechts mit der Carolina für diese Materie im Allgemeinen für ausgeschlossen erachtet werden. Art. 118. CCC. will *den Vater* und *den Ehemann* vor Verletzung *der väterlichen* bzw. *ehemännlichen* Gewalt schützen. Schon die Möglichkeit der Entführung einer Ehefrau beweist, dass die Principien beider Gesetze durchaus verschieden sind.[4]) Im Einzelnen[5]) aber dürfte der Ausdruck „unverleumbte jungfrawen“ auf die virgo casta des kanonischen Rechts zurückzuführen sein, und insoweit kann allerdings auch die Entführung der Carolina als Delict gegen das Recht der Frau auf Integrität ihrer Frauenehre erscheinen.[6])

---

widerspricht nun freilich dem citirten Schluss: raptus est illicitus coitus, a corrumpendo dictus. Danach wäre der Beischlaf schon in der Entführung enthalten. Allein diese Auffassung widerspricht dem Geiste des kanonischen Strafrechts, welches bemüht ist, die in einer Handlung liegenden mehreren Einzeldelicte genau zu analysiren. Daher interpretirt auch die Glosse die Quelle dahin: Hoc caput inducit Gratianus, ut probet, illicitum esse coitum in rapta.

[1]) C. 36. qu. 2.

[2]) c. 3. C. 36. qu. 1. c. 10. C. 36. qu. 2.

[3]) c. 10, 11. C. 36. qu. 2. — Nach dem conc. Meldense (a. 848) c. 66 war dem raptor die Ehe überhaupt verboten (Regino II. c. 159), und nach einer Bestimmung desselben Concils c. 64 sollten die Kinder, welche aus dem Beischlaf des Entführers mit der Entführten erzeugt wurden, zur Erlangung irgendwelcher geistlichen Würde unfähig sein (Regino I. c. 428).

[4]) Den Anführungen Rosshirt's a. a. O. III. S. 100 fehlen ebenso die Quellenbelege, wie jeder logische Zusammenhang.

[5]) Berner, Lehrb. S. 516.

[6]) Hierin läge aber freilich eine erhebliche Erweiterung des kanonischen Princips.

§ 29.
Unzucht.

Keine Verbrechensgattung wird von der kirchlichen Gesetzgebung mit so einschneidender Strenge und zugleich so eingehender Entwickelung des Thatbestandes behandelt, wie die Gattung der Unzuchtsverbrechen. Die Kirche begnügt sich nicht damit, nur grobe Bestialität und gemeine Hurerei zu bestrafen; vielmehr prüft sie in sorgfältiger Untersuchung alle denkbaren Erscheinungen fleischlicher und geistiger Wollust, und mit psychologischer Secirkunst folgt sie den Regungen der lüsternen Begierde bis in ihren geheimsten Ursprung und brandmarkt sie als Sünde.

Die Berechtigung der Ausübung der fleischlichen Begierde in den von der Natur gesetzten Schranken erkennt die Kirche an, aber auch nur unter dem Schutze der göttlichen Institution, welche die einzige erlaubte Gemeinschaft zwischen Mann und Weib darstellt, der Ehe. Es gilt der Kirche die Ehe nicht allein zu schützen, sondern auch sie zu fördern und zu verbreiten, in der richtigen Erkenntniss, dass die Ehe das wirksamste Mittel zur Entfaltung und Hebung der Moral im Volke ist. Daneben aber und in gleicher Bedeutung mit der Moral wollte die Kirche die Satzungen der Religion in die Ehe einführen, und die freiere antike Anschauung von der Verwandtenehe insbesondere, die den Germanen nicht minder wie den romanischen Völkern eigen war, [1]) aus den Gemüthern verbannen.

„Niemand soll sich zu seiner nächsten Blutsfreundin thun, ihre Schaam zu entblössen.“ [2]) In diesem Satze wurzelte die christliche Lehre von der aus der fleischlichen Gemeinschaft nah verwandter Personen erwachsenden Blutschande, welche nicht allein *auf Grund der Tradition,* sondern auch in Berücksichtigung der socialen und politischen Nothwendigkeit [3]) überall

---

[1]) Wilda a. a. O. S. 855 ff.

[2]) 3. B. Mose c. 18. v. 6.

[3]) Augustinus l. 15 de civitate Dei c. 16: Cum igitur genus hu-

von der Kirche verbreitet und weit über ihre ursprünglichen Grenzen hinaus ausgedehnt wurde.

Nicht nur, dass der *„ursprüngliche Grund“* dieser kirchlichen Gesetze gegen die Unzuchtsdelicte ein „religiös-sittlicher war“ (Heffter): kein anderes Princip hat je die kirchliche Strafgesetzgebung in dieser Materie geleitet, und wenn behauptet wird, das reiche Einkommen der Dispense habe die Kirche zu immer grösserer Ausdehnung der Eheverbote geführt, so genügt es allein, jener Decretale Innocenz III. aus dem Jahre 1219 zu gedenken, welche die in frommem Uebereifer erlassenen, bis in die fernste Verwandtschaft reichenden Eheverbote einschränkte, und den derzeitigen kirchlichen und traditionellen Anschauungen entsprechend, auf den vierten kanonischen Grad zurückführte.[1])

Da das kanonische Recht auch die einfache Unzucht bestraft, diese aber das ursprüngliche *Gattungsdelict* ist, so

---

manum post primam copulam viri facti ex pulvere et conjugis ejus ex viri latere marium foeminarumque conjunctione opus haberet, ut gignendo multiplicaretur, nec essent ulli homines, nisi qui ex illis duobus nati fuissent, viri sorores suas conjuges acceperunt. Quod profecto quanto est antiquius compellente necessitate, tanto postea factum est damnabilius *religione* prohibente. Habita est enim ratio rectissimae charitatis, ut homines quibus esset *utilis* atque honestissima concordia, *diversarum necessitudinum vinculis necterentur*, nec unus in una multas haberet, sed singulae spargerentur in singulos, ac sic *ad socialem vitam diligentius colligendam* plurimae plurimos obtinerent. (c. 1. C. 35. qu. 1.)

[1]) Eine besonders beachtenswerthe Erklärung der kirchlichen Eheverbote findet sich bei Jarcke, Th. 3. S. 88. n. 14: „Die weite Ausdehnung der verbotenen Grade, welche die Kirche im früheren Mittelalter aufstellte, ist ohne Zweifel ein Mittel gewesen, jene Mischung der germanischen, celtischen und romanischen Volksstämme zu bewirken, aus welcher die heutige europäische Menschheit und mit ihr die Civilisation des christlichen Europas hervorging. — In der That dienten jene Eheverbote dazu, die starre, abgeschlossene Nationalität halbwilder Volksstämme zu brechen, die, wie die heutigen Nomaden des asiatischen Russlands, nur unter sich heirathend, schon durch die Familienähnlichkeit ihrer Gesichtszüge bewiesen, dass sie grosse in sich geschlossene Familien waren, und die Kirche nöthigte dieselben indirect durch eben jene verbotenen Grade, aus dieser beschränkten Weise ihrer Volksthümlichkeit herauszutreten.“

rechtfertigt es sich nicht, Incest, Sodomie, widernatürliche Unzucht, Nothzucht und Kuppelei als selbstständige Delicte zu behandeln; diese erscheinen vielmehr nur als qualificirte Unterarten der Unzucht.

Unzucht ist jede Art der Befriedigung des Geschlechtstriebes ausserhalb der durch die Ehe und in der Ehe gestatteten Form.[1])

Der Reiz des Geschlechtstriebes kann schon sein Genüge finden in der sinnlichen Begierde; hier hebt die Grenze der Strafbarkeit an. Der strafbare lüsterne Wille schreitet weiter zur Erfüllung der Begier, deren einfachste Form die körperliche Berührung von Mann und Weib ohne die fleischliche Vereinigung ist; mit der vollzogenen geschlechtlichen Mischung schliesst sich der Rahmen des Verbrechens der einfachen Unzucht. Darüber hinaus geht nun die verbrecherische Wollust nach verschiedenen Richtungen, sei es, dass sie die reine Liebe der Blutsverwandtschaft durch die Erfüllung der sinnlichen Begierde befleckt, sei es, dass der Natur zuwider, Mann gegen Mann, Weib gegen Weib sich im Geschlechtsgenuss ergötzen, bis endlich der wilde Sinnenreiz den Menschen aller Menschenwürde entkleidet und ihn im Geschlechtsgenuss mit sich selbst, oder gar mit dem Thiere, diesem gemein macht.

Die allgemeinen Bezeichnungen der Quellen für Unzucht sind: moechia, fornicatio, stuprum. moechia ist jede Art der Unzucht; sie begreift auch die widernatürliche Unzucht und ist somit der umfassendste Begriff. (Vgl. Anm. 1.) Fornicatio ist jede aussereheliche Geschlechtsgemeinschaft, insbesondere die Unzucht mit Wittwen, Huren und Concubinen.[2]) Stuprum ist regelmässig die Defloration von Jung-

---

[1]) moechia. c. 11. C. 32. qu. 4: Moechia est omnis illicitus coitus atque illorum membrorum non legitimus usus.

[2]) Gr. zu c. 3. C. 36. qu. 1: Fornicatio licet videatur esse genus cujuslibet illiciti coitus, qui fit extra uxorem legitimam, tamen specialiter intelligitur in usu viduarum, vel meretricum vel concubinarum. Neben dieser fornicatio carnis giebt es aber auch noch eine fornicatio spiritalis,

frauen.[1]) Diese Bezeichnungen sind die regelmässigen; sie wechseln aber unter einander und mit konkreteren Bezeichnungen ab.

1) Einfache Unzucht ist die aussereheliche Befriedigung des Geschlechtstriebes zwischen Mann und Weib. Es ist nicht erforderlich, dass das Weib eine noch unbescholtene Jungfrau ist; auch die Unzucht mit Huren und Concubinen,[2]) ist strafbar. (Vgl. S. 113 Anm. 1.) Ist einer der Concumbenten verheirathet, so liegt Ehebruch vor,[3]) ebenso wie auch die Unzucht mit einer Nonne als adulterium gestraft wird.[4])

Dagegen war die einfache Unzucht zwischen Mädchen und Knaben unter 20 Jahren nach dem Poenitentiale Romanum nur mit der mildesten Strafe bedroht.[5])

Unzüchtige Handlungen an einer Leiche werden nach älterem Kirchenrecht als einfache Unzucht gestraft.[6])

Die Pönitentialbücher finden die Unzucht schon in dem zwischen zwei nicht durch die Ehe verbundenen Personen verschiedenen Geschlechts ausgetauschten Kuss (osculum simplex;[7]) als dessen qualifizirte Unterarten sie den wollüstigen Kuss ohne Befleckung (osculum illecebrosum sine coinquinamento) und den wollüstigen Kuss mit darauffolgender Be-

---

die nicht Geschlechtsgemeinschaft ist. In Bezug auf diese heisst es: c. 15. C. 32. qu. 7: Omnis immunda pollutio fornicatio dicitur.

[1]) Gr. zu c. 3. C. 36. qu. 1: Stuprum autem proprie est virginum illicita defloratio. Dieser Definition schliesst sich auch Bonif. de Vitalinis tract. de malef. de adulterio n. 3. an. Dagegen hält Angelus Aretinus: che hai adulterato n. 51. an der römischen Bedeutung des stuprum fest.

[2]) Eine auf bestimmte Zeit zum Beilager genommene Frauensperson ist keine eigentliche Concubine. concumbinae ad tempus adhibitae. c. 5. C. 32. qu. 2.

[3]) C. 32. qu. 1.

[4]) c. 6, 11. C. 27. qu. 1.

[5]) Regino. II. c. 247: Si infra XX annos puella et adolescens fornicationem faciunt, tres quadragesimas et legitimas ferias (sc. poeniteant). Diese so sonderbar erscheinende Strafsatzung war jedenfalls in der Intention erlassen, dass sich die beiden Concumbenten voraussichtlich heirathen würden.

[6]) Poenitent. Vigilianum c. 65. Wasserschleben p. 532.

[7]) Poenitent. Merseburg. c. 58. Wasserschleben. p. 398. VII. superpositiones (sc. poeniteant). Poenitent. Cummeani c. II. § 13. Wasserschleben p. 469.

fleckung, aber ohne gleichzeitige Umarmung (cum coinquinamento sine amplexu) kennen.[1] [2])

Nach dem Recht des corpus juris canonici liegt die Unzucht schon in der blossen sinnlichen Begier. Perit ergo et ipsa mente virginitas. (c. 11. C. 32. qu. 5.)[3] Ebenso wird jede aus sinnlicher Lust geschehene körperliche Berührung zwischen Mann und Weib (complexus, confabulatio, osculatio, conjacentium duorum turpis et foeda dormitio) als Unzucht aufgefasst.[4] Von der wirklich erfolgten geschlechtlichen Vereinigung geben die Quellen weder eine Definition, noch stellen sie dieselbe in ein besonderes durch die Strafe erkennbares Verhältniss zu ihren Vorstadien.

Die Strafen der Unzucht sind in der Regel Pönitenzen. Nur soll derjenige, welcher eine unbescholtene Jungfrau verführt und beschläft, sie dotiren und heirathen, und dann straffrei sein, oder wenn der Vater sich weigert, ihm seine Tochter zu geben, so soll er ihr im Verhältniss der landesüblichen Dos eine Geldsumme geben.[5]

Hat aber ein Geistlicher ein Mädchen verführt und beschlafen, so soll er sie entweder heirathen, oder wenn er sich dessen weigert, mit körperlicher Züchtigung und detrusio in monasterium bestraft, pönitiren.[6]

2) Nothzucht: Eine besondere Art der Unzucht ist der mit einer durch Gewalt bezwungenen Frauensperson vollzogene Beischlaf.

Das Delict kann nur begangen werden gegen eine unbe-

---

[1]) Poenitent. Cummeani l. c.

[2]) Das conc. Gangr. c. 13. verbietet den Männern das Tragen von Frauenkleidern, den Frauen das Tragen von Männerkleidern als unzüchtige Handlung. Bingham l. c. p. 478.

[3]) cf. c. 12. C. 32. qu. 5.

[4]) c. 5. C. 32. qu. 2.

[5]) c. 1. X. de stupr. et adulterio 5, 16. Diese ist nicht als Strafe, sondern als Abfindungssumme anzusehen.

[6]) c. 2. X. eod. Die Decretale Gregor I. spricht zwar von einem Geistlichen nicht ausdrücklich. Dass aber nur von einem Geistlichen die Rede sein kann, folgt aus der Art der Strafe: Prügelstrafe und detrusio in monasterium. Vgl. § 9 und 10.

scholtene Jungfrau, [1]) oder Frau, [2]) denn die Besonderheit des Delicts liegt gerade in dem gewaltsamen Entreissen der Frauenehre (eripitur pudicitia. c. 9. C. 32. qu. 5.). An einer deflorirten Frauensperson ist demnach die Nothzucht ausgeschlossen. [3])

Wesentlich ist, dass der Stuprator die Genothzüchtigte durch Anwendung von Gewalt (violenter opprimi) gänzlich willenlos gemacht hat. Nur der Umstand, dass sie selbst zu dem mit ihr vorgenommenen Beischlaf nicht einwilligt, sondern denselben nur gezwungen erträgt, befreit sie von der Strafe der einfachen Unzucht. [4])

3) Incest: Die Eheverbote der Kirche bilden die Grundlage für die Beurtheilung des Incests. Da, wo die Kirche die Ehe zwischen zwei Personen wegen ihrer gegenseitigen Verwandtschaft verbietet, verbietet sie naturgemäss auch jede fleischliche aussereheliche Vereinigung solcher Personen. Die trotz des Verbotes geschehene geschlechtliche Mischung bildet das Delict des Incests.

Das älteste Kirchenrecht beschränkte den Begriff des Incests auf die Gemeinschaft von Ascendenten und Descendenten, Seitenverwandten und Verschwägerten bis zum dritten kanonischen Grade. [5]) Aber schon das zweite Concil von Toledo (a. 531) verbot die geschlechtliche Mischung soweit, als überhaupt verwandtschaftliche Beziehungen zwischen den Concumbenten erkennbar waren. [6]) Diese unerträgliche Ausdehnung wurde darauf nach einigen Schwankungen zwischen

---

[1]) c. 9. C. 32. qu. 5. c. 8. eod.: Munda a contagione anima caro non peccat.

[2]) c. 4. § Lucretiam eod.

[3]) c. 6. eod.: Finge in persecutione aliquam virginem prostitutam; haec apud Evangelium, quia voluntate non peccat, virgo suscipitur; in lege quasi corrupta repudiatur.

[4]) c. 9. eod.: quoniam nec in carne violatur, quando voluntas patientis sua turpiter carne non utitur, sed sine consensione tolerat, quod alius operatur.

[5]) Schon über die Ausdehnung auf Consobrinen war zwischen Ambrosius ep. 66 ad Paternum und Augustinus de Civ. Dei. l. 15 c. 16 eine Controverse. Bingham l. c. p. 465.

[6]) Salubriter praecavenda sancimus, ne quis fidelium propinquam san-

dem 5. und 6. Grade auf den siebenten Grad der Blutsverwandtschaft und Schwägerschaft festgesetzt. [1]) Innocenz III. verwarf im Jahre 1216 auch diese Bestimmung; er verbot die Eingehung der Ehe und damit überhaupt die fleischliche Vereinigung zwischen den Blutsverwandten und Verschwägerten im vierten Grade kanonischer Rechnung. [2]) Zur Begründung des Incestes aus der Schwägerschaft genügte schon das eingegangene Verlöbniss, so dass auch der Beischlaf der Braut mit den Blutsfreunden des Bräutigams, sowie des Bräutigams mit den Blutsfreunden der Braut als incestus verpönt war. [3])

Da die Kirche auch der bürgerlichen Verwandtschaft eine ähnliche Wirkung wie der Blutsverwandtschaft beilegte, so verbot sie auch den Beischlaf des Adoptirten und seiner Descendenz mit den Adoptiveltern und deren Descendenten. [4]) Ebenso hinderte die aus der Taufe bzw. Firmung entstehende geistige Verwandtschaft [5]) die Vereinigung zwischen dem Täufling (bzw. Firmling) und seinen Ascendenten und Descendenten auf der einen Seite, und dem Pathen und seinen Descendenten auf der andern Seite, sowie zwischen den Pathen untereinander. [6])

Eine besondere Art des nachfolgenden Incestes stellt sich in dem Beischlaf eines Mannes mit zwei unter einander verwandten Frauen und umgekehrt dar. So, wenn Jemand mit einer Mutter und deren Tochter, oder mit zwei Schwestern, und wenn eine Frau mit zwei Brüdern, oder mit Vater und Sohn concumbirt. [7])

Der Incest ist consummirt mit der Vollziehung des Bei-

---

guinis sui, *usque quo affinitatis lineamenta successione generis cognoscit,* in matrimonio sibi desideret copulari. Regino II. c. 185.

[1]) c. 1, 2. C. 35. qu. 2.

[2]) c. 8 X de consanguin. et affin. 4, 14. c. 19, 20, 21 C. 32. qu. 7.

[3]) tit. X. 4. 13 de eo, qui cognovit. c 12, 30, 31, 32. C. 27. qu. 2.

[4]) c. un. X. de cogn. leg. 4, 12. c. 6. C. 30. qu. 3.

[5]) tit. X. de cogn. spirituali 4, 11.

[6]) c. 1, 2, 3, 4, 5. C. 30. qu. 3. c. 1—5. C. 30. qu. 4. c. 1, 3. in VI° de cogn. spirit. 4, 3. c. 1, 2, 5 C. 30 qu. 1. Vgl. über diese ganze Frage die nach Geschichte und Dogmatik gleich treffliche Abhandlung in Richter-Dove, Lehrb. §§ 275—277.

[7]) c. 1. C. 30. qu. 4.

schlafs, da alle die oben gedachten Eheverbote nur erlassen sind, um diesen zu verhindern, und sich daher wesentlich auch nur gegen die geschlechtliche Mischung der in der bezeichneten Weise verwandten Personen richten.

Unzüchtige Handlungen zwischen solchen Personen werden nicht als Incest angesehen.

Die Strafe des Incests sind Pönitenzen.[1] Die Wiederverheirathung ist den Incestuosen in der Regel gestattet;[2] nur im Falle der Konkurrenz von Incest und Ehebruch ist dem unverheiratheten Schuldigen sowohl, wie dem verheiratheten — nach Auflösung der Ehe durch den Tod des Gatten — die Wiederverheirathung versagt.[3]

4) Widernatürliche Unzucht (Sodomie) ist die Befriedigung des Geschlechtstriebes auf eine Weise, welche der durch die Natur vorgeschriebenen geschlechtlichen Vereinigung zuwider ist.[4]

Das Delict hat sehr mannigfaltige Erscheinungsformen, die sich in drei Hauptklassen ordnen lassen: a) die Befriedigung am eigenen Körper, welche durch selbstthätige Erregung in der Geschlechtssphäre erzeugt wird, und zwar so, dass die Erregung entweder veranlasst wird durch körperliche Berührung (Friction et cet.)[5] oder durch starke Erregung der Phantasie.[6] Als eine Art einer widernatürlichen unzüchtigen Handlung wird auch das aus wollüstiger Begier geschehene Auftrinken des eigenen Urins, Verzehren des eigenen Un-

---

[1]) C. 35. qu. 2. C. 30. qu. 3 u. 4.

[2]) Regino II. c. 186. c. 31. C. 27. qu. 2. c. 8, 9. C. 34. qu. 2. c. 5. C. 35. qu. 2.

[3]) c. 30. C. 27. qu. 2. c. 8. C. 35. qu. 2. Regino II. c. 215, 216.

[4]) membrorum non legitimus usus c. 11 C. 32. qu. 4.

[5]) Bei Männern: virile membrum in lignum perforatum mittere et sic per aliquam commotionem semen projicere. Corrector Burchardi c. 111; bei Frauen: fornicationem facere molimento aut machinamento in modum virilis membri. c. 141. eod. Wasserschleben p. 653. Regino II. c. 251.

[6]) c. 111. c. 141. cit Poenitent. Bobiense c. 35 sq. Wasserschleben p. 410.

[7]) Semen fundit per cogitationem Regino II. c. 253. cf. c. 15. C. 32 qu. 7.

geziefers dargestellt.[1]) b) Die Befriedigung am Körper einer anderen Person α) desselben Geschlechts (eigentliche Sodomie 1. B. Mose c. 19), welche bei Männern gewöhnlich inter femora und strafschärfend inter crura[2]) geschieht, bei Frauen dagegen, wie bei der Selbstbefleckung, durch irgend einen Apparat (molimine quodam) vorgenommen wird.[3]) Bei der Verführung von Knaben zur Unzucht mit Männern werden schon die in wollüstiger Absicht mit den Knaben vorgenommenen Spiele, und der in dieser Absicht unterhaltene freundschaftliche Umgang als selbstständige unzüchtige Handlungen strenge gestraft.[4]) β) verschiedenen Geschlechts: Diese vollzieht sich in einer unnatürlichen geschlechtlichen Gemeinschaft zwischen Mann und Weib, insbesondere in einer ungewöhnlichen Art des Beilagers,[5]) oder in der Abhaltung des Beilagers zu einer Zeit, in der die Natur des weiblichen Körpers dem Beischlaf widerstrebt.[6]) Hierher gehört auch die gegenseitige geschlechtliche Mittheilung zwischen Mann und Weib auf andere Weise, als durch die Berührung der Geschlechtsglieder: so, wenn die Frau das semen virile mit den Lippen aufsaugt (moechari labiis),[7]) oder wenn die Frau vom semen virile in ihre Speise mischt, um auch in dieser Art die Liebe des Mannes zu geniessen.[8])

Ob diese widernatürliche Unzucht zwischen Ehegatten

---

[1]) Poenitent. Merseburgense c. 64. Wasserschleben p. 399.

[2]) Poenitent. Merseburgense c. 155. Regino II. c. 250.

[3]) Poenitent. Bedae c. III. § 24. Regino II. c. 251. c. 12, 15 C. 32. qu. 7.

[4]) Regino II. c. 259 ff.

[5]) Regino II. c. 250: Si quis cum uxore *sua retro nupserit,* XL dies poeniteat. Si in *terga nupserit*, III annos poeniteat, quia sodomiticum est scelus. Canones Gregor. Theodor. c. 100. Wasserschleben p. 172.

[6]) Regino II. c. 250: Qui cum muliere menstruata nupserit, XL dies poeniteat. Poenitent. Merseburgense c. 97. Wasserschleben p. 401. Poenitent. Bedae c. III. § 35. Wasserschleben p. 223.

[7]) Poenitent. Merseburgense c. 56. Wasserschleben p. 397.

[8]) Capitula Dacheriana c. 87. Wasserschleben p. 153. Poenitent. Remens. c. 5 § 68. s. Anhang S. 182.

getrieben wird, oder zwischen Personen, die nicht durch die Ehe oder ein Verlöbniss zur Geschlechtsgemeinschaft berechtigt sind, ist irrelevant. Auch der Ehegatte soll mit seiner Ehefrau nur in der von der Natur vorgeschriebenen Art das Beilager halten. Regungen der Wollust, welche in der Ehe zu den oben dargestellten widrigen Ausartungen führen, werden strenger als der Ehebruch gestraft. [1])

c) Die Befriedigung am Körper des Thiers. Diesen Auswuchs der entartetsten und niedrigsten Sinnlichkeit will Augustinus mit dem Tode bestrafen; aber auch das gemissbrauchte Thier soll getödtet werden, weil sein Anblick immer von Neuem die Schauder der Erinnerung an jene That erweckt, an die zu denken schon unwürdig ist. [2]) Das spätere Kirchenrecht schwankte in der Höhe der Strafe, fasste aber jedenfalls das Delict unter einem weit milderen Gesichtspunkt als Augustinus auf. [3])

Die Strafen der widernatürlichen Unzucht sind für den Laien Excommunication, für den Kleriker Pönitenz mit Einsperrung in ein Kloster oder Degradation. [4])

Der Grundgedanke, welcher die kanonischen Bestimmungen über die Sodomie beherrscht, liegt in der Verdammung des Naturwidrigen:

---

[1]) c. 14. C. 32 qu. 7: Usus naturalis et licitus est in conjugio, sicut illicitus in adulterio. Contra naturam vero semper illicitus, et procul dubio flagitiosior atque turpior, quem sanctus Apostolus et in foeminis et in masculis arguebat damnabiliores volens intelligi, quam si in usu naturali vel adulterando vel fornicando peccarent.

[2]) c. 4. C. 15 qu. 1: Mulier quae ascenderit ad omne pecus et vult ascendi ab eo interficietis mulierem et pecus...... Pecora inde credendum est jussa interfici, quia tali flagitio contaminata, indignam facti refricant memoriam.

[3]) *Qui cum pecude peccat* annum I; quidam judicant annos X, quidam VII, quidam III, quidam C dies

Item.

Si quis clericus cum quadrupede fornicatus fuerit annos II, subdiaconus III, diaconus et monachus V, presbyter VII, episcopus X poeniteat. Ex Poenitent. Darmstadt. c. 11, 12. Regino II. c. 254.

[4]) c. 4. X. de excess. Praelat. 5, 31.

Augustinus,[1]) confessionum lib. 3. c. 8: Flagitia, quae sunt contra naturam, ubique et semper detestanda atque punienda sunt, qualia Sodomitarum fuerunt.

In diesem Gesichtspunkt finden alle die zahlreichen und von einander abweichenden Erscheinungsformen des Delicts ihre Einigung und ihre strafrechtliche Würdigung. Die Schwierigkeit der Präcision der verschiedenen einzelnen Thatbestände erledigt sich in der einfachen Feststellung des naturwidrigen Geschlechtsgenusses für alle Delicte. Daher hat sich auch die italienische Praxis,[2]) wie die deutsche Praxis und Gesetzgebung, — letztere ohne Berücksichtigung der Carolina, deren art. 116 gerade erheblich an Präcision leidet — den Bestimmungen des kanonischen Rechts angeschlossen.[3])

5) Kuppelei. Die Bestimmungen des kanonischen Rechts über die Kuppelei sind sehr schwankend. Nach dem älteren Kirchenrecht machte sich der Kuppelei derjenige schuldig, welcher einen Menschen verkaufte (sc. damit er zu unzüchtigen Zwecken missbraucht werde.)[4]) Wurde das Verbrechen vom eigenen Vater oder der eigenen Mutter der verkuppelten Person begangen, so trat Strafschärfung ein.[5])

In der Gratianschen Sammlung und in den Decretalen wird die Kuppelei als ein selbstständiges Verbrechen (ausser in einigen dem römischen Rechte entnommenen dicta Gratiani)[6]) nicht erwähnt. Die nach römischem und deutschem Rechte vorzüglich den Thatbestand der Kuppelei bildenden Handlungen erscheinen im kanonischen Rechte nur als Theilnahme

---

[1]) c. 13 C. 32. qu. 7.

[2]) Bonifacius de Vitalinis l. c. de rapto n. 6. de adulterio n. 10. Albertus Gandinus l. c. de multis quaestionibus dependentibus a statutis n. 25.

[3]) Waechter, Abhandlungen S. 188. Rosshirt, a. a. O. III S. 125: „Das kanonische Recht stellt alles Naturwidrige in seinem consequent sittlichen Höhepunkte zusammen."

[4]) Concil. Illiberitanum (a. 313) c. 12: Mater, vel parens, vel quaelibet fidelis, si lenocinium exercuerit, eo quod alienum vendiderit corpus, vel potius suum, placuit eas nec in fine accipere communionem.

[5]) c. 12. cit. *Mater*, vel *parens*... vel potius *suum*.

[6]) Zu c. 10. C. 32. qu. 1 cf. l. 1. 2. 9. C. de adult. et stupro 9. 9.

an der Unzucht,[1]) und entbehren auch des Erfordernisses der Gewinnsucht gänzlich. Die hinterlistige Verlockung eines Knaben zur Unzucht, die Gewährung des Hauses zur Ausübung derselben, steht auf gleicher Linie mit jeder Handlung, die eben zur Förderung der unzüchtigen Zwecke Anderer vorgenommen wird.

Auch macht sich der Ehemann nicht der Kuppelei schuldig, welcher seine ehebrecherische Ehefrau vor vollendeter Pönitenz bei sich aufnimmt.[2]) Diese Handlung erscheint vielmehr als eine besondere Art der nachfolgenden Theilnahme, etwa einer Begünstigung des Ehebruchs,[3]) oder (vgl. S. 103) eine schuldhafte Unterstützung der Nichtachtung der kirchlichen Sühne, da nach vollbrachter Pönitenz die Wiedervereinigung der Gatten nicht nur gestattet, sondern von der Kirche geradezu gewünscht ist.[4])

V. Verbrechen gegen das Vermögen.

Die Terminologie des kanonischen Strafrechts bietet die auffallende Erscheinung, dass sie sämmtliche zu einer grossen Gattung gehörenden einzelnen Delicte mit dem Namen des wichtigsten derselben bezeichnet. Wir finden homicidium für alle Verbrechen gegen das Leben und die Gesundheit, fornicatio für die zahlreichen, unter sich so sehr verschiedenen Verletzungen der Eheordnung, furtum für die Verbrechen gegen

[1]) c. 15. § 1. D. 1. de poenitentia: Qui puero stuprum (abducto ab eo, vel corrupto comite) persuaserit, aut mulierem puellamve interpellaverit, quidve impudicitiae gratia fecerit, domum praebuerit pretiumve, quo is persuadeat, dederit... cf. l. 1. § 2. D. de extraord. crim. 47, 11.

[2]) A. M. Jarcke auf Grund der c. 72. conc. Eliberit.: Si *conscio marito* fuerit moechata uxor, placuit nec in fine dandam ei esse communionem, und der c. 1—10. C. 32. qu. 1.

[3]) c. 1. C. 32. qu. 1: patronus turpitudinis ejus est, et crimen celat uxoris.

[4]) c. 8. C. 32. qu. 1: Non erit turpis neque difficilis etiam post perpetrata atque purgata adulteria reconciliatio conjugum, ubi per claves regni coelorum non dubitatur fieri remissio peccatorum.

das Vermögen. Diese Erscheinung hat einen inneren Grund. Nicht dass dem Gesetzgeber die Verschiedenheit der einzelnen Delicte unter einander entgangen wäre, nicht dass die Kunst der legislativen Technik an der Entwickelung der einzelnen Thatbestände gescheitert wäre, nicht in der Schwäche des kanonischen Strafrechts liegt der Grund, als vielmehr in der Eigenart seiner Aufgabe, d. i. seiner vorzüglich ethischen Bedeutung. Der kanonische Strafrichter war vor Allem Sittenrichter. Vom Standpunkte der Sitte nun ist jedes widerrechtliche Handeln, gleichgültig, welcher Art es sei, zunächst und ausschliesslich ein Unrecht, das die sittenrichterliche Rüge verlangt.

Da nun andererseits die positive Rechtssatzung zu ihrer Anwendung festerer Normen bedarf, die kanonischen Gesetzgeber aber in ihren Gesetzen mit den allgemeinen Vorschriften der Sitte die Gebote des positiven Rechts vereinigen mussten, so entnahmen sie aus den verschiedenen Erscheinungsformen des Unrechts diejenigen Einzelhandlungen, welche sich sowohl dadurch auszeichnen, dass das von ihnen angegriffene Object für sich besonders deutlich erkennbar ist, als dadurch, dass sich ein jedes dieser Objecte von dem andern ersichtlich abhebt. So entstanden die grossen Gruppen: Tödtung, Unzucht, Diebstahl. Mit der häufigeren praktischen Anwendung der Gesetze und der Entwickelung und Ausdehnung der Gesetzgebung reihten sich dann an jedes einzelne die zugehörigen besonderen Thatbestände an, die aber sämmtlich den Namen des ursprünglichen Delicts behielten. [1])

> Furti enim nomine bene intelligitur omnis illicita usurpatio rei alienae. c. 13. C. 14. qu. 5.

---

[1]) Ich habe diese Ausführung deshalb erst an die Spitze der Verbrechen gegen das Vermögen gesetzt, weil diese Entwickelung in den Quellen gerade beim Diebstahl besonders erkennbar wird, und weil nicht nur unser heutiges Strafrecht, sondern auch das frühere gemeine, das römische und das germanische Strafrecht mit dem Ausdruck Diebstahl (furtum) absolut und ausschliesslich nur ein ganz concretes Delict aus der Reihe der Vermögensverbrechen bezeichnen, so dass gerade hier aus der einheitlichen Bezeichnung von mehreren Delicten am ehesten Verwirrung zu befürchten wäre.

Zu den Verbrechen gegen das Vermögen wird demnach jede unerlaubte Anmassung fremden Eigenthums gezählt.

Aus dieser Definition leuchtet freilich jene Verquickung von Recht und Moral zur Evidenz entgegen. Denn wie weit auch die Moral den Begriff „illicita usurpatio", je nach dem rein willkürlichen Maass sittenrichterlicher Strenge, ja selbst frömmelnder Pedanterie ausdehnen darf, das Recht braucht eine festere Masse, um anwendbare Gesetze aus ihr zu bereiten.

Die Quellen lehren es selbst:

Nach der ursprünglichen theologisch - philosophischen Lehre, welche den Communismus in seiner idealsten ethischen Auffassung predigte, ist derjenige ein Räuber fremden Eigenthums, welcher mehr, als ihm nothwendig ist, für sich zu behalten wagt. [1])

Der simonistisch Ordinirte wird als Dieb und Räuber angesehen, weil er auf unerlaubtem Wege die Ordination erlangt hat. [2])

Diese Ueberreste aus der Entstehungsgeschichte des Delicts sind aber vereinzelt. Der Thatbestand der einzelnen Delicte tritt in den Quellen im Allgemeinen klar und deutlich hervor.

Zunächst hat sich der schwanke Begriff der illicita usurpatio zu dem der widerrechtlichen Aneignung herausgebildet.

Aneignung ist jedenfalls nicht im streng civilistischen Sinne zu verstehen. In den meisten Fällen genügt die auf irgend eine Weise (insbesondere durch Wegnahme) erfolgte Besitzergreifung; aber auch schon der Erwerb einer Forderung (Wucher) wird als usurpatio angesehen.

Mit der Erlangung der Sache ist das Delict consummirt, ohne dass es der Feststellung einer auf Zueignung gerichteten Absicht bedarf. Daher ist die widerrechtliche Erlangung einer Sache, in der Absicht, dieselbe nur zu gebrauchen und nach gemachtem Gebrauche zurückzugeben, gleichfalls strafbar,

---

[1]) Gr. zu c. 42. D. 1.: aliena rapere dicitur, qui ultro necessaria sibi retinere probatur.

[2]) c. 113. C. 1. qu. 1.: quia taliter ordinantur non per ostium, i. e. per Christum, fures sunt et latrones cf. c. 10. C. 7. qu. 1.

Die Widerrechtlichkeit der Aneignung findet ihre Erläuterung in dem Zusatze: res aliena. Danach ist also nie die Erlangung der eigenen Sache widerrechtlich und strafbar.

Unter welchen Voraussetzungen die Erlangung der fremden Sache widerrechtlich ist, lehren die Quellen nicht. Die Auslegung muss sich daher auch mit dem allgemeinen Satze bescheiden, dass die Aneignung der fremden Sache dann eine widerrechtliche ist, wenn man auf dieselbe keinen klagbaren Anspruch hat.

Object des Delicts sind Sachen, und zwar ebenso körperliche wie unkörperliche. Zu den körperlichen Sachen wird auch der Mensch mitgezählt, denn die Quellen führen unter den Delicten des Raubes und des Diebstahls auch die Entführung und den Menschenraub auf. Allein diese Delicte sind ihrem quellenmässigen Thatbestande nach so sehr von dem Thatbestande der Vermögensdelicte verschieden, dass ihre Unterstellung zu diesen nur einen äusserlichen Grund haben kann. Die Entführung bezeichnen die Quellen mit raptus virginum, und stellen sie daher unter den Titel: de raptoribus, der Menschenraub wird dargestellt als furtum hominis, und erscheint daher unter dem Titel: de furtis. Entführung und Menschenraub sind aber sachgemäss in anderer Verbindung zu behandeln.

Die Vermögensverbrechen des kanonischen Rechts haben zum gemeinsamen Merkmal: die widerrechtliche Aneignung einer fremden Sache (Sache im weitesten Sinn).

Gleichwohl sind sie nicht, zum wenigsten nicht durchgehends, als Bereicherungsdelicte aufzufassen. Nicht die erfolgte oder nur beabsichtigte widerrechtliche Bereicherung des eigenen Vermögens wird gestraft — diese ist ganz irrelevant —, die Schädigung des fremden Vermögens vielmehr ist der Brennpunkt, in dem sich sämmtliche Einzeldelicte treffen. Ohne diese liegt keine strafbare Handlung vor; ja selbst nach erfolgter Vermögensbeschädigung hebt die thätige Reue, d. i. die spontane freiwillige Rückgabe des widerrechtlich Genommenen die Strafbarkeit des Delicts auf.[1])

[1]) Gr. zu c. 14. C. 14. qu. 5.: Facit de malo bonum, qui reddit, quod illicite abstulit.

Diese Auffassung hat nun freilich die Vermögensdelicte so nah an die Grenze des Civilrechts gestellt, dass im kanonischen Strafrecht die Scheidung zwischen civilem und strafbarem Unrecht oft sehr zweifelhaft wird. [1])

Der Dolus der Vermögensdelicte ist auf die Beschädigung des Vermögens eines Dritten durch widerrechtliche Erlangung einer Sache gerichtet. Danach gehören zu den Vermögensdelicten: Diebstahl, Raub, Erpressung, Unterschlagung, Wucher, Hehlerei.

Zu diesen tritt noch in etwas abgesonderter Stellung die Brandstiftung, deren Dolus nur die Beschädigung fremden Vermögens durch Zerstörung einer Sache umschliesst.

§ 30.

Diebstahl.

Diebstahl ist die durch heimliche Wegnahme geschehene widerrechtliche Erlangung einer fremden Sache. [2])

Die Aufnahme des Merkmals der Heimlichkeit in den Diebstahlsbegriff ist vorzüglich germanischem Einfluss zuzuschreiben, da das germanische Recht besonders den heimlichen Diebstahl strafte; daher ist auch die Heimlichkeit für das kanonische Strafrecht aus den germanischen Quellen zu interpretiren. In den germanischen Quellen aber bezieht sich die Heimlichkeit auf die Art der Ausführung, das stille Fortnehmen und Forttragen der Sache. [3]) In dieser Bedeutung wird sie auch für das kanonische Strafrecht zu verstehen sein. Wird daher der Dieb bei der That ergriffen, so ändert dieser Umstand in der Heimlichkeit des Delicts Nichts.

---

[1]) Ein deutlicher Beleg dafür ist in c. 54. X. de elect. 1, 6. enthalten. Ein Kleriker, dem ein Archidiakonat übertragen ist, behält noch ausserdem seine früheren Beneficien bei: furtum commisit vel rapinam, (nam) retinendo beneficia, quae non spectabant ad ipsum, cum post receptionem alterius beneficia vacaverint ipso jure, rem contrectavit alienam. — Ueber die strafrechtliche Bedeutung des spolium s. Boehmer l. c. tit. XVIII.

[2]) Poenale est, occulte auferre. c. 13. C. 14. qu. 5. Regino II. c. 275.

[3]) Wilda a. a. O. S. 862. Osenbrueggen, das alamannische Strafrecht S. 295.

Die heimliche Wegnahme bedeutet ein heimliches Entziehen der Sache aus der Machtsphäre des verletzten Besitzers. Erst mit der Wegnahme ist das Delict consummirt; Die blosse Berührung in diebischer Absicht genügt nicht.[1])

Der Umstand, dass der Diebstahl schon in der noch unreifen Form des diebischen Entschlusses strafbar ist,[2]) hängt mit der kanonischen Anschauung von der Sünde und der Pönitenz zusammen und trübt die kriminalistische Auffassung des Delicts nicht.

Da der Diebstahl nur erfolgt durch Wegnahme einer Sache, so muss natürlich die Sache eine bewegliche sein;[3]) die Wegnahme einer unbeweglichen Sache ist undenkbar.

Die Eigenschaft der Sache ist auf die Art des Delicts insofern von Einfluss, als der Diebstahl an einer geweihten Sache als Sacrileg gestraft[4]) wird.

Dagegen hat der Werth des gestohlenen Objects gar keine Bedeutung für das Delict, ebensowenig wie für die Erhöhung oder Minderung der Strafe.

c. 4. C. 14. qu. 6: Fur autem non solum in majoribus, sed etiam in minoribus judicatur.

Das kanonische Recht straft eben nicht sowohl die begangene That, als den verbrecherischen Willen.[5]) Da es aber zugleich als das wesentlichste Moment der Vermögensdelicte die Beschädigung des Verletzten erkennt, so ergänzt es die Nichtberücksichtigung der Grösse des gestohlenen Ob-

---

[1]) c. 4. C. 14. qu. 6.: in furto quantumcunque quis *abstulerit*, furti crimen incurrit, c. 3. C. 23. qu. 4.: judicandus est sacrilegus fur, qui ausus fuerit, non undecunque *tollere*, sed de Ecclesia *tollere*.

[2]) c. 29. D. 1. de poenitent.: Si propterea non facis furtum, quia times ne videaris, intus fecisti, in corde fecisti: furti teneris et nihil tulisti.

[3]) Wenn dafür Muenchen a. a. O. II. S. 482 behauptet, dass auch an unbeweglichen Sachen ein Sacrileg begangen werden könne, so ist dies nicht correct, sofern er in den Begriff des Sacrilegs den Diebstahl an geweihten Sachen mit einschliesst.

[4]) Vgl. § 18.

[5]) Furtum autem non tam in quantitate rei, quam in affectu furantis consideratur. Gr. zu c. 3. C. 14. qu. 6.

jects dadurch, dass mit dem Strafurtheil zugleich die Ersatzpflicht ausgesprochen wird.[1])

Eine ausnahmsweise Berücksichtigung des gestohlenen Objects findet der Diebstahl im Nothstand: Wenn Jemand in der Nothlage der Armuth den Hunger nicht anders abwehren kann, als dass er ein Stück Vieh, oder andere Nahrungsmittel, die eben zur nothwendigen Hülfe ausreichen, stiehlt, oder wenn er zur dürftigen Bekleidung ein geringes Kleidungsstück entwendet, so soll er wegen dieses Diebstahls im Nothstande nur eine geringe Pönitenz üben.[2]) Bei der grossen Licenz, welche das kanonische Strafrecht den Handlungen im Nothstande gewährt, ist dieser Diebstahl, auch wenn ihn der Dieb für irgend eine andere in der Noth befindliche Person ausübt, nur der geringen Pönitenz unterworfen.[3])

Die Sache muss eine einer andern Person gehörige, eine dem Dieb selbst fremde Sache sein. Hierin ist die das Vermögensdelict kennzeichnende Beschädigung enthalten. An einer Sache, die Niemandem gehört, ist daher ein Diebstahl, wie überhaupt ein Vermögensdelict unmöglich. Ueber eine widerrechtliche Aneignung der sog. res nullius ist in den Quellen Nichts bestimmt. Dagegen wird ausdrücklich die Aneignung einer Sache, von der der Dieb weiss, oder aus guten Gründen anzunehmen berechtigt ist, dass sie derelinquirt ist, für straflos erklärt.[4])

Ebenso wie die Heiligkeit der Sache der Wegnahme derselben einen besonderen Delictscharakter verleiht, so auch die Heiligkeit des Ortes, von dem sie genommen wird. Allein trotz der Neigung der Quellen, die in einer Handlung liegen-

---

[1]) c. 1. C. 14. qu. 6.

[2]) c. 3. X. de furt. 5, 18.: Si quis propter necessitatem famis, aut nuditatis furatus fuerit cibaria, vestem, vel pecus, poeniteat hebdomadas tres, et si reddiderit non cogatur jejunare.

[3]) Vgl. § 3. cf. Bonifac. de Vitalinis l. c. de furibus n. 29. art. 166. CCC. beschränkt den Diebstahl in rechter Hungersnoth auf den Diebstahl an essenden Dingen für sich, sein Weib und seine Kinder. — Nach älterem Kirchenrecht unterlag der Diebstahl von Esswaaren, die sofort verzehrt wurden, auch wenn ein Nothstand nicht vorlag, dieser geringen Pönitenz. c. 6. § 18. Poenitent. Remens. (s. Anhang S. 184).

[4]) gl. si invenisti zu c. 6. C. 14. qu. 5.

den mehreren delictischen Thatbestände zu analysiren, würde es bei diesem Delicte dem Geiste des kanonischen Strafrechts widersprechen, eine Konkurrenz von Sacrileg und Diebstahl anzunehmen. Die Entweihung der Gottheit ist so sehr das überwiegende Moment, dass die Art und Weise, in der sie geschieht, rein nebensächliche Bedeutung hat und keineswegs für sich delictische Selbstständigkeit in Anspruch zu nehmen vermag. [1])

Qualificirt ist die widerrechtliche Wegnahme fremder Sachen aus einem besonders geschützten Ort, zu deren Erlangung noch besondere gewaltsame Mittel, wie das Erbrechen von Thüren zum Zwecke des Eindringens in Häuser oder Ställe, nothwendig sind. Es wird zur Ausführung des verbrecherischen Willens eine mit der grösseren Geschütztheit der Sache sich steigernde verbrecherische Energie erforderlich sein; [2]) diese eben wird einer besonders strengen Pönitenz unterworfen. Die Quellen nennen diesen Diebstahl furtum capitale. [3])

---

[1]) Das Delict des Sacrileg schliesst auch die sepulcri violatio in sich ein.

[2]) qui ex quolibet meliore praesidio furaverit. Poenit. Paris. c. 6. Wasserschleben p. 413.

[3]) Si quis furtum capitale commiserit, id est, quadrupedia tulerit, vel casas effregerit, VII annos poeniteat, et quod furatum est reddat. Regino II. c. 269. Ex Poenitent. Columb. c. 19. Dieser Satz wird in einem Palea der Gratianschen Sammlung c. 17. C. 17. qu. 4. (ex poenitentiali Romano) mit folgender, nicht unwichtiger Aenderung citirt: Si quis Clericus furtum fecerit capitale, id est, quadrupe*dem* vel *domum fregerit*, aut quamlibet *rem melioris* pretii furatus fuerit, septem annis poeniteat. Hiernach müsste es scheinen, als ob das kanonische Strafrecht doch bei Beurtheilung des Diebstahls auf den Werth des gestohlenen Objects Gewicht legte, und einen *grösseren* und einen *geringeren* Diebstahl unterschiede. Zumal da c. 17. cit. fortfährt: Si quis autem de *minoribus* semel aut bis furtum fecerit, reddat proximo suo et uno anno poeniteat in pane et aqua... — Gleichwohl kennt das kanonische Strafrecht diesen Unterschied nicht. Die einzige Quellenstelle, cap. 17., die als Unterlage dafür dienen könnte, ist corrumpirt. Dieselbe stimmt nämlich ihrem wesentlichen Wortlaut nach überein mit c. 269. cit. Regino II., ferner Poenitentiale Merseburg. I. c. 7.; II. c. 23. Poenitentiale Darmstadt. c. 31. (vgl. Wasserschleben, Editio Reginonis p. 318.) und c. 6. Poenitent. Parisiense (Wasserschleben, Bussordnungen p. 413), c. 6. § 1. Poenitent.

Die Strafe des Diebstahls besteht in der Pönitenz verbunden mit Schadensersatzpflicht. [1]) Die Schadensersatzpflicht wird in den Quellen als Strafe aufgefasst. Das einzige Merkmal aber, das ihren Strafcharakter erkennen lässt, liegt in der für den Unvermögensfall eintretenden Erhöhung der Pönitenz. [2])

Besitzt aber der Dieb das gestohlene Gut noch, so wird ihm nicht das duplum oder quadruplum, sondern nur die einfache Rückgabe desselben auferlegt. [3])

Den Kleriker trifft die Strafe der Deposition [4]) und die Ersatzpflicht, für die im Unvermögensfall bei niederen Klerikern Prügelstrafe eintritt. [5])

Dem Beschädigten ist es gestattet, den nächtlichen, auf der That ertappten Dieb straflos zu tödten; wird der Dieb am Tage bei der That betroffen, so ist die Tödtung desselben durch den Beschädigten nur dann straflos, wenn sich der Dieb mit einer Waffe vertheidigt. [6])

Diese eigenmächtige Tödtung des Diebes kann natürlich

Remens. (Anhang S. 182), nur dass sämmtlichen Quellen die Worte: „aut quamlibet rem melioris pretii furatus fuerit“ fehlen. Dagegen hat das c. 6. Poenitent. Paris. und c. 6. § 1. Poenitent. Remens. hinter die Worte: „casas effregerit“ eingeschoben: „aut quolibet majore praesidio furaverit“. Hierin aber liegt der Grundgedanke der sämmtlichen angeführten Quellenstellen, d. i. die diebische Verletzung des höheren Schutzes, ausgedrückt. Die Worte stehen auch in sehr gutem Zusammenhange zu dem vorhergehenden: quadrupedia vel domus frangere, mit denen sich: „rem melioris pretii furari“ logisch schwer vereinbaren liesse. Ersetzt man daher die Worte: quamlibet rem melioris pretii furatus fuerit, in c. 17. C. 17. qu. 4. durch die Worte: aut quolibet majore praesidio furaverit, so wird der allein richtige Sinn der Quelle dahin festgestellt, dass der Diebstahl einer Sache aus erhöhterem Schutze schärfer gestraft werden soll, während der Nachsatz mit: „Si quis autem de minoribus“ die mildere Strafsatzung für den Diebstahl einer geringer geschützten Sache aufführt.

[1]) C. 14. qu. 5.

[2]) c. 17. C. 17. qu. 4.

[3]) c. 1. C. 14. qu. 6. c. 14, 15. C. 14. qu. 5.

[4]) c. 12. D. 81. c. 10. X. de judic. 2, 1.

[5]) c. 1. C. 14. qu. 6. und gl. diversitas und gl. exigere zu c. 1. cit. c. 11. C. 12. qu. 2.

[6]) c. 3. X. de homic. 5, 12.

nicht als Bestrafung des Diebstahls angesehen werden. Sie ist vom Standpunkt der Nothwehr zu erklären, die sich gegen den bewaffneten Dieb von selbst rechtfertigt, gegen den nächtlichen Dieb daher, weil von ihm die Möglichkeit, dass er bewaffnet sei, zu befürchten ist.[1])

§ 31.

Raub.

Der Raub unterscheidet sich vom Diebstahl nur durch die besondere Art der Wegnahme.

Raub ist die durch offene und gewaltsame Wegnahme geschehene widerrechtliche Erlangung einer fremden Sache.

Die Begriffe „offen und gewaltsam“ sind correlativ und nur aus ihrer gegenseitigen Verbindung zu erklären. Die offene Wegnahme geschieht vor den Augen des Beschädigten, der sich derselben natürlich widersetzt; dadurch sieht sich der Räuber gezwungen, sie ihm gewaltsam zu nehmen, sie ihm zu entreissen (visibiliter eripere).[2]) Diese Anwendung von Gewalt bildet aber nicht das wichtigste Delictsmoment des Raubes; der Thäter braucht sie gar nicht einmal bei Begehung des Delicts von vornherein beabsichtigt zu haben; sie wird sich nur regelmässig als nothwendige Folge der offenen Ausführung des Verbrechens ergeben. Daher ist es ohne Bedeutung, welcher Art die beim Raube angewendete Gewalt war. Eine etwaige körperliche Verletzung des Beraubten würde neben das Delict des *Raubes* in realer Konkurrenz als selbständiges Delict treten.

Das auszeichnende Delictsmerkmal des Raubes bildet die *offene Vermögensbeschädigung*. Die Offenheit der Ausführung ist natürlich nur mit Beziehung auf den Beschädigten zu verstehen. Ob andere Personen die Wegnahme bemerkt haben,

---

[1]) Vgl. auch l. 55. § 2. D. de furtis 47,2. § 5. t. 18. J. de publicis judiciis. l. 9. D. ad legem Corn. de sic. 48, 8.

[2]) Poenale est occulte auferre; *multo majoris poenae est visibiliter eripere.* c. 13. C. 14. qu. 5.

ist gleichgültig. Die Sache muss sein: visibiliter erepta, d. i. dem Beschädigten vor seinen Augen, so dass er es sehen muss und sehen soll, entrissen. Der Thäter nimmt diesen Umstand mit in seinen verbrecherischen Entschluss auf, er steigert dadurch die verbrecherische Energie seines Willens und erhöht seine Schuld und Strafbarkeit. Das kanonische Strafrecht offenbart hier in glänzender Weise die tiefe Durchbildung des Schuldmoments. Dasselbe hat die Unterscheidung zwischen Diebstahl und Raub zweifellos überkommen; mag nun die römische Lehre vom fur manifestus und nec manifestus — was ich deshalb nicht annehme, weil dieser Unterschied im späteren römischen Recht seine Bedeutung verloren hat, — oder der deutsche „heimliche und offene (handhafte) Diebstahl" dafür massgebend gewesen sein. Das römische aber sowie das deutsche Recht fassten diese Unterscheidung rein äusserlich; sie machten sie von dem Umstande abhängig, ob der Dieb auf der That ergriffen ist; dieser Umstand hängt von dem Willen des Thäters gar nicht ab und ist ihm auch nicht zur Schuld zuzurechnen. Das kanonische Recht hat diesen Unterschied aber ganz fallen lassen und die Schwere der Schuld rein auf den Willen des Thäters zurückgeführt. Es kennt nur die *gewollt* heimliche Wegnahme (Diebstahl) und die *gewollt offene* Wegnahme (Raub). *Will* der Thäter die Sache ohne Wissen des Beschädigten heimlich fortnehmen, so ist seine Schuld eine geringere, er will das Eigenthumsrecht dann nicht verletzen, sofern es von dem Eigenthümer selbst ihm gegenüber geschützt wird. Will der Thäter die Sache dem Eigenthümer selbst vor seinen Augen wegnehmen, so vermehrt er seine Schuld; er bricht das Eigenthumsrecht an sich, und verletzt den Eigenthümer selbst, der die Sache gegen ihn schützt.

Da der Raub als Vermögensdelict nothwendig eine Beschädigung des Verletzten zur Folge haben muss, so ist die offene gewaltsame Wegnahme der eigenen Sache straflos. Im Uebrigen gelten auch für den Raub die Grundsätze des Diebstahls.

Die Strafe ist für Laien eine besonders schwere Pönitenz,

und Ersatzpflicht [1]), für Geistliche statt der Pönitenz Deposition, und im Unvermögensfall körperliche Züchtigung. [2])

Der bei Gelegenheit eines Schiffbruchs an der Habe der Schiffbrüchigen verübte Raub wird mit Excommunication gestraft. [3])

Eine besondere Art des Raubes bilden die von Mehreren beim Landstreichen ausgeübten kleinen Räubereien (rapinae et depraedationes). Das Verbrechen wird dadurch begangen, dass Mehrere bandenweise von Ort zu Ort ziehen und hier und da geringe Gegenstände [4]) oder auch Vieh [5]) mit fortnehmen. [6]) Die Strafe ist Excommunication. Sind aber die Verbrecher Ausländer, so werden sie bis zum geleisteten Ersatz, im Lande festgehalten. [7])

Das Verbrechen ist mit der italienischen robaria eng verwandt, nur dass diese eine weit ernstere und gefährlichere Bedeutung hatte. [8])

§ 32.
Erpressung.

Das kanonische Recht hat den Begriff der römischen Erpressung wörtlich übernommen. Aber während die römische Erpressung ein selbsständiges Delict nicht ist, vielmehr nur als metus oder crimen vis mit dem besonderen Merkmal der Gefährdung des öffentlichen Interesses erscheint, ist die Er-

---

[1]) c. 13. C. 14 qu. 5. c. 2 X. 5, 17.

[2]) c. 1. C. 14. qu. 6. gl. diversitas und gl. exigere zu c. 1. cit. c. 11 C. 12. qu. 2. c. 3. X. de homic. 5, 12.

[3]) c. 3. X. de raptor 5, 17.

[4]) gl. rapinam zu c. 5. C. 6. qu. 3.

[5]) gl. depraedationes zu c. 5. C. 6. qu. 3.

[6]) c. 1. X. de rapt. 5, 17: De illis autem, qui de loco ad locum iter faciunt et ibi rapinas et depraedationes peragunt.

[7]) c. 5. C. 6. qu. 3. c. 1. X. de rapt. 5, 17.

[8]) Bonifac. de Vital. de furtis, robariis n. 10: Latrones autem, qui in itineribus aut domibus, vel in mari cum armis vel sine armis homines per vim spoliant et derobant, et sunt famosi, id est infamati pluries derobare, illi debent laqueo suspendi in locis, ubi tales robarias fecerunt.

pressung des kanonischen Rechts ein selbstständiges Vermögensdelict.

Dieselbe sondert sich in die einfache und die Amtserpressung.

Die einfache Erpressung ist die Erlangung eines rechtswidrigen Vermögensvortheils durch Androhung einer Kriminalklage [1]) oder durch Vorspiegelung einer thatsächlich nicht vorhandenen Amtsgewalt [2]); die Amtserpressung ist die Erlangung eines rechtswidrigen Vermögensvortheils durch Missbrauch der thatsächlich vorhandenen Amtsgewalt. [3])

Die Eigenart der zu diesem Delict erforderlichen Mittel hebt dasselbe nicht aus der Reihe der Vermögensdelicte heraus. Das wesentliche Merkmal des Verbrechens bleibt die Beschädigung des fremden Vermögens [4]), der entsprechend auch der Erpressende principaliter nur den Ersatz des rechtswidrig Erlangten zu leisten hat. [5])

Der erlangte Vermögensvortheil kann in beweglichen Sachen, besonders in Geld, aber auch überhaupt in Allem bestehen, was Gegenstand eines Vermögens ist.

Die Mittel des Verbrechens sind: Bedrohung mit einer Kriminalklage; ein aus den römischen Quellen übernommenes Beispiel, für das allgemein Drohung mit einem Nachtheil zu setzen ist. Ferner Missbrauch der Amtsgewalt, entweder dadurch, dass Jemand die ihm auf Grund der ihm zustehenden Amtsgewalt gebührenden Rechte widerrechtlich ausdehnt [6]), oder dass er von einer Amtsgewalt, die ihm nicht zusteht, die derselben gebührenden Rechte ausübt [7]).

---

[1]) c. 128. C. 1. qu. 1.

[2]) c. 1 in Clem. 5, 3. de haereticis.

[3]) c. 5. C. 23. qu. 1. c. 8. X. de immunit. Eccles. 3, 49.

[4]) damnis eorum lucra sectantes. c. 8. cit.

[5]) c. 1. cit. c. 5. cit.

[6]) c. 8. cit.: Qui Praelati plus extorquent a subditis, quam solvant. c. 5. cit.: Quicumque sibi stipendia publice decreta consequitur; si amplius quaerit, tamquam calumniator et concussor Joannis sententia condemnatur.

[7]) c. 1. cit.: Et tam ipsorum, quam Episcoporum, seu Capitulorum, sede vacante super hoc deputatis commissariis, quibuscunque districtius

Die Identität des Bedrohten und des Beschädigten ist erforderlich. Damnis eorum lucra sectantes (c. 8. cit.) Nur durch die Brandschatzung des Vermögens der Untergebenen, welche sich der angemassten Gewalt beugen, wird der rechtswidrige Vermögensvortheil erlangt.

Es ist auch gleichgültig, ob der Erpresser den Vermögensvortheil direct für sich oder einen Dritten erlangt, denn wie die Quellen richtig erkennen, wird auch bei der Erpressung zu Gunsten eines Dritten der Erpressende selbst stets seinen Vortheil haben [1]. Vor Allem aber wird bei der Erpressung nicht so sehr die Bereicherung des Erpressers, als die Beschädigung des Erpressten gestraft, und in Bezug auf diese ist es gewiss ohne Bedeutung, zu wessen Vortheil sie geschehen ist. Der Erpresser ist bei Vermeidung der Excommunication zum Ersatze verpflichtet. [2] Kleriker sollen als Geldbusse noch ausserdem den gleichen Betrag an die Armen spenden. [3]

§ 33.

Unterschlagung.

Der Unterschlagung schuldig ist derjenige, welcher eine fremde Sache, die er im Besitz hat, sich rechtswidrig zueignet. [4] Die Unterschlagung unterscheidet sich vom Raub und Diebstahl dadurch, dass das rechtswidrige Erlangen der Sache ein besonders rechtlich qualificirtes ist. Die Art und Weise, durch die der Unterschlagende in den physischen Besitz der

---

injungentes, ne *praetextu officii inquisitionis* quibusvis modis illicitis ab aliquibus pecuniam extorqueant.

[1]) c. 8. cit.: Quia plerique Praelati, ut procurationem aut servitium aliquod *Legato impendant, vel alii*, plus extorquent a subditis quam solvant, et in eorum damnis lucra sectantes, *quaerunt praedam potius*, quam subsidium in subjectis.

[2]) c. 1. cit.

[3]) c. 8. cit.

[4]) c. 1. in Clem. de decimis 3, 8: Religiosi quicumque, qui novalium aut at alias decimas Ecclesiis debitas ad eos ex aliqua causa legitima non spectantes appropriare sibi praesumpserint.

Sache gelangt ist, wird hier stets eine rechtmässige sein, — es müsste sonst die Unterschlagung mit einem andern Delict konkurriren —; erst in dem Behalten der Sache und in der Behandlung derselben wie einer eigenen liegt die *illicita* usurpatio und die Beschädigung des zu der Sache Berechtigten.

Als eine besondere Art der rechtmässigen Erlangung des physischen Besitzes erwähnen die Quellen den *Fund* der Sache [1]).

Wer eine fremde Sache findet, ist gehalten, sie dem Eigenthümer, wenn er diesen kennt, sonst der Kirche oder den Armen herauszugeben. [2]) Behält er die gefundene Sache, so wird er gleich einem Räuber bestraft. [3])

Wegen der Unterschlagung anvertrauter Sachen werden Kleriker neben der Ersatzpflicht mit suspensio ab officio et beneficio gestraft. [4])

§ 34.

Wucher.

Die Wucherverbote bilden einen trüben Flecken in der kanonischen Strafgesetzgebung. Sie sind das Resultat einer rein formalen Entwickelung, welche ohne Rücksicht auf die Wohlfahrt der Völker und die nächsten Bedürfnisse des Lebens die Lehren der Tradition in spitzen Konsequenzen bis zur Unerträglichkeit ausdehnte. Wurzelnd in dem Satze der Schrift: Mutuum date, nil inde sperantes (Ev. Lucae c. 6 v. 35), wurde das erste Verbot des Zinsnehmens gegen Geistliche erlassen.[5]) Allein diese ersten Zinsverbote hielten sich noch in der

---

[1]) c. 8. C. 14. qu. 5: Multi sine peccato putant esse, si alienum, quod invenerint, tenent, et dicunt: Deus mihi dedit: cui habeo reddere? Discant ergo peccatum hoc esse simile rapinae, si quis inventa non reddat.

[2]) c. 4. eod.: Nemo, qui rapit, moriens si habet, unde reddat, salvatur. Si eos, quorum fuit, invenire non poterit, Ecclesiae vel pauperibus tribuat.

[3]) c. 6 eod.: Si quid invenisti et non reddidisti, rapuisti.

[4]) c. 1 in Clem. cit.

[5]) c. 44. can. Apostol.: Episcopus aut Presbyter, aut Diaconus usuras a debitoribus exigens aut desinat aut certe deponatur.

engen Schranke, dass die Zinsgeschäfte nur von einem bestimmten verhältnissmässig hohen Zinssatze an (centesima bei Geld-, sescupla bei Waarengeschäften) als Wucher gestraft wurden.[1] Die Kirchenväter aber, in überfrommer Hingabe und starrer Befolgung der Lehren der Schrift, verboten den Geistlichen und Laien ohne Unterscheidung jedes Darleihen von Geld oder andern vertretbaren Sachen auf Zins,[2] bis endlich das Agathensische Concil in dem Satze: Usura est, ubi amplius requiritur, quam datur, dieser Entwickelung ihren vorläufigen Abschluss gab.[3] Die späteren Päpste, unter ihnen besonders Alexander III. und Clemens V., verschärften die Wuchergesetze noch durch harte Strafen, und wandten sie auf jede denkbare Form von Zinsgeschäften an.

Ein innerer Grund für eine so exorbitante Kriminalpolitik ist unfindbar. Die Kirche hatte von den Strafen, die nur in Bussen, später in strenger Excommunication bestanden, eher Nachtheile als Vortheile, denn sie entfremdete sich die Gemüther der durch diese Gesetze schwer bedrückten Handeltreibenden und zwang sie zu Umgehungen. Eine besonders feindselige Richtung gegen die Juden,[4] welche hauptsächlich Geldgeschäfte betrieben, lässt sich aus diesen Gesetzen auch nicht entnehmen. Die Juden betrieben ja diese Geschäfte nicht ausschliesslich, und Alexander III. bestraft nicht minder die stolzen Handelsherren von Genua, welche im grossen

---

[1]) Conc. Nicaenum c. 17: Quoniam multi sub regula constituti avaritiam et turpia lucra sectantur, oblitique divinae Scripturae dicentis: Qui pecuniam suam non dedit ad usuram, mutuum dantes centesimas exigunt, juste censuit sancta synodus, ut si quis inventus fuerit post hanc definitionem usuras accipiens, aut ex adinventione aliqua vel quolibet modo negotium transigens, aut hemiolia, id est sescupla exigens, vel aliquid tale prorsus excogitans turpis lucri gratia dejiciatur a Clero, et alienus existat a regula.

[2]) c. 1. C. 14. qu. 3. (Augustin.): Si foeneraveris homini, id est mutuam pecuniam tuam dederis, a quo aliquid plus quam dedisti, expectes accipere, non pecuniam solam, sed aliquid plus quam dedisti: sive illud triticum sit, sive vinum, sive oleum, sive quodlibet aliud, si plus quam dedisti, expectas accipere, foenerator es et in hoc improbandus, non laudandus. cf. c. 2 eod. Hieronymus.

[3]) Ex conc. Agathensi. c. 4. C. 14. qu. 3.

[4]) Dies behauptet Boehmer l. c. tit. XIX. p. 339.

Waarenumsatz Speculation trieben, wie die christlichen und jüdischen Geldwechsler.[1]) Die Kanonisten haben sich eifrig bemüht, bald aus allgemeinen Gesichtspunkten, bald aus streng civilistischen Forderungen die Wucherverbote zu begründen; aber alle diese Versuche fielen sehr traurig aus und waren ohne Erfolg.[2]) Die ratio der Wuchergesetze ist eben nur auf formeller Wortinterpretation begründet und entbehrt der inneren Wahrheit.[3])

Die kriminalistische Form, welche der Wucher schon vom Beginn der Gesetzgebung bis zu deren Abschluss festgehalten hat, reiht ihn unter die Zahl der Vermögensdelicte.

Der Wucher ist die Erlangung eines Vermögensvortheils durch ein unerlaubtes, mit Geldspeculation verbundenes, Geschäft.

Die wesentlichen Merkmale der Vermögensdelicte sind hier vorhanden: res aliena — der Vermögensvortheil des Wucherers auf Kosten eines fremden Vermögens; illicita usurpatio — die widerrechtliche Art der Erlangung dieses Vermögensvortheils, d. i. der Abschluss eines unerlaubten Geschäfts und die daraus erwachsende Forderung.

Der Abschluss eines unerlaubten Geschäfts ist das wesent-

---

[1]) c 6 X de usur. 5,19. Alexander III Genuensi Archiepiscopo.

[2]) S. Thomas. 2. 2 Qu. 78 art. 1 in conc........ Si quis seorsum vellet vendere vinum et vellet seorsum vendere usum vini, venderet eandem rem bis, vel venderet id quod non est. Unde manifeste per injustitiam peccaret. Et simili ratione injustitiam committit, qui mutuat. Geradezu ergötzlich ist der bei Boehmer p. 340 citirte Vaconius Vacuna, lib. I. nov. declarat. jur. civ. n. 14., der den Wucher für widernatürliche Unzucht erklärt: Sola animantia sibi similia, natura ipsa generant: artificiosa vero minime. At homo pecuniarum cupidus efficit, ut nummus, qui animam non habet nec vegetationem quidem, *foenus*, i. e. *foetum procreet:* foenus autem se ipsum majus facit, in foenore enim *nummus contra naturam nummum parit,* merito igitur reprobatur..... usura est *contra naturam* et haec est ratio, quamobrem est reprobata. Vgl. über die Widerlegung der von den Kanonisten zur Vertheidigung der Wuchergesetze aufgeführten Gründe sehr ausführlich: Muenchen II. S. 511 ff.

[3]) Vgl. über die Begründung der Wucherverbote noch Neumann, Geschichte des Wuchers in Deutschland S. 1—12 und bezüglich der Stellung der Juden zu den Wuchergesetzen S. 292—297. Ferner Goldschmidt, in den Verhandlungen des VI. Deutschen Juristentages S. 228.

lichste Delictsmerkmal; erst durch diesen wird die Erlangung des Vermögensvortheils, der an sich durchaus gerechtfertigt sein kann, strafbar. Der Kern aller dieser unerlaubten Geschäfte ist eine in irgendwelche geschäftliche Formen eingekleidete Geldspeculation. Ein zu diesem Zweck angelegtes Kapital soll sich durch den Umsatz vergrössern (ex auro aurum nasci), so dass der Besitzer des Kapitals, welcher dasselbe in die Speculation einsetzt, dieses Kapital und noch etwas mehr, nämlich den Speculationsgewinn, zurückerhält.

Als Beispiele solcher Geschäfte führen die Quellen auf: 1) das Darlehen mit dem Zinsversprechen.[1]) Wird das Darlehen nur aus Gefälligkeit hingegeben, und seitens des Empfängers dem Geber zum Danke ein Geschenk versprochen, so ist auch dies ein unerlaubtes Geschäft.[2]) 2) Der Pfandvertrag mit der Abrede, dass die Früchte der zum Faustpfand gegebenen Sache statt der Zinsen dienen sollen.[3]) 3) Der Zeitkauf: Es verkauft Jemand eine Waare, die zur Zeit des Geschäftsabschlusses 5 Pfund werth ist, zur Lieferung auf eine genau bestimmte Zeit für 6 Pfund; dieses Geschäft ist nur strafbar auf Seite des Verkäufers.[4]) Ist aber die Waare Preisschwankungen unterworfen, so dass ihr Werth zur Zeit der Lieferung noch ungewiss ist, so ist das Geschäft ein erlaubtes.[5]) Der kriminalistische Grund liegt im Beschädigungs-

---

[1]) c. 1, 2. C. 14. qu. 1. c. 2, 7, 8. C. 14. qu. 4. c. 10. X. de usur 5, 19. c. 4. C. 14. qu. 3.

[2]) c. 2. C. 14. qu. 3: Putant quidam usuram tantum esse in pecunia. Quod praevidens Scriptura divina omnis rei aufert *superabundantiam*, ut plus non recipias quam dedisti.

Alii pro pecunia foenerata solent munuscula recipere et non intelligunt usuram appellari.

[3]) c. 1, 2. X. de usur. 5, 19. c. 32. X. de jurejur. 2, 24. c. 4, 6. X. de pign. 3, 21.

[4]) c. 6. X. 5, 19: In civitate tua dicis saepe contingere, quod quidam piper, seu cinamomum, seu alias merces comparant, quae tunc ultra quinque libras non valent, et promittunt, se illis, a quibus illas merces accipiunt, sex libras statuto termino soluturos: Licet autem contractus hujus modi ex tali forma non possit censeri nomine usurarum, nihilominus tamen venditores peccatum incurrunt.

[5]) c. 6. cit: nisi dubium sit, merces illas plus minusve solutionis tempore valituras.

moment des Delicts: Bei Bestimmtheit des Preises ist die Beschädigung des Käufers sicher; bei Unbestimmtheit desselben unterziehen sich beide Theile, Käufer und Verkäufer, der Gefahr des Verlustes. 4) Der Verkauf einer Waare um einen ihren wirklichen Werth übersteigenden Preis, [1]) selbst in dem Fall, dass der höhere Preis nur wegen der erst einige Zeit nach der Lieferung erfolgenden Zahlung gesetzt ist. [2]) 5) Das foenus nauticum. [3]) Aus dem Abschluss dieser Geschäfte erwächst für den Gläubiger eine Forderung gegen den Schuldner auf Lieferung einer Sache (gewöhnlich Leistung einer Geldsumme), die den Werth der vom Gläubiger hingegebenen übersteigt, und somit dem Gläubiger einen Vermögensvortheil gewährt. Zwischen dem erhofften Vermögensvortheil und dem zwischen den Parteien abgeschlossenen Geschäft muss natürlich Kausalzusammenhang vorhanden sein.

Mit dem Abschluss des Geschäfts ist das Delict consummirt; denn der Gläubiger hat die Forderung erworben. Nicht erforderlich ist, dass die Zinsen schon gezahlt, der Gewinn schon geborgen ist. [4]). Hierin unterscheidet sich allerdings der Wucher von den anderen Vermögensdelicten, die zu ihrer Consummation die wirklich erfolgte Beschädigung des Verletzten erfordern.

Das Delict wird der Regel nach gewohnheitsmässig ausgeübt werden; die einmalige Ausübung desselben genügt aber zur Strafbarkeit. [5]) Der Ausdruck usurarius manifestus hat rein prozessuale Bedeutung. [6])

---

[1]) c. 4. C. 14. qu. 4.

[2]) c. 10. X. 5, 19.

[3]) c. 19. eod.

[4]) c. 4. C. 14. qu. 3: Usura est, ubi amplius requiritur, quam datur, c. 1. eod.: A quo aliquid plus quam dedisti, *expectes* accipere.

[5]) A. M. Muenchen a. a. O. S. 527. Es ist zwar möglich, dass das Wort usurarius, wie Muenchen annimmt, auf ein Gewerbe hindeutet, das seiner Bestimmung gemäss gewohnheitsmässig ausgeübt wird, wie die Ausdrücke argentarius, carbonarius ein Gleiches besagen; allein die Quellen strafen wegen Wuchers nicht blos den usurarius oder denjenigen, qui usuras *exercet*, sondern überhaupt Jeden, der einmal ein unerlaubtes Geschäft in Speculationsabsicht abgeschlossen hat. c. 9. C. 14. qu. 4: Quicumque tempore messis vel vindemiae non necessitate, sed propter

Die Strafe des Wuchers gegen Laien war Excommunication;[1] gegen Geistliche suspensio ab officio et beneficio.[2] Starb der Wucherer vor geleisteter Pönitenz, so wurde ihm das feierliche Begräbniss versagt.[3]

Die Juden, welche sich des Wuchers schuldig machten, wurden dadurch bestraft, dass es den Christen bei Vermeidung der Excommunication untersagt wurde, mit ihnen Handel zu treiben.[4]

Die kanonischen Wuchergesetze hatten in Deutschland, England und Frankreich auf lange Zeit die Herrschaft gewonnen und wurden ohne Einschränkung von den weltlichen Rechten übernommen.[5] Theilweise hatte die Kirche die ausschliessliche Jurisdiction über den Wucher,[6] theilweiee

---

cupiditatem comparat annonam, vel vinum, verbi gratia de duobus denariis comparat modium unum, et servat, usque dum vendatur denariis quatuor, vel sex aut amplius, hoc turpe lucrum dicimus cf. c. 1, 4. eod. — Regino I. c. 289 (Anseg. Capit. I. c. 125.) giebt eine genaue Erklärung des Wuchergewerbes: Turpe lucrum exercent, qui per varias circumventiones lucrandi causa inhoneste res quaslibet congregrare decertant.

[6]) c. 11, 15. X. 5. 19. Die Auffassung des usurarius manifestus bei Neumann a. a. O. S. 22. n. 1, welcher auf Grund des c. 3. X. 5, 19. unter usurarius manifestus denjenigen, qui aliis negotiis praetermissis quasi licite usuras exercet, und qui in hoc peccato decessit versteht, beruht auf einem gänzlichen Missverständniss der Quellen. Der in c. 3. cit. mit „qui aliis" eingeführte Nebensatz definirt eben nur den usurarius, nicht den manifestus u., und der Satz: qui — decesserit begründet einzig und allein die Entziehung der ecclesiastica sepultura.

[1]) c. 7. eod. c. 2. in VI⁰ de usur. 5, 5. c. un. Clem. de usur. 5, 5.

[2]) c. 7. cit.

[3]) c. 3. X. 5, 19.

[4]) c. 12. X. eod.

[5]) Dove, de progressu l. c. p. 160. Friedberg de fin. p. 99. ff.

[6]) Stabilimentum Sti. Ludovici Regis, libr. I. c. 86: si doivent estre pugnis par sainte eglise pour le peché (Dove p. 160). 11. Henry VII. c. 8: Reserving alwey to the spirituall jurisdiction their lawefull punyshment in every case of Usurie. 5. Henry VII. c. 6: reservyng to the Church this punyshment notwithstanding, the Correction of their Soulles accordyng to the lawes of the same (Friedberg p. 101). Magdeburger Schöffenspruch bei Wasserschleben, Deutsche Rechtsquellen S. 417. Friedberg. p. 103.

aber ergänzte die weltliche Macht noch die Kirchenbussen durch weltliche Strafen. [1])

§ 35.
Hehlerei.

Der Hehlerei macht sich schuldig, wer eine von einem Andern durch irgend ein Vermögensdelict erlangte Sache verheimlicht, an sich bringt (Partirerei), [2]) oder durch Kauf erwirbt. [3])

Die Hehlerei ist ein ebenso selbstständiges Vermögensdelict wie jedes andere. Auch hier ist illicita usurpatio rei alienae vorhanden. Die Hehlerei wird aber bedingt durch ein vorausgehendes anderes Vermögensdelict, an welches sie sich anreiht; die durch ein furtum irgendwelcher Art erlangte Sache wird nun Gegenstand der Hehlerei. Da die Hehlerei auch furtum ist, so ist natürlich auch Hehlerei an einer durch Hehlerei erlangten Sache denkbar.

Der wesentliche Theil der Handlung liegt in dem Verheimlichen der Sache vor dem nach ihr suchenden Beschädigten, und darin liegt auch die der Hehlerei selbstständig innewohnende Beschädigung, welche zu der Beschädigung durch das vorausgehende Delict hinzutritt. Das Verheimlichen vollzieht sich entweder in einem Verstecken der Sache an einem sicheren Ort, oder in der Annahme derselben als angeblich berechtigter Empfänger, oder endlich im Kauf der Sache. [4]) Diese Handlung trägt die selbstverständliche Forderung in sich, dass der Thäter die Eigenschaft der Sache als einer res furtiva kennen muss, und nur aus diesem Grunde die Sache

---

[1]) Stabil. cit.: Vermögensconfiscation. Quand en la terre au baron a aucun uzerier ou en quelque terre que ce soit, et il en est prouvez, li muebles si doivent estre au baron.

[2]) c. 4. X. de furt. 5, 18: Qui cum fure partitur, occidit animam suam. gl. partitur. Per consensum etiam accipiendo vel occultando.

[3]) c. 5. C. 14. qu. 5: Rapinam emere non licet.

[4]) Dieselbe Unterscheidung, die das Römische Recht noch nicht kennt, weist die CCC. art. 40. auf: Item so eyner wissentlich und geverlicher weiss von geraubtem oder gestolnem gut...... heymlich verbirgt, beherbergt, verkaufft oder vertreibt.

hehlt. Ein eigener Vermögensvortheil des Hehlers ist dagegen nicht erforderlich.

Die Strafe ist die des fur. [1])

§ 36.
Brandstiftung.

Die Grundsätze des kanonischen Rechts über die Brandstiftung ruhen auf der rein germanischen Auffassung, dass die Brandstiftung nur eine widerrechtliche Schadenszufügung ist. [2]) Der gemeinen Gefahr, welche durch den Brand hervorgerufen wird, tragen die Quellen keine Rechnung. Daher fordern sie von dem fahrlässigen Brandstifter auch nur Schadensersatz, und selbst diesen nur für den Fall, dass das Feuer die auf dem Felde lagernde Ernte oder die schon zur Ernte reife Saat ergriffen hat. [3])

Der Brandstiftung ist schuldig, wer in fremdem Eigenthum stehende Häuser, Tennen, Getreide auf dem Felde vorsätzlich in Brand setzt. [4]) Die Brandstiftung an Kirchen wird als Sacrileg gestraft. [5])

Die Brandstiftung an der eigenen Sache ist straflos.

Bei der Brandstiftung ist gleichwie bei den anderen Vermögensdelicten die Beschädigung des Eigenthümers des Hauses, der Tenne oder des Getreides, das wesentlichste kriminalistische Moment. Wie der Dieb das fremde Eigenthum dadurch zu beschädigen sucht, dass er es durch Wegnahme einer zu demselben gehörigen Sache schmälert, so der Brandstifter dadurch, dass er es durch Zerstörung einer solchen Sache schmälert.

---

[1]) c. 4. X. cit.

[2]) Wilda a. a. O. S. 941.

[3]) c. 5. X. de injur. 5, 36: Si egressus ignis comprehenderit acervos frugum, sive stantes segetes in agris: reddet damnum, qui ignem succenderit.

[4]) c. 6. eod.: Si quis domum vel aream cujusquam incenderit voluntarie: sublata et incensa omnia restituat et tres annos poeniteat. — Dass auch das Getreide auf dem Felde hierzu gehört, folgt aus c. 5. cit.

[5]) c. 5. X. de raptor. 5, 17. c. 8. C. 12. qu. 2. Vgl. § 18.

Die so überaus einfache Gestalt, welche die Quellen dem Delict gegeben haben, gewährt freilich auch den Vorzug, dass die Beurtheilung des concreten Falles nicht durch Präsumptionen oder Fictionen einer Gefahr, welche thatsächlich nicht vorhanden war, zum Schaden der Gerechtigkeit getrübt wird.

Die Strafe des Brandstifters war nach älterem Kirchenrecht eine dreijährige Pönitenz. [1]) Nach Papst Innocenz II. trat die Excommunication an deren Stelle, welche ausdrücklich auch gegen alle Theilnehmer ausgesprochen wird. [2])

Der Thäter ist zur Ersatzpflicht verbunden. [3])

VI. Fälschungsverbrechen.

Unter den Gattungsbegriff der Fälschungsverbrechen reiht sich eine Anzahl Delicte, welche mit einander durch das gemeinsame Delictsmerkmal der mutatio veritatis verbunden sind. Die Unterdrückung oder Gefährdung der Wahrheit in Bezug auf die öffentliche Treue und den öffentlichen Glauben ist der Einigungspunkt dieser Vergehen, der ihnen ihr eigenthümliches, gemeinschaftliches Delictsmerkmal aufprägt, und von welchem sie, je nach der Beschaffenheit ihrer einzelnen Thatbestände, in verschiedenen Richtungen ausstrahlen. Die Prüfung, ob ein Verbrechen zur Gattung der Fälschungsverbrechen gehört, richtet sich daher ausschliesslich auf die Frage nach dem Vorhandensein dieses Merkmals; alle andern Requisite als: Beschädigung, rechtswidriger Vermögensvortheil, u. a. m., sind entweder ganz irrelevant, oder können erst bei der gesonderten Betrachtung des einzelnen Delicts in zweiter Linie berücksichtigt werden. Es ist diese Klasse von Verbrechen, nicht wie die übrigen, durch das Object, welches sie verletzen, sondern durch die Art, in welcher sie begangen werden, ausgezeichnet.

[1]) c. 6. cit.

[2]) c. 32. C. 23. qu. 8. cf. c. 31. eod.

[3]) c. 6. cit.

Die einzelnen zu dieser Gattung gehörigen Vergehen sind: Falsche Anschuldigung (und falsches Zeugniss), Collusion, Urkundenfälschung, Münzfälschung, Fälschung von Maass und Gewichten, Kindesunterschiebung und öffentliche Verleumdung. Der gemeinsame Name dieser Vergehen ist crimen falsi. Nach der Titelfolge der Decretalensammlung würde auch das Sortileg hier mit hineinzuziehen sein. Allein das Sortileg hebt sich aus denselben Gründen aus den Fälschungsverbrechen, wie das Sacrileg aus den Vermögensdelicten heraus und wurde deshalb schon unter den Verbrechen gegen die Religion behandelt.

Eine selbstständige Ausbildung dieser Vergehen durch die kanonische Gesetzgebung ist nicht festzustellen. Die Lehre steht in den meisten Punkten noch ganz unter römischem Einfluss; nur die Gesetze über Urkundenfälschung und Münzfälschung sind etwas unabhängiger entwickelt.

§ 37.

Falsche Anschuldigung.

Das Wesen der falschen Anschuldigung beruht darin, dass der Thäter einen Andern wegen eines Vergehens anklagt auf Grund wissentlich unwahrer und unerweislicher Beschuldigungen [1]). Der fälschlich Anschuldigende will den Gang der Rechtspflege in eine falsche Richtung drängen; er will die Organe der Rechtspflege über die zur Bildung ihres Urtheils erforderlichen Thatsachen täuschen. Es kommt nicht darauf an, ob der Vorsatz des Thäters noch andere verbrecherische Pläne in sich birgt; zur Strafbarkeit wegen falscher Anschuldigung genügt dieser.

Das ältere Kirchenrecht bemühte sich allerdings, auch der weiteren verbrecherischen Absichten des Thäters durch die Art der Strafe gerecht zu werden, so dass der Anschuldiger diejenige Strafe erlitt, welche, wenn die Beschuldigung

[1]) c. 4. C. 2. qu. 3: Si quis Episcopum aut Presbyterum aut Diaconum falsis criminibus appetierit et probare non potuerit, nec in fine dandam ei communionem censemus. tit. X. de calumnia 5, 2.

wahr gewesen, der Beschuldigte erlitten hätte.[1]) Dieses roheste Talionsprincip wurde aber von den späteren Päpsten bald verlassen, und auch in der Bestrafung der That nur die Fälschung gewürdigt.

Der Anschuldiger muss wissen, dass die von ihm vorgebrachten Beschuldigungen unwahr sind und nicht bewiesen werden können; nur weil er dies weiss, kann er den Vorsatz fassen, durch die Anführung derselben das Gericht zu täuschen. Gleichwohl aber soll nach einer Decretale Innocenz III. auch der frivole Anschuldiger, welcher auf Grund von Vermuthungen, die sich nachher als unerweisbar herausstellen, einen Andern beschuldigt, wegen falscher Anschuldigung bestraft werden.[2])

Mit der bei der Behörde gemachten Anzeige, bez. der erhobenen Anklage ist das Delict consummirt.

Die Strafe ist für Laien Pönitenz,[3]) für Priester theils Deposition,[4]) theils Degradation,[5]) für niedere Geistliche Prügelstrafe und Landesverweisung.[6])

In gleicher Weise wie die falsche Anschuldigung sucht

---

[1]) c. 3. C. 5. qu. 6: Quia juxta canonicas Patrum sententias, qui calumniam illatam non probat, poenam debet incurrere, quam si probasset reus utique sustineret (Gregor I). c. 2. C. 2. qu. 3: Calumniator, si in accusatione defecerit, talionem recipiat. cf. c. 5. C. 5. qu. 6.

[2]) c. 2. X. de calumn. 5, 2: Cum autem processum negotii examinaverimus diligenter, nec intelligere potueriums, *probatum esse sufficienter* aliquid de predictis .... memoratum magistrum scholarum, donec canonice suam purgaverit innocentiam, scilicet quod *non calumniandi animo ad hujusmodi crimina processit,* ab officio et beneficio suspendatis.

[3]) c. 8. C. 5. qu. 6. — Nach c. 8. X. de accus. 5, 1 soll für den Fall, dass durch die falsche Anschuldigung der Beschuldigte zum Tode verurtheilt und hingerichtet ist, der Thäter 40 Tage in pane et aqua und darauf 7 Jahre Pönitenz leisten; hat der Beschuldigte nur eine Körperstrafe erlitten, so soll der Thäter während der drei Quadragesimae (vor Ostern, Weihnachten und Johannis, Richter-Dove, Lehrb. S. 851) pönitiren. Die Quelle stammt aus Burchard l. 19. c. 3: Dass dieselbe, obwohl sie nur von „accusare, accusatio" 'spricht, gleichwohl auf die falsche Anschuldigung zu beziehen ist, folgt aus der Inscription: ponit poenitentiam accusatoris *calumniosi,* und der gl. per tuam.

[4]) c. 7. C. 2 qu. 3.

[5]) c. 3. C. 5. qu. 6.

[6]) c. 1. X. de calumn 5, 2.

das falsche Zeugniss die Organe der Rechtspflege zu täuschen. Dasselbe unterscheidet sich vom Meineid eben dadurch, dass es unbeschworen ist, und ist deshalb ausschliesslich nur wegen der in ihm enthaltenen Fälschung Delict. Es wird gleich dem Meineid bestraft.[1]) Geistliche werden auch schon wegen ungewisser, schwankender Zeugenaussagen mit Gefängniss bestraft.[2])

§ 38.

Collusion und Bestechung.

Wie die falsche Anschuldigung durch vorsätzliche Irreleitung der Rechtspflege einen ungerechten Prozess hervorruft, so hemmt die Collusion und Bestechung den Fortgang eines gerechten Prozesses durch gleiche Mittel. Durch beide Vergehen wird das öffentliche Interesse auf Durchführung und unparteiische Entscheidung eines Prozesses, insonderheit eines Kriminalprozesses verletzt;[3]) die Bestechung verletzt ausserdem auch noch im bürgerlichen Rechtsstreit das vermögensrechtliche Interesse einer Partei. Beide Vergehen erstreben diesen Zweck durch das gemeinsame verbrecherische Mittel der Fälschung; jedes auf anderem Wege.

Der Collusion macht sich schuldig: der Ankläger, welcher auf Grund heimlicher Abmachungen mit dem Angeklagten von der Anklage absteht.

gl. collusione zu c. 3. X. de collus. detegend. 5,22: collusio est inter actorem et reum latens et fraudulenta conventio.

---

[1]) c. 1, 7. C. 22. qu. 5. Muenchen a. a. O. S. 540 nimmt an, dass falsches Zeugniss und Meineid im kanonischen Rechte gleichbedeutend seien, weil es in c. 7 cit.: heisst: si quis convictus fuerit, alios ad *falsa testimonia vel perjuria* attraxisse. Gerade wegen der Gegenüberstellung beider Delicte durch „vel" ist Muenchen's Ansicht zu verwerfen. Vgl. auch Poenitent. Remens. c. 7. § 10. s. Anhang S. 185.

[2]) c. 8. X. de poenis 5, 37.

[3]) c. 1. X. de collus. detegend. 5, 22: Quia vero nunciati facinoris qualitas nos vehementer impellit, ut ea, quae audivimus, nullatenus dissimulare debeamus.

Der Ankläger täuscht den Richter dadurch, dass er mit der Behauptung, der Angeklagte sei unschuldig, während er selbst die Schuld des Angeklagten kennt, von der Anklage absteht, damit dadurch dem weiteren gerechten Strafverfahren gegen den schuldigen Angeklagten Einhalt gethan wird.[1])

Dass der Collusion eine Vereinbarung zwischen dem Ankläger und dem Angeklagten vorausgehen muss,[2]) beruht auf einem aus dem römischen Strafprozess herübergenommenen Grundsatz (l. 3 § 1, 2. C. de abolit. 9, 42). Nach diesem kann der Ankläger die Niederschlagung einer Untersuchung ohne Einwilligung des Angeklagten nicht mehr beantragen, nachdem bereits der Angeklagte Untersuchungshaft oder die Folter oder körperliche Züchtigung oder Fesselung erlitten hat, oder nachdem überhaupt seit Einleitung der Untersuchung 30 Tage verstrichen sind. Diese Abmachung ist daher materiell zum Wesen des Delicts nicht erforderlich.

Das wesentliche und ausschliessliche Mittel des Delicts ist vielmehr nur die obreptio, die Täuschung des Richters durch unwahre Mittheilungen oder überhaupt durch Listen irgendwelcher Art.[3])

Die Bestechung begeht Derjenige, welcher den Ausgang eines Prozesses zu Gunsten oder Ungunsten einer Partei durch irgendwelche Mittel beeinflusst.

Das Verbrechen kann sowohl von dem urtheilenden Richter (passive Bestechung), wie von irgend einer andern Person (active Bestechung), begangen werden.

Der Richter macht sich der Bestechung schuldig, wenn er für sein Urtheil von der Partei einen Lohn fordert, ohne Rücksicht darauf, ob das Urtheil schon gesprochen ist oder nicht (judicium vendit).[4]) Es ist natürlich ganz irrelevant,

---

[1]) c. 8. C. 2. qu. 3: Si vero Iudex eum, qui accusatus est, criminosum esse cognoverit, et inter reum et accusatorem per *obreptionem* convenerit de colludio, poenam accipiat legibus constitutam.

[2]) c. 1, 2, 3. X. 5, 22.

[3]) gl. tergiversationes zu c. 4. X. 5, 22: versutias, sive calliditates, de quibus inducit inquisitores, ut desisterent ab inquisitione.

[4]) c. 71, 78. C. 11. qu. 3. c. 15. C. 14. qu. 5. c. 11. § insuper in VI° de rescript, 1, 3. c. 1. de sent. et re jud. in VI°. 2, 14.

ob das Urtheil an sich den gesetzlichen Anforderungen formell und materiell entspricht. Acceptio nummorum praevaricatio veritatis est. Allein durch die Erwartung eines Lohns für das Urtheil wird die Rechtspflege getrübt,[1] so dass, wenn auch bei einem gesetzlich correcten Urtheil thatsächlich eine Fälschung nicht vorliegt, doch angenommen werden muss, dass der Richter sein Urtheil dem erwarteten Lohne gemäss gebildet hat.

Das Delict ist auf Seite des Richters mit der Forderung der Belohnung consummirt, die in Geld, ebenso wie in jedem andern Vortheile, selbst einer blossen Gunstbezeugung bestehen kann.[2]

Während die passive Bestechung nur von dem urtheilenden Richter begangen werden kann, kann die active Bestechung sowohl von der im Prozesse betheiligten Partei, wie von jeder andern Person für die Partei begangen werden. Der activen Bestechung macht sich derjenige schuldig, welcher das Urtheil des Richters durch Geschenke oder Versprechungen, welche er demselben macht, zu Gunsten oder Ungunsten einer Partei zu beeinflussen sucht.[3] Auch hier ist es natürlich irrelevant, ob das Urtheil in der vom Bestechenden gewollten Art ein gesetzlich correctes ist oder nicht, sofern eben das Geld, die Geschenke oder Versprechungen nur in der ausdrücklichen Absicht gegeben werden, damit der Richter durch dieselben bewogen werde, sein Urtheil dem Wunsche des Bestechenden gemäss zu gestalten. Giebt aber Jemand dem Richter Geld, oder gewährt er ihm Versprechungen, nur damit dieser gerecht urtheile, ohne Rücksicht auf Gunst oder Ungunst einer Partei, so liegt auf Seite des Versprechenden oder des Geschenkgebers eine strafbare Handlung nicht vor.[4]

Da ferner das Urtheil durch die active Bestechung nur

---

[1]) c. 66. C, 11. qu. 3: Qui recte judicat et praemium inde remunerationis expectat.

[2]) c. 1. D. 83.

[3]) c. 1. Extravag. commun. 5, de sent excomm.

[4]) gl. expectat zu c. 66. C. 11. qu. 3: si simpliciter det ei, ut juste judicet, non peccat.

dann beeinflusst werden kann, wenn dem Richter vor der Fällung des Urtheils zu diesem Zwecke Geschenke gegeben oder Versprechungen gemacht worden sind, so ist eine Belohnung des Richters durch vorher nicht versprochene, noch überhaupt irgendwie in Aussicht gestellte Geschenke oder Gunstbezeugungen auf Seiten des Gewährenden straflos. [1])

Die active Bestechung ist consummirt mit der Hingabe der Geschenke oder der Abgabe des Versprechens. Der Annahme desselben Seitens des zu Bestechenden bedarf es natürlich nicht.

Als eine besondere Art der Theilnahme wird die wissentliche Benutzung eines durch Bestechung erlangten Urtheils bestraft. [2])

Die Strafe der Bestechung ist für Laien Excommunication, [3]) für Geistliche suspensio ab officio. [4])

§ 39.

Urkundenfälschung.

Durch die Urkundenfälschung wird der öffentliche Glauben, den die päpstlichen und die Königsurkunden geniessen, verletzt. [5])

Object des Delicts sind nur die königlichen Erlasse, welche mit dem Siegel des Königs versehen sind, und päpstliche Urkunden und Bullen, Breven und sonstige päpstliche Schreiben.

Die Fälschung der Königsurkunden straft das kanonische Recht nur gegen Geistliche. Die Handlung wird dadurch begangen, dass das königliche Siegel nachgeahmt, und dieses gefälschte Siegel irgend einer Urkunde beigefügt wird, damit dieselbe den Schein eines echten königlichen Erlasses hervorrufe. Mit der Fälschung ist das Delict consummirt; der Gebrauch der Urkunde ist zur Strafbarkeit nicht erforderlich.

---

[1]) arg. c. 1. Extravag. cit.

[2]) c. 1. cit. § Sed etsi.

[3]) c. 1. cit. § Decernimus.

[4]) c. 1. D. 83.

[5]) c. 3, 4. X. de crim. fals. 5, 20.

Die Strafe ist Degradation, Brandmarkung und Landesverweisung. [1]) An der Bestrafung dieses Delicts hatte die Kirche kein sonderliches Interesse, da die weltlichen Gesetze demselben schon mit der allergrössten Strenge entgegentraten.

Dagegen ist das Delict der Fälschung von päpstlichen Urkunden mit der grössten Sorgfalt und mit einer fast ängstlichen Detailarbeit in den Quellen ausgebildet worden.

Die Bulle ist der auf Pergament in lateinischer Sprache geschriebene Erlass (litterae, nostrae litterae, Apostolicae litterae), [2]) der, „mit dem an einer seidenen oder hänfenen Schnur hängenden, bleiernen Siegel versehen (bulla), bald von dem Papste und den Cardinälen (bullae consistoriales), bald nur von den expedirenden Beamten (bullae non consistoriales) unterzeichnet wird. Die Breven (brevia) ergehen auf Pergament oder Papier in der Regel auch in lateinischer Sprache unter der Unterschrift des Cardinalsecretairs der Breven und sind (seit dem vierzehnten Jahrhundert) gewöhnlich mit dem kleineren päpstlichen Insiegel, auf welchem der Fischzug Petri dargestellt ist (annulus piscatoris) verschlossen.“ [3])

Die Fälschung der Bullen wurde begangen: 1) dadurch, dass eine gefälschte bulla, d. i. ein fälschlich nachgemachtes päpstliches Siegel, durch eine hänfene oder seidene Schnur mit einem gefälschten päpstlichen Schreiben verbunden wurde, 2) dadurch, dass ein echtes päpstliches Siegel einem gefälschten päpstlichen Schreiben beigefügt wurde. [4])

Die Fälschung aller übrigen päpstlichen Urkunden wurde begangen: 1) durch Herstellung eines unechten päpstlichen

---

[1]) c. 3. X. 5, 20.

[2]) c. 4, 5. 6 eod.

[3]) Richter-Dove, Lehrb. S. 238. Huebler in Holtzendorff's Rlxk. Bd. I. S. 260.

[4]) c. 5. § 1—4. X. 5, 20. Die verschiedenen Arten der Fälschung einer Bulle zählt die gl. falsitatis in einem Memorialverse auf:

Forma, stilus, filum, membranae, litura, sigillum
Haec sex falsata dant scripta valere pusillum.

Schreibens (falsche Anfertigung)[1]), 2) durch Veränderung eines echten päpstlichen Schreibens (Verfälschung).[2])

Die Fälschung von Privaturkunden wird in den Quellen nicht erwähnt.[3])

Die falsche Anfertigung ist die Herstellung eines nicht päpstlichen Schreibens in der Art, dass es den Schein erweckt, es stamme aus der päpstlichen Kanzlei. Es liegt hier also eine Fälschung über den Ursprung der Urkunde vor. Der Inhalt der Urkunde ist irrelevant; derselbe kann sogar mit dem eines wirklich vorhandenen päpstlichen Schreibens wörtlich übereinstimmen.[4])

Die Veränderung des päpstlichen Schreibens muss sich auf einen wesentlichen Theil desselben beziehen oder an Umfang sehr erheblich sein. Eine unwesentliche, geringe Veränderung weniger Buchstaben ist straflos.[5])

Mit der falschen Anfertigung bzw. der Veränderung ist das Delict consummirt. Weder der Gebrauch der Urkunde, noch auch nur die Absicht des Gebrauchs ist in der Regel erforderlich. Nur die Fälschung päpstlicher Erlasse auf Appellationen (rescripta ad lites) vollzog sich erst mit dem Gebrauch derselben.[6])

Wegen (intellectueller) Urkundenfälschung wird auch derjenige gestraft, der ein nicht päpstliches Schreiben unter die

---

[1]) c. 5. cit. §§ 6, 7. arg. c. 6. X. de fide instrument. 2, 22.

[2]) c. 5. cit. § 5. — c. 5. cit. ist eine Decretale Innocenz III., der den Unterschied zwischen Bullen und Breven noch nicht scharf trennt. Die im Text gemachte Unterscheidung zwischen der Fälschung von Bullen und der Fälschung von Breven und sonstigen päpstlichen Schreiben beruht auf einer durch c. 25. X. de rescript. 1, 3 unterstützten ausdehnenden Analogie der in c. 5. cit. erwähnten litterae bullatae.

[3]) Nur die gl. sigillum zu c. 33. X. de off. et potest. jud. deleg. 1, 31. will die Eröffnung fremder Briefe durch Verletzung des Siegels als Quasifalsum strafen.

[4]) c. 5. § 6. 7. cit.

[5]) gl. tenuem zu c. 5. cit.

[6]) c. 8. X. 5, 20.

in der Kanzlei befindlichen echten Schreiben mischt, damit es zugleich mit diesen gesiegelt werde. [1])

Endlich werden auch noch wegen Urkundenfälschung diejenigen gestraft, welche ein päpstliches Schreiben von anderen Personen als aus der Hand des Papstes selbst oder des Vorstehers der päpstlichen Kanzlei in Empfang nehmen. [2])

Der wissentliche Gebrauch einer gefälschten Urkunde steht der Fälschung derselben gleich; [3]) ebenso der Besitz einer gefälschten Urkunde. Ist Jemand durch Zufall in den Besitz einer solchen Urkunde gelangt, so soll er binnen zwanzig Tagen, nachdem er die Eigenschaft der Urkunde erkannt hat, dieselbe vernichten oder ausliefern; andernfalls unterliegt er der Strafe des Fälschungsgebrauchs. [4])

Die Fälschung wird an Laien mit Anathem gestraft; Geistliche werden degradirt und der weltlichen Macht zur Bestrafung übergeben. Der blosse Gebrauch gefälschter Urkunden wird an Laien mit Excommunication, an Geistlichen mit privatio ab officiis et beneficiis gestraft. [5])

§ 40.

Münzfälschung.

Durch die Münzfälschung wird die Finanzhoheit des Staates verletzt, sofern der Staat das alleinige Recht zur Prägung und zur Ausgabe von geprägtem Gelde hat. Die Münzfälschung verletzt aber auch zugleich die gegenseitige Verkehrstreue. [6])

Das Delict besteht in der Anfertigung falscher Münzen

---

[1]) c. 5. § 7. cit.: Illos quoque, qui accedentes ad bullam, falsas litteras caute projiciunt, ut de vera bulla cum aliis sigillentur.

[2]) c. 4. X. 5, 20. Die ratio für diese Bestimmung, welche mit dem eigentlichen Delict gar nicht zusammenhängt, wird in den Verhältnissen der päpstlichen Kanzlei zu finden sein.

[3]) c. 11. X. de excess. praelat. 5, 31.

[4]) c. 4. § 1. X. 5, 20.

[5]) c. 7, X. 5, 20.

[6]) gl. patris zu c. 18. X. de jurejurando 2, 24. In moneta enim tria exiguntur, quantitas ponderis, materia et *publica forma.*

und dem Verfälschen echter Münzen, und in dem Vertreiben solcher unechter Münzen.

Die Anfertigung falscher Münzen ist zunächst die Prägung von Münzen, ohne ein auf Gesetz, Gewohnheit oder Privileg beruhendes Recht.[1]) Es ist hierbei ganz irrelevant, wie beschaffen die so geprägten Münzen sind, ob sie dem im Lande gültig cursirenden an äusserer Gestalt, Stoff und Gewicht gleich sind, ob sie in Bezug auf eine dieser Eigenschaften besser oder schlechter als die üblichen Münzen sind. Das wesentliche Delictsmerkmal ist hier die unberechtigte Prägung.

Die zweite Art der Anfertigung falscher Münzen wird von denen begangen, welche, mit dem Rechte, Münzen unter eigenem Wappen zu prägen, begabt, Münzen unter fremdem Wappen prägen, welche den üblichen unter fremdem Wappen geprägten Münzen an äusserer Gestalt gleich sind.[2]) Auch hier liegt das delictische Moment der Handlung in der unberechtigten Prägung.

Die Veränderung der echten Münzen besteht in der vorsätzlichen Entwerthung derselben durch Verschlechterung des Gewichts.[3])

Unter den strafbaren Vertrieb unechter Münzen fällt das Einführen unechter Münzen aus dem Auslande zum Zweck des Verkaufs oder der sonstigen Verwerthung im Inlande und das vorsätzliche Aufkaufen solcher Münzen.[4])

---

[1]) c. un. Extravag. Joann. XXV. de crimine falsi t. 10. arg. c. 97. § 4. C. 1. qu. 1.: nonnulli nullam habentes auctoritatem juris, vel consuetudinem, seu privilegium faciendi, monetam falsam ostendunt et fabricant.

[2]) c. un. Extravag. Joann. cit.: Quamplures etiam in locis circumvicinis, quibus de jure, aut consuetudine seu privilegio jus competit fabricandi monetam, signum proprium monetae regiae, monetae suae, quam fabricant, imprimere, seu insculpere moliuntur, ejusdem quantitatis et jucunditatis litterarum figurae, quam habet moneta regia, monetae suae quam fabricant, quantum possunt, similius, speciem et formam insculpunt constituunt et imponunt.

[3]) c. un. cit.: Alii vero monetam falsam sub vero signo charissimi in Christo filii, nostri Caroli regis Francorum et Navarrae illustris studiose, depravant, et ex hoc cadit a suo recto pondere.

[4]) c. un. cit.: Sunt et alii qui scientes falsas monetas extra regnum,

Die Münzfälschung ist mit der Anfertigung bzw. Veränderung cosummirt; es bedarf weder des wirklichen noch des beabsichtigten Gebrauchs. Der strafbare Vertrieb vollendet sich mit der Einführung unechter Münzen bzw. deren Kauf.

Der Münzfälschung wird die Alchymisterei (Goldmacherei) gleichgestellt.[1])

Die Strafe ist Excommunication; Geistliche werden wegen Alchymisterei mit privatio beneficii gestraft.[2]) [3])

§ 41.

Fälschung von Maassen und Gewichten.

Die Fälschung von Maassen und Gewichten ist die vorsätzliche Veränderung der gesetzlich anerkannten Maasse und Gewichte zum Zwecke des Gebrauchs.[4]) Das Delict richtet sich insbesondere gegen das gegenseitige, öffentliche Vertrauen, auf dem der Handelsverkehr beruht. Die vorzunehmende Veränderung wird, damit ein Vermögensvortheil aus derselben erzielt werden kann, stets eine Verringerung des gesetzlichen oder durch die Gewohnheit anerkannten Maasses sein.[5]) Es ist auch ferner erforderlich, dass die Veränderung in der Ab-

---

praedictum emunt et post intra regnum ipsum eas portant, vendunt et expendunt... Qui portare vel *emere* praesumpserint. Nach der gl. ad regnum will aber die Decretale nur den Vertrieb in Frankreich bestrafen, in andern Ländern sei der Vertrieb straflos. Diese Beschränkung wäre für die Darstellung im Text gleichgültig, da hier nur die Gestaltung des Delicts interessirt.

[1]) c. un. Extravag. commun. 5., de crimine falsi.

[2]) c. un. Extravag. commun. cit. c. un. Extravag. Joannis XXII. cit.

[3]) Die Münzverbrechen des kanonischen Rechts stehen höchst wahrscheinlich in sehr enger Beziehung zu den legislatorischen Arbeiten der CCC. über Münzverbrechen. Ich will aber die Untersuchung dieser Verbindung und, wie ich hoffe, deren positiven Nachweis einer späteren Spezialarbeit vorbehalten, da die Ausführung den Zweck und Rahmen der vorliegenden Arbeit überschreiten müsste.

[4]) c. 2. X. de empt. vendit. 3, 17.

[5]) Regino II. c. 435: secundum sacram scripturam et secundum antiquam consuetudinem. c. 5. § 5. Poenitent. Sangallens. Wasserschleben p. 427.

sicht, die falschen Maasse im Verkehr zu gebrauchen, vorgenommen ist. Die Veränderung der richtigen Maasse und Gewichte ohne diese Absicht wäre nicht als Fälschung strafbar.

Die Strafe ist eine geringe Pönitenz. [1])

Das ältere Kirchenrecht bestrafte ausdrücklich die Bäcker, welche die Brode unter dem vorschriftsmässigen Gewicht verkauften, mit Prügelstrafe. [2])

§ 42.

Kindesunterschiebung.

Die Kindesunterschiebung ist die Fälschung des Familienstandes eines neugeborenen Kindes. [3])

Das Verbrechen wurde begangen durch eine kinderlose Ehefrau, welche, damit das Vermögen ihres Mannes nicht fremden Erben zufalle, sich fälschlich schwanger stellte und dann, ihren Mann täuschend, eine fremde Geburt unterschob, die sie für ihre eigene ausgab.

Die Beschädigung der rechtmässigen Erben und die Erlangung des rechtswidrigen Vermögensvortheils, welche in der Handlung enthalten sind, übergehen die Quellen ganz. Sie nähern das Delict vielmehr dem heimlichen Ehebruch,

> sicut mulier, quae ignorante marito de adulterio prolem suscepit,

so dass auch nicht das untergeschobene Kind als Object des Delicts erscheint, sondern nur der Ehemann, dessen Familienstand zu dem untergeschobenen Kinde gefälscht ist.

Die Strafe ist eine geringe Pönitenz. [4])

---

[1]) c. 2. X. cit.

[2]) Regino l. c.: Quodsi inventi fuerint mensuram adulterare vel minuere, et damnum sustineant, et virgis caedantur.

[3]) c. 9. X. de poenit. et remiss. 5, 38.

[4]) Das Delict hat mit der römischen suppositio partus nur den Namen gemein; es geht von einer gänzlich verschiedenen ratio aus. Daher ist die Verschmelzung beider Delicte, wie sie Muenchen S. 552 vornimmt, ganz unmöglich.

§ 43.

Oeffentliche Verleumdung.

Die öffentliche Verleumdung beschliesst die Reihe der Fälschungsdelicte und wird nicht mit Unrecht zu diesen gezählt. Sie enthält eine Fälschung der öffentlichen Meinung über den guten Ruf eines Menschen durch Aufstellung unwahrer Behauptungen über den Verleumdeten. Die Handlung steht der falschen Anschuldigung sehr nahe, unterscheidet sich aber von ihr durch das verletzte Object.

Die öffentliche Verleumdung ist die Behauptung wissentlich falscher Thatsachen, durch welche der gute Ruf eines Menschen gefährdet wird. [1])

Das Moment der Ehrverletzung [2]) tritt bei der Beurtheilung des Delicts ganz zurück; es ist gleichgültig, ob der Verleumdete sich durch diese Behauptungen in seiner Ehre gekränkt fühlt oder nicht; allein massgebend ist, dass die Thatsachen, welche der Verleumder von dem Verletzten behauptet, unwahr sind, und geeignet sind, seinen Ruf zu schmälern, so dass sich fälschlich eine schlechte Meinung über den Verleumdeten bildet. Daher ist auch die Verbreitung verleumderischer Behauptungen, [3]) welche ohne jede Absicht der Beleidigung geschieht, strafbar. [4])

Die Strafe der Verleumdung ist Pönitenz, [5]) und nach älterem Kirchenrecht Infamie. [6])

---

[1]) c. 7. C. 5. qu. 6.: Si quis falsum dixerit, vel personam innocentis falso crimine maculaverit, juxta Sacerdotis arbitrium diuturna poenitentia expurgetur. c. 1. eod. qui aliis falsa intulerit.

[2]) mendacium, quod ita fit, ut aliquem laedat injuste c. 8. C. 22. qu. 2.

[3]) gl. maledicant zu c. 3. C. 24. qu. 3: quando non credunt esse verum, quod dicunt.

[4]) c. 3. C. 24. qu. 3: Qui negligunt oris maledici consuetudinem resecare, etiamsi non ex corde maledicant, etiamsi non voto et animo iniquo proferant maledicta, tamen immunditiam labiorum et inquinamenta oris incurrunt.

[5]) c. 7. C. 5. qu. 6.

[6]) c. 1. eod. (Hadrianus.)

VII. Amtsvergehen.

Die Amtsvergehen der Kleriker werden in den Quellen ohne Unterscheidung mit den Disciplinarvergehen derselben gleichgestellt. Diese letzteren aber enthalten ihrem Begriffe entsprechend theils Uebertretungen der die Würde und sittliche Integrität des geistlichen Wandels wahrenden Vorschriften, sowie der kirchlichen Lebensordnung; theils richten sie sich gegen die Vorschriften der inneren kirchlichen Verwaltung; dieselben sind kriminalistisch ohne Bedeutung. [1])

In die Darstellung der Amtsvergehen waren nur diejenigen Delicte der Kleriker aufzunehmen, durch welche die Geistlichen ihre öffentlichen Functionen als Diener der Kirche der Laienwelt gegenüber verletzen. Zu diesen gehören die wegen ihrer besonderen Delictsmerkmale bereits früher behandelten: Bestechung (passive) § 38, Amtserpressung § 32, Simonie § 16. Der folgenden Erörterung verbleiben nur noch: die Verletzung des Beichtgeheimnisses und Missbrauch im Strafverfahren.

§ 44.

Verletzung des Beichtgeheimnisses.

„In der Ueberzeugung von der mit dem Wesen des Busssacramentes vermöge der göttlichen Einsetzung verbundenen Unverletzlichkeit des Beichtgeheimnisses und daher von der stillschweigenden Bedingung der Heilighaltung dieses Geheimnisses legt der Katholik sein Schuldbekenntniss ab.“ (Muenchen). Die Beichte war dazu eingesetzt, die Schuldlast des Sünders durch offenes, reuiges Bekenntniss vor Gott zu mindern und ihm durch die auferlegte Busse den Gnadenweg zu eröffnen. Die Innehaltung derselben, die Ablegung

---

[1]) Vgl. über dieselben Richter-Dove, Lehrb. S. 298 ff. Schulte, Lehrb. S. 167. ff.

der Beichte wenigstens einmal im Jahre, wird bei Vermeidung lebenslänglicher Excommunication und der Entziehung des feierlichen Begräbnisses von den Gliedern der Kirche erfordert [1]) und diente auch kirchenpolitisch als ein trefflich wirksames Mittel, die Zugehörigkeit zur Kirche im Einzelnen zu erhalten und zu festigen. Die Beichte bedurfte aber, um ihrer Bedeutung gerecht werden zu können, einer sicheren Gewähr für die Beichtenden gegen die Veruntreuung ihres nur Gott anvertrauten Bekenntnisses, und diese Gewähr bot sich in der Sanction der Unverletzlichkeit des Beichtgeheimnisses. Der Bruch derselben wurde mit der strengsten Strafe, welche die Kirche gegen Geistliche verhängen kann, geahndet.

Das Delict kann nur begangen werden von dem Geistlichen, der im einzelnen Fall die Beichte entgegengenommen hat, [2]) da mit der einmal geschehenen Mittheilung das Beichtgeheimniss für immer gebrochen ist, und jeder Dritte, der den Inhalt desselben weiter verbreitet, dasselbe nicht von Neuem verletzen kann. Der sacrale Schutz desselben ist schon durch die erste Handlung vernichtet und hört dadurch auf, Object einer weiteren Verletzung zu sein.

Die Handlung vollzieht sich mit der Mittheilung des in der Beichte Bekannten an eine dritte Person. Die Mittheilung braucht nicht ausführlich durch mündliche Erzählung oder schriftliche Darstellung zu geschehen; es genügt die Anwendung von Zeichen oder irgend eines sonstigen Mittels, welches geeignet ist, einer dritten Person Kenntniss von dem Inhalt der Beichte zu verschaffen. [3]) Ob diese dritte Person zu dem Beichtenden in naher verwandtschaftlicher Beziehung steht oder nicht, ist gleichgültig. Der Inhalt der Beichte soll jedem Dritten verschlossen bleiben. [4])

Hinter der Heiligkeit des Beichtgeheimnisses tritt das

---

[1]) c. 12. X. de poenit. et remiss. 5, 38. c. 7. C. 3. qu. 7.

[2]) Nach München a. a. O. S. 699 auch von den Umstehenden, welche die Beichte hören, und dem im Fall der Noth zugezogenen Dollmetscher.

[3]) c. 12. cit: Caveat autem omnino, ne verbo aut signo aut alio quovis modo aliquatenus prodat peccatorem.

[4]) c. 2. D. 6. de poenitent.: Sacerdos ante omnia caveat, ne de his, qui ei confitentur peccata, alicui recitet, non propinquis, non extraneis.

öffentliche Interesse vollkommen zurück. Weder gilt das Beichtbekenntniss als Geständniss vor dem geistlichen Richter, noch darf der die Beichte hörende Priester den Beichtenden wegen des von ihm bekannten Verbrechens zur Verantwortung ziehen: quia non ut judex scit, sed ut Deus. [1])

Die Strafe der Verletzung des Beichtgeheimnisses ist Degradation und lebenslängliche Einsperrung in ein Kloster. [2])

§ 45.

Missbräuche im Strafverfahren.

Der Missbrauch der richterlichen Gewalt im Strafverfahren enthält entweder eine Begünstigung oder eine Benachtheiligung des Angeschuldigten, welche mit den Gesetzen in Widerspruch steht.

Das Delict wird begangen durch eine vorsätzliche widerrechtliche Einstellung der Untersuchung gegen einen schuldigen Angeklagten, oder durch vorsätzlich widerrechtliche Einleitung bez. Fortsetzung der Untersuchung gegen einen unschuldigen Angeklagten.

Die Strafe ist die Excommunication. [3])

---

[1]) c. 2. X. de off. jud. ord. 1, 31.

[2]) c. 12. X. cit. c. 2. D. 6. de poenit.

[3]) c. 1. § 5. in Clem. de haereticis 5, 3. In dieser Decretale weist Clemens V. mit Strenge die Ausschreitungen der Ketzerrichter zurück.

Anhang.

Poenitentiale Remense.*)

Cod. Paris. 1603 (ol. reg. 4483) fol. 104—138. saec. VIII.

Incipiunt capitula adunata de poenitentiales vel cano(nes).

1. de ratione poenitentiae: duodecim gradibus constantem, ut diversae culpae diversitatem faciunt poenitentiarum.

2. de modis poenitentiae quid patres instituerunt, et qui sunt dies et feriae vel tempora, quae non computamus in poenitentia.

3. de gula et ebrietate vel vomitu et qualis cibus prohibetur vel permittitur.

4. de fornicatione et reliqua ingenia luxuriandi vel immundas pollutiones et ludos [1]) puerilibus.

5. de adulterio et raptus et incestus, uxores dimissas, illicita tempora nubendi, vota stulta et qui potest, — [2]) quā se dō vovit, et ad sēculo — [3]) reddit.

6. de furtu et incendio, et sepulchrorum violatores, et qui patrem expulit, et de praeda et cupiditatem et fortia vel qui misteria dispoliat.

7. de ꝑjurio et falsu˜ testimoniu˜ et mendacio.

---

*) Vgl. Wasserschleben, Bussordnungen. Poenitent. Remense p. 497 — 504.

[1]) Wasserschl. de ludis.

[2]) vacat. ins: post.

[3]) vacat. ins: se.

8. de homicidio, et sanguinis effusione sine morte, et parvulus oppressus, aut qui sine baptismo moriuntur, et aborsus, et qui membra sua abscidunt, et qui ducatum praebent (ducatu͞) barbaris.

9. De maleficus, et veneficus, et sacrilegus, et sortilicus, et ariolos divinos ad vota reddentes, nisi ad Ecclesiam Domini, et matematicus, et immissoris tempestatium et quod in *kalendis* iañ cervulus dicunt.

10. de usuris et cupiditate avaritiae, et qui hostes non recepit, qui mandata evangelica non implebit.

11. de ira, tristitia, hodio, maledictio, detractione, invidia.

12. de occidia somnolentia et instabilitate.

13. de superbia, blasphemia, jactantia, vana gloria, haerisim contentiones inobedientiae excusatione dilaturas et correptione et cogitationes malas.

14. de baptismo reiterato, et de opere die dominico.

15. de ministerio ecclesiae vel reaedificatione, de missa et diversas culpas, de sancto sacrificio.

16. de multis et diversis malis.

Caput I.

Diversa culpa diversitatem facit poenitentiarum. nam et corporum medici diversa medicamenta generibus componunt. alia [1]) enim vulnera, alia enim morbum, alia est enim tumores, alia est putridines, alia est caliginis, alia est confractiones, alia est ˙combustiones, curant.

Ita igitur etiam et spirituales medici diversis curationum generibus animarum vulnera, morbum, culpas, dolores, aegritudines, infirmitates sanare debent: sed quia haec paucorum sunt, ad pur (*um*) scilicet cuncta cognoscere et curare adque ad integrum salvas statum debiant revocare. Ideoque vel pauca juxta seniorum traditiones et juxta nostram ex parte intelligentiam ex parte namque prophetamus et ex parte cognoscamus, aliqua proponamus, quod ad remedium animae pertinet, et de remediis vulnerum secundum priorum patrum

---

[1]) Wasserschl.: aliter.

definitiones dicturi, sacri tibi eloquii, fidelissime frater, ante medicamenta compendiae rationem intimemus.

Prima itaque est remissio: qui baptizamur in aqua secundum illud: nisi quis renatus fuerit ex aqua et spiritu sancto, non potest videre regnum domini.

Secunda caritatis affectus: at est illud: Remittentur ei peccata multa, quia dilexit multum.

Tertia eleemosinarum fructus: secundum hoc: sicut aqua extinguit ignem, ita eleemosina extinguit peccatum.

Quarta perfusio lacrimarum: domino dicente, quia flevit in conspectu meo, et ambulavit tristis coram me —[1]) malum in diebus ei.

Quinta criminum confessio: psalmista teste: dixi: confitebor adversus me injustitias meas domino et tu remisisti impietatem peccati mei:

Sexta afflictio cordis et corporis: apostolo consolante: dedi hujusmodi hominem in interitum carnis satanae, ut spiritus salvus fiat in die domini nostri Jesu Christi.

Septima emendatio morum: hoc est abrenuntiatio vitiorum evangelista contestante: jam sanus factus es, noli ultra peccare, ne quid tibi deterius fiat.

Octava intercessio sanctorum ut illud: si quis infirmatur, induca(n)t presbyter(i) et orent pro eo. et multum valet apud dominum deprecatio justi assidua.

Nona misericordia et fidei meritum, it est hoc: beati misericordes, qui ipsi misericordiam consecuntur.

Decima conversio et salus alienorum: Jacobo confirmante: qui converti fecerit peccatorem ab errore vitae suae, salvat animam suam a morte et cooperit multitudinem peccatorum suorum. sed melius est tibi: infirmus sis[2]) et vitam solitariam deducere, quam perire cum plurimis.

Undecima indulgentia et remissio nostra: veritate promittente et dicente: Dimittite, et dimittetur vobis.

Duodecima passio martyrii: spe unica salutis indulgente

[1]) Wasserschl. ins: non inducam mala.

[2]) Wasserschl.: esse.

et latroni crucifixo Jesu Christo respondente: Amen dico tibi, quia hodie mecum eris in paradiso.

His ergo de canonis auctoritate prolatis patrum etiam statuta domini ore subroga. subrogatos [1]) investigare te convenit. secundum illud interroga patrem tuum, et adnuntiabit tibi presbyteros tuos, et dicent tibi; item causa deferratur ad eos: statuunt ergo octo principalia vitia humani salutem [2]) contraria, cui octo contrarii sanent. [3]) Vetus namque proverbium est: contraria contrariis sanentur: qui cuncta inlicita licenter commisit, a licitis licit [4]) coercere se debet.

IN ALIO LOCO: Sed hoc in omni poenitentia sollerter est intuendum, quanto quis tempore in delictis remaneat, qua eruditione indutus, quali impugnatus passione, quale (ex-) [5]) istat fortitudine, quali videtur adfligi lacrimabilitate, quali compulsus est, gravatione peccare. Omnispotens etenim —, [6]) quae cor omnium novit, — diversas quae naturas indidit (non aequa plenitudine) [7]) pondera peccaminum pensabit, ut illud propheticum: Non enim servis titurabitur geth. criminum in baculo autem panis comminuetur ut est illud: Potentes potenter tormenta patiuntur. Unde quidam sapiens ait: Cui plus creditur, plus ab eo exigitur. Discant igitur sacerdotes domini, qui ecclesiis praesunt, quia pars eis data est, cum his, quorum delicta repropitiaverit. Quid est autem repropitiare delictum, nisi cum adsumpseris peccatorem et monendo, orando, docendo adduxeris eum, [8]) ab errore correxeris, a vitiis emendaveris, et feceris eum, ut ex tali converso propitius sit Deus, pro delicto repropitiare diceris. Cum ergo talis sit sacerdos et talis sit doctrina tua et sermo tuus, pars tibi dat eorum, quos correxeris, ut illorum meritorum tua sit merces et illorum salus tua sit gloria.

---

[1]) Wasserschl.: subrogatorum.
[2]) Wasserschl.: humanae saluti.
[3]) Wasserschl.: contrariis sanentur remediis.
[4]) Wasserschl.: del.
[5]) vacat.
[6]) Wasserschl. ins: dominus. Die Handschrift ist verwischt.
[7]) Die Handschrift ist hier verwischt.
[8]) Wasserschl. ins: ad poenitentiam.

Caput II.

Item alibi de modis poenitentiae.

Sciendum verum est, quanto quis tempore moratur in peccatis, tanto ei agendum est.

Item alibi.

Alii statuunt duodecim triduanas pro anno repensandum, quod ego nec laudo nec vitupero. sed Teudorus laudavit. Alii C dies sine mensure pane paximatio aeque et sale, et psalmos L in una quaque nocte, alii L superpositiones una nocte interveniente. Alii poenitentiam agens statuunt elemosinam: hoc est pretium viri vel ancillae: sed potentior est si demedium omnium, quae possidet unusquisque, det et si quidem fraudavit, quadruplum reddat ei sicut Christus iudicabit. Theodorus. De egris quoque pretium viri et ancillae pro anime vel dimedio omnium quae possedit dare, et si quidem fraudavit, reddere quadruplum, ut Christus judicavit. Et legimus in penetentiale pro criminalibus culpis annos aut II vel III poenitentiam agere in pane et aqua. vel pro aliis minutis culpis mensem I aut ebdomadam simile modo. Et apud aliquis haec causa ardua et dificilis est. Ideoque: nec non potest facere, consilium damus, ut psalmos et orationes vel elimosinas cum aliquis dies in poenitentia pro hoc esse debeant. Et qui potest implere, quod in poenitentiali scriptum est, bonum est. Et hoc est ordo, quid superius diximus, quid facere debeat idem psalmodias pro penitentia per unum diem, quando in pane et aqua debet paenitere: hoc sunt psalmi L flectendo genua aut sine genua flectendo LXX infra ecclesia aut in unum locum per ordinem psallat, pro ebdomada quod in pane et aqua debet poenitere, CCC psalmos flectendo genua per ordinem psallat infra ecclesia, aut in uno loco aut sine genua flectendo CCCCXX; et pro uno mense, quando in pane et aqua debet poenitere, psallat psal. mill. CC cum genua flectendo, aut sine genua flectendo mill. CLXXX, et postea per omnes dies reficiat se ad sexta, nisi quarta et VI supra jejunet usque ad nonam, a carne et vino abstineat se; alio cibo, quem Dominus dederit, postea quam psallet, sumat. Et qui psalmos non novit, et ita poenitere debet et jejunare non potest, pro unumquemque diem de pretio valente dinario in pauperibus eroget. Et in unaquaque ebdomada jejunet unum diem usque ad nonam, et in alium usque ad vesperum, et quod habet, manducet. Quando in uno anno cum pane et aqua penitere debet, donet in elemosina solidos XXVI, et in unaquaque ebdomada unum diem jejunet usque ad nonam, in alium semper usque ad vesperum, et in tribus quadragesimis de quanto sumet, penset et tribuat medietatem in elemosinam. In secundo anno remissio poenitentiae est de natali Domini usque in epiphaniam et de pascha usque in Pentecosten. Et qui non potest sic agere poenitentiam, sicut superius diximus.

In primo anno eroget in elemosinam solidos XXXVI et in secundo XX et in tertio XVIII. hoc sunt solidos LXIIII. Et de potente quomodo sibi redimat de criminalibus culpis.

Recurrat ad Evangelium sicut Zachaeus Domino dixit: Domine, omnium demedium bonorum meorum do pauperibus, et extra hoc adjungit: et si aliquis [1]) aliquid injustum abstulit, in quadruplum restituat. Et illud [2]) dominum meruit audire: quia hodie salus huic domui advenit, hoc est remissio omnium peccatorum suorum et secundum patrum traditiones forsitan in praesente non sunt, cui aliquid injustum abstulit, aut non possit animus ejus, sicut evangelium dicit, facere, medietatem donet, considerantes hoc, quantum ipse est pensatus in argentum, eroget in elemosinam, et alio tanto quantum valet ipse argentus; de terra ad ecclesia domini conferat in elimosinas et tertio tantum, quantum valet ipse argentus, aut de mancipiis dimittat liberos, aut captivos redimat et omnia, quod injuste egit ab illo die non repetat, et de quo die desierit peccare, non desinat corpus et sanguinem Christi communicare. Sciat se illam sententiam adjungi quod Zachaeus monuit, et illud non est demittendum, quod Apostolus ait: Qui per corpus peccat, per corpus emendet; hoc est jejuniis, vigiliis, orationes et ob-

---

[1]) Wasserschl.: alicui.

[2]) Die Handschrift hat illi^ad; wahrscheinlich ist, wie auch Wasserschl. annimmt, illud zu lesen.

secrationes a Deo, quia scriptum est: Nemini danto ullam offensionem, ut non vituperetur ministerium Dei, sed in omnibus exhibeamus nosmetipsos, sicut Dei ministros. Legitur quoniam Christus jejunavit, qui nullum peccatum commisit, similiter et apostoli post donum spiritus sancti, igitur eorum nos debemus imitatores esse, quorum volumus participes esse regni coelestis. Propter ea super his oportet nos aliquod adaugere de expenso: idem jejuniis in unaquaque ebdomada quarta et VI feria a vino et carne vel epularibus cibis, similiter et de continentia, conjuge sua abstineat se ab his diebus, juxta quod in[1]) kanones sancti constituerunt; hoc sunt dies dominicis et solemnitates seu et legitimis XLmis terque vel IIII vel VI feriis, sciens scriptum esse: qui plus laborat, plus mercedem accepit; haec sunt dies, qui non computantur in poenitentia: dies dominicus, natalis domini, epiphania, pascha, ascensio domini, pentecosten, sancti Johannis Baptistae, sanctae Mariae semper virginis, sanctorum XII Apostolorum, vel sancto Martino, seu et venerandae festivitates illius sancti, qui in ipsa provincia in corpore requiescere videtur.

Caput III.

Incipit Poenitentialis Scriptus: De aliis plures penitentiales et can(on)es: incipit de gula et ebrietate vel vomitu et venationes vel de vitiis gule in cibo vel poto a mensura.

§ 1. Sacerdos quilibet et si inebriatur per ignorantiam, VII diebus poenitentia in pane et aqua; si per negligentiam, XII diebus; si per contemptum, XL diebus, diaconus vero et monachus secundum ordinem, ut scriptum est; seu et reliqui clerici vel ministri juxta ordinem judicio sacerdotis poeniteant. Laici vero et vota non habentes si inebriantur, arguantur a sacerdote, quod ebriosi regnum domini non possidebunt et interitus sit ebrietas. Qui cogit hominem, ut inebrietur, humanitatis injuste gratia, similiter ut ebriosus poeniteat.

§ 2. Qui manducaverit voracitatis causa usque ad vomitum, si una vice superpositionem faciat, si iteraverit, una ebdomada poeniteat.

---

[1]) in fehlt bei Wasserschl.

Item de alio poenitentiali unde supra.

§ 3. Igitur vino sive cirvisa contra interdictum salvatoris apostoli, quae si voto sanctitatis habuerint XL diebus, poeniteat in pane et aqua. Laici vero VII diebus.

§ 4. Qui cogit aliquem, ut inebrietur, si hodii, ut homicida judicetur.

§ 5. Qui psallere non potest, stupens in lingua, superponat.

§ 6. Qui antecipiat horam canonicam vel suam [1]) hora ceteras, sumat gulae tantum hoc obtentum, cena careat, vel duobus diebus in pane et aqua vivat.

§ 7. Qui autem superfluam ventris distentionem doloremque saturitatem sentiat, id est, si ad vomitum sine infirmitate VII dieb. peniteat, si vero sacrificium evomerit XL diebus, si infirmitatis causa VII diebus, si in ignem projecit, C psalmos cantet, si vero canis lambuerit talem vomitum, C dies poeniteat qui vomit.

§ 8. Qui furatur cibum, XL diebus poeniteat, si iterum, III XL mis, si tertio, anno, si vero IIII vice, exilio sub alio abbate poeniteat.

Item de alio poenitentiale ubi supra.

§ 9. de ebrietate laici VI dies, clerici II ebdomadas, subdiaconus III, diaconus IIII, presbyter V, episcopus VI.

§ 10. Qui manducaverit morticinas inscius quadraginta [2]) diebus; sin vero, annum.

§ 11. Qui manducat animalis carnem, cujus mortem nescierit, tertiam partem anni cum pane et aqua vivat sine vino et carne.

Item de alio poenitentiali.

§ 12. Qui morticina manducaverit sciens, C dies poeniteat.

§ 13. Si quis venationes aliquas undecumque exercerit, si clericus annum, si diaconus II, si sacerdos III poeniteat.

De alio poenitentiali.

§ 14. Qui dederit alicui licuores in quo fuerit mustela vel

---

[1]) Wasserschl. sua.
[2]) Wasserschl. L.

mortua invenietur, III [1]) superpositiones poeniteat. Qui vero noverit, postea quod tale abusus est potu, superponat.

§ 15. Si in farina aut in aliquo siccato cibo aut pultato coacolata vel lacte istae invenientur bestiolae, quodsi circa corpora illorum foris projicitur, omne reliquum sana sumatur fide.

§ 16. Qui non manu idonea tangit limpacetum alimentum, C emendetur manu plagis.

§ 17. Si autem aliquid decoloratus fuerit liquoris distributus, VII ebdomadas jejunium dierum. Qui autem hoc inscius sumpsit et postea rescivit, ter quinis diebus cruciet jejunatum stomachum.

§ 18. Quicumque comederit et biberit quod intinctus a familiare bestia fuerit, quae muriceps, III superpositionibus sanetur.

De Romano Poenitentiali unde supra.

§ 19. Graeci carnem morticinorum non dant porcis suis, pelles autem eorum ad calciamenta liceant et luna et cornua liceant accipere non insanum aliquid. Tamen si casu porci comedant carnem morticinosum aut sanguinem hominis, non abjiciendos nec gallinas credimus.

§ 20. Animalia, quae a lupis seu a canibus consumantur, non sunt comedenda nisi porcis, et canis nec cervus nec cabrius, si mortui inventi sunt.

§ 21. Aves vero et animalia cetera, si in retibus strangulantur, non sunt comedenda hominibus, nec si accipiter oppresserit si mortui inveniuntur, (quia IV capitula actuum apostolorum [2]) praeaperit; ideo abstinere a fornicatione et a suffugato sanguine et idolatria).

§ 22. Pisces [3]) autem licet comedere, quia alterius naturae sunt; ecce quoniam non prohibentur, tamen consuetudo est, non comedere.

§ 23. Leporem licet comedere et bonus est pro...... et felem miscendum cum pipere pro dolore.

---

[1]) Wasserschl. II.

[2]) Die Worte von praeaperit an fehlen bei Wasserschl.

[3]) § 22 fehlt bei Wasserschl.

§ 24. Sanguinem sine voluntate de dentibus bibere, vel id est cum saliva, non est peccatum.

§ 25. Animalia coitu [1]) hominis polluta occiduntur, carnes canibus projiciuntur.

§ 26. Porci, qui sanguinem [2]) aut cadavera hominum comederunt, projicientur.

§ 27. Infirmis licet omni hora cybum et potum sumere quandocunque desiderat.

Theodorus.

§ 28. Si ceciderit sarx in ligore maris aut in oleum aut in vino vel in cervisa, tollatur foras et hoc potum aspergatur aqua sanctificata, et sumatur si vivens est.

Theodorus.

§ 29. Si mortua fuerit inventa, omne licore projicietur foras et mundetur. [3])

§ 30. Si aliquid pecus a bestiis gustatus fuerit et vivus inveniatur, per hoc adetur [4]) et comeditur, si mortuus est projicietur.

§ 31. Si apes [5]) hominem occiderint, statim et ipsi occidantur, mel comedendum est.

Theodorus.

§ 32. Qui sanguinem aut semen biberit, tribus annis poeniteat.

§ 33. Qui manducat carnes immundas, XL dies poeniteat.

§ 34. Caticumeni manducare non debent cum baptizatis.

Theodorus.

Neque minus gentilis.

§ 35. Si aves stercorant in quocumque licore, tollatur ab eo stercus et sanctificetur, et mundus erit cibus.

Item de alia penitentia Theodorus.

§ 36. [6]) Si quis episcopus aut aliquis ordinatus in consuetudine vitium habuerit ebrietatis, aut desinat aut deponatur.

---

[1]) Die Worte von coitu — projiciuntur fehlen bei Wasserschl.

[2]) Die Worte von sanguinem — projicientur fehlen bei Wasserschl.

[3]) Wasserschl. ins: vas.

[4]) Wasserschl.: edatur.

[5]) Die Worte hominem — mel fehlen bei Wasserschl.

[6]) § 36 ist bei Wasserschl. ganz unvollständig.

Si monachus pro ebrietate vomitum facit, XXX dies poeniteat. Si presbyter aut diaconus pro ebrietate, XL diebus poeniteant. Si vero pro infirmitate, aut qui longo tempore se abstinuerit a mansuetudine, non erit ei multum bibere vel manducare, aut pro gaudio in natali domini aut in pascha aut alicui sanctorum commemorationem faciebat aut tunc plus non accepit, quam decretum est a senioribus, nihil non nocet.

§ 37. Si episcopus biberit non nocet illi, nisi ipse similiter faciat.

Si laicus fidelis vomitum facit pro ebrietate, XV diebus poeniteat.

§ 38. Qui manducat carnem immundum aut morticinum aut dilaceratum a bestiis, XL diebus poeniteat.

Si enim necessitas cogit, nihil est.

§ 39. Quod casu quis immunda manu cibum tangit vel canis vel pilas aut animal immundum, qui sanguinem edit, non nocet ei.

§ 40. Et qui pro necessitate manducat animal, quod immundum dicitur, vel avem vel bestiam, non nocet; qui sanguine vel quocumque immundo polluetur, si nescit quid manducat, nihil est; si autem scit, poeniteat juxta modum pollutionis.

Caput IV. [1]

Incipit de fornicatione et reliqua ingenia luxuriandi et immundas pollutiones et ludis puerilibus.

§ 1. Si quis fornicaverit sicut sodomitae fecerunt, X annos poeniteat, III ex his in pane et aqua et numquam cum alio dormiat.

§ 2. Si quis presbyter concupiscentia vel libidine peremitur, et ipse fornicatus fuerit, annum I poeniteat in pane et aqua.

§ 3. Si quis cum quadrupedia fornicaverit, si clericus II annos, subdiaconus III, diaconus IV, si sacerdos V, duos ex his in pane et aqua.

---

[1]) Dieses und alle folgenden Kapitel sind bei Wasserschl. nur in den Anfangs- und Endworten citirt.

Item de alio poenitentiali unde supra.

§ 4. Presbyter faciens fornicationem, degradetur, sive VI aut XII annos poeniteat.

§ 5. Presbyter aut diaconus fornicationem naturalem faciens, praelato ante monachi voto, III annos poeniteat. Veniam omni hora roget, superpositiones faciet in unaquaque ebdomada: et coeptis quinquagentis diebus post superpositiones pane sine mensura utatur et ferculo, aliquotenus buttero inpinguato, hoc est quadrantem, et die dominico sic vivat. Ceteris vero diebus pachmatis panis mensura et messa parvo impinguata orto oleribus ova paci formatico; et milna lactis; pro fragilitate corporale vinum da vero vel battutem lactis sestarium. pro sanctis gratia et aqua......

§ 6. Si operarius est laicusque, non multum fenum abeat instratum per III quadragesimas; annum addat aliquid, prout virtus ejus admiserit; semper ex intimo corde defleat culpam suam obedientiamque; pro omnibus L libras sive [1]) excipiat per annum et demum eucharistiam sumat et ad pacem veniat et psalmos cum fratribus canat, ne penitus omnia [2]) tanto tempore coelestis medicinae jejuna intereat.

§ 7. Si inferiore gradu positus quis monachus III quidem annos poeniteat, sed mensura non gravetur panis. Si operarius est, sestario de lacte romano, et alio de unda et aqua, quantum sufficiat XLmis ex dose sumat; si vero sine voto monachi.

§ 8. Presbyter aut diaconus, si peccaverit, sicut monachus sine gradu poeniteat, et postea recipiat gradus suos.

§ 9. Si autem presbyter aut diaconus per talem peccatum voluerit monachus fieri in districto praeposito, et ibi annum et demidium poeniteat; habet tamen abbas hujus regionis moderandi facultatem, si oboedientia ejus placita fuerit domino et abbatae suo.

§ 10. Peccans, cum peccandi annum poenituerit, infra III quadragesimas, si cum gradu, annum poeniteat.

§ 11. Puer XII annorum XL dies. Moechantes labiis III annos. Si consuetudine fuerunt adsueti VII annos.

[1]) sibi?

[2]) immo?

§ 12. Si quis faciunt scelus virile, ut sodomitae, si vero in femoribus II annos.

§ 13. Qui concupiscat mente fornicare, sed non potuit, annum poeniteat, maxime in tribus quadragesimis.

§ 14. Qui per turpe loquium vel aspectum quoinquinatus est, tamen non voluit fornicare se corporaliter, XX vel XL diebus juxta qualitatem peccati poeniteat.

§ 15. Si autem in pugnatione cogitationis violentia coinquinatur, III dies poeniteat.

§ 16. Qui diu inluditur fornicare a cogitatione, tepidus ei repugnans, uno vel II vel pluribus, vel quantum exierit diuturnitas cogitationis, poeniteat.

§ 17. Qui insomnis voluntate pollutus est, surgat, canat, cum genua flectendo septem psalmos psallat; in crastino cum pane et aqua vivat, vel XXX psalmos flectendo uniuscujusque in fine canat.

§ 18. Volens quasi in somno peccare, sive pollutus est, sive voluntate, XII psalmos canat, et per uniuscujusque psalmi in fine dicat: Domine, in adjutorium meum intende; et reliqua. Peccans non pollutus XXIIII psalmos.

Nunc de ludis puerilibus priori.

§ 19. Pueri soli sermocinantes et transgredientes statuta seniorum, IIII superpositionibus emendentur.

§ 20. Osculum non simpliciter facientes V superpositionibus, inlecebrum osculum sine quoinquinamento VI, cum inquinamento aut sine amplexu X superpositionibus corrigant.

§ 21. Post autem annos XX idem adulti igitur iterum connitentes, XL diebus separati a mensa extorresque ab ecclesia cum pane et aqua vivant.

§ 22. Minimi vero fornicationem imitantes, et invitantes se invicem, sed quoinquinati non sunt propter aetatis maturitatem, XX diebus.

Si vero quoinquinabunt XL diebus.

§ 23. Puer, qui sacrificium communicat, peccans autem pecude, C dies. Pueri ante XX annos se in invicem manibus coinquinantes et confessi fuerint, antequam communicent, XX dies poeniteant. Si iteraverint post poenitentiam XL, si vero frequentius separentur et anno poeniteant.

Supra aetates intra femora fornicans C dies, id iterum faciens annum poenitentiae.

§ 24. Puer parvulus obpressus a majore, et annum aetatis habens, X ebdomada dierum jejunat; si consensit, viginti diebus.

§ 25. Vir semetipsum quoinquinans primo diebus C, et iterans annum.

§ 26. Viri inter femora fornicantes primum: annum, et iterum: II.

§ 27. Inter crura fornicantes: si pueri sunt, II annos, si viri III, si autem in consuetudine vertunt, et modus poenitentiae addatur judicio sacerdotis.

§ 28. Desideriis suis labiis conpulentes, IIII annos; si consuetudine fuerunt adsueti, VII annos poeniteant.

§ 29. Si quis fornicationem aut immunditias fecerunt, Laici III annos, clericus V, subdiaconus VI, diaconus VII, presbyter X, episcopus XII.

§ 30. De sodomitis Laici V annos, clerici VI, subdiaconi VII, diaconus VIII, presbyter XII, episcopus XIIII.

§ 31. Si quis laicus fornicaverit cum masculo sodomitico more, VII annos poeniteat, tribus ex his in pane et aqua, et fructibus ortis siccis, et IIII alios abstineat se a vino et carnibus, et sic vino careat ad altarium.

§ 32. Pro sacerdotibus si quis absque propriis membris fornicaverit, annos II poeniteat.

De alio poenitentiali unde supra.

§ 33. Sodomite IIII annos poeniteat, molles I poeniteant, sicut et mulieres.

§ 34. Monachus fornicatus IIII annos poeniteat. alii dicunt: usque ad finem vitae aut XII annos poeniteat.

§ 35. Si quis masculus cum masculo fornicaverit, X annos poeniteant.

Similiter cum muliere III annos poeniteat; fornicationem saepe faciens VI annos poeniteat. alii judicant, pro consilio III annos.

§ 36. Qui post XII annos aetatis cum masculo egerit, XXII annos.

§ 37. Si in ecclesia prae dormitatione semen funderit, III dies poeniteat.

§ 38. Pueri, qui fornicantur, inter semet ipsos judicantur, ut vapulentur.

De poenitentia Theodori.

§ 39. Episcopus, presbyter vel diaconus, fornicationem facientes, degradari debent et poenitere; judicio episcopi tamen communicent.

§ 40. Si quis, postquam se voverit domino, secularem abitum acceperit, iterum ad reliquum gradum accipere non debeat; (nec mulier meruit vel [1]) multo magis ut non dominarent in ecclesia).

§ 41. Si quis viduam acciperit ante baptismum et post baptismum, non potest ordinari sicut bigami. Si quis baptizat propter merita non ordinatus, abjiciendus est ecclesiae et nunquam ordinetur.

§ 42. Si quis presbyter vel diaconus qui fecit fornicationem, poenitentiam agant cum pane et aqua III annos.

Si publice peccaverit, publice poeniteant.

Si occulte peccaverit, occulte poeniteant.

Et vivent sub manu episcopi, et mittit crisma in capite.

§ 43. Si frater cum fratre naturalem fornicationem, poeniteat missione carnis: XII annos ab omni carne abstineat se.

Caput V.

Incipit de adulterio et raptus incestus et uxores deorsas, vota stulta, inlicita tempora nubendi, vicium luxuriandi et qui, postquam se domino vovit saeculo reddit.

§ 1. Si quis adulterium commiserit i. e. cum uxore aliena aut sponsata aliena, vel virginationem corruperit: si clericus III annos poeniteat, unum ex his in pane et aqua; si monachus aut diaconus V annos poeniteat, II ex his in pane et aqua; si sacerdos VII annos poeniteat, III ex his in pane

[1]) Die Handschrift ist hier verwischt.

et aqua; si episcopus XII annos poeniteat, VI ex his in pane et aqua.

§ 2. Si quis clericus vel cujuslibet superioris gradus uxorem habuit, ante et post conversionem vel...... iterum eam cognoverit, sciat sibi adulterium commisisse. si autem superiore sententia, unusquisque juxta ordinem suum poeniteat.

§ 3. Si quis fornicaverit cum sancta moniali vel deo dicata, cognoscat se adulterium perpetrasse, sicut superiore sententia unusquisque juxta ordinem suum poeniteat.

§ 4. Si quis concupiscit mulierem alienam, et non potest peccare cum ea, aut non vult eum suscipere mulier,

Si clericus aut monachus est, annum unum poeniteat, medium et prima pars cum pane et aqua; si diaconus II, si presbyter III.

§ 5. Si quis virginem vel viduam rapuerat, III annos poeniteat in pane et aqua.

§ 6. Qui cum uxore sua peccaverit, IIII annos poeniteat.

Item de alio poenitentiali unde supra.

§ 7. Si quis adulterium fecerint laici, III annos poeniteant, clericus V; subdiaconus VI; diaconus VII; presbyter X; episcopus XII.

§ 8. Si quis clericus, postquam se domino voverit, ad saecularem abitum perreversus erit, aut uxorem duxerit, X annos poeniteat, III ex his in pane et aqua. Et numquam postea in conjugio copulentur; quid si noluerit, sancta synodus vel sedis apostolorum separabit eos a communione et convivio catholicorum.

§ 9. Similis mulier, postquam se domino voverit, si tale scelus admiserit sen(ten)tia subjacebit.

§ 10. Si quis laicus de adulteriis uxoris pro adulterio filium genuerat, III annos poeniteat, abstineat se a cibis salentioribus, et a propria uxore, dans insuper pretium pudicitiae marito uxoris violatae, et sic per sacerdotem ad altarium jungatur.

§ 11. Si quis laicus fornicaverit cum vidua aut puella, II annos poeniteat. Reddito tamen humiliationis poenam parentibus suis. si autem uxorem non habet et virgo virgine conjuncta, si voluntas parentis ejus est, ipsa fit uxor ejus ita, ut annos III poeniteant ambo, et ita sint conjugales.

§ 12. Si quis laicus cum jumento fornicaverit, II annos poeniteat, si uxorem habet; et si non habet, demum duos annos poeniteat.

§ 13. Si laicus adulterium cum sponsa aut muliere aliena facere voluerit et non poterit, XL dies poeniteat in pane et aqua.

§ 14. Puer XII annorum moechatus matri III annos cum peregrinatione poeniteat.

§ 15. Moechatur labiis IIII annos, si consuetudine fecerit assidua, VI annos poeniteat.

Item de alio poenitentiali unde supra.

§ 16. Moechatus matri, VII annos cum peregrinatione poeniteat.

§ 17. Clericus semel fornicans unum annum poeniteat cum pane et aqua; si genuerit filium VII annos et psallat psalmos.

§ 18. Sic et virgo, qui diligit aliquam feminam, inscius alicujus mali, propter sermocinationes quarundam XL dies poeniteat.

§ 19. Osculatus autem et amplectatus unum annum poeniteat, maxime in III XLmis.

§ 20. Diligens mente tantum VII diebus; si autem dixit, non est susceptus ab ea, XL diebus.

§ 21. Laicus fornicando et sanguinem offendendo conversus III annos poeniteat, in primo anno cum pane et aqua, et in III XLmis reliquorum cum pane et aqua et sine propria uxore.

§ 22. Si autem puellam domini macularit et genuerit ex ea filium, III annos inermis; in primo cum pane et aqua, et in aliis sine vino et carne; si vero non genuerit, sed tantum polluit, I annum et dimidium sine delitiis et sine uxore.

§ 23. Laicus maculans virginem vel uxorem proximi sui I annum cum pane et aqua et sine propria uxore poeniteat.

§ 24. Qui autem intrat ad suam ancillam, venundet eam et annum poeniteat.

Si genuerit filium ex ea, liber est (is) et ea; cujus uxor est sterilis, ambo, et ille et illa in abstinentia sint.

§ 25. Si ab aliquo uxor sua discesserit et iterum reversa fuerit, suscipiat eam sine dote et ipsa annum I poeniteat cum pane et aqua vel ipse, si alius duxerit, qui in matrimonio est, XLmis annum et in sabbates et dominice nocte diei et in diebus legitimis; et concepto semine usque ad medium sanguinem consumendam sanguin(is) et menstruum tempore contentus fieri debet.

§ 26. Puer de saeculo veniens cum aliqua puella fornicare nitens nec quoinquinetur, XX diebus poeniteat. Si autem quoinquinatur, C dies, si vero autem moreretur sua completa voluntate, annum I poeniteat.

Item de alio poenitentiale.

§ 27. Si quis cum quadrupedia fornicaverit, clericus II annos cum pane et aqua poenitebit; subdiaconus III; diaconus IIII; presbyter V et III ex his in pane et aqua.

Item de Romano Poenitentiali unde supra.

§ 28. Una poenitentia et vidua et puella sex annorum major meruit.

Qui vero habet, si fornicationis crimen commiserit: Si quis demisserit gentiles, uxorem gentilem.

Post baptismum in potestate ejus erit, habere eam vel non habere.

Simili modo, si unus eo(rum) baptizatus fuerit, alter gentilis: sicut apostolus dicit: Infidelis, si discedit: (Evita) propinquitatem carnis.

§ 29. Secundum grecos licet nubere: sicut in lege scriptum est:

Secundum romanum in quarto. tantum in quarto non solvunt conjugium, postquam factum fuerit.

§ 30. Evitamus propinquitatem: non licet uxorem alterius accipere: post obitum ejus legitimum conjugium non licet reparari sine consensu amborum. Potest tum alter alio licentiam dare accedere ad servitium domini in monasterio et sibi nubere. Si in primo conjugio secundum grecum tantum non est canonicum: sin autem in secundo, non licet ei tertio vivente viro vel uxore.

Theodorus dicit:

§ 31. Digami poenitentiam I annum IIII ferias et VI e(orum in pane et a)qua (faciant), (et) abstineat se a carnibus; non dormitat tamen uxorem: trigamus et superius idem in IIII vel ut plus VII ann. III fer. et III in ter. XLmis abstineat se a carnibus tantum. Basilicus hoc judicavit.

in canonis *tertii* anni Theodorus.

§ 32. In primo conjugio debet presbyter missas agere et benedicere ambos, et postea abstineat se ab ecclesia XXX diebus, quibus peractis peniteat XL diebus, et vacent orationem, et postea cum oblatione communicent.

§ 33. Cum uxorem hostes abstulerint et non poterit recuperare eam, licet ei aliam prendere meliorem quam fornicare.

Si postea redit uxor, non debet recipere eam, si aliam habet, sed ipsa recipiat alterum virum, si unum antea abnuit.

Theodorus sic et diversis..... Jesu Christi.

Si quis maritus vel si qua mulier votum habeat virginitatis, adjungitur uxori postea, non demittit uxorem, peniteat III annos. vota stulta frangenda sunt et importabilia, mulieri non licet votum vovere sine licentia viri, et si voverit, poeniteat judicio sacerdotis et demitti potest. Si quis uxor fornicata fuerit, licet demittere eam et aliam accipere, mulieri non licet virum dimittere, licet fornicatorem, nisi forte pro monasterio.

basilicus judicium Theod.

§ 34. Mulieres menstruo tempore non intrent in ecclesiam neque communicent, nec sanctae moniales nec laicae; si praesumant, III ebdomadas poeniteant; similiter poeniteat, qui intrat in ecclesiam ante mundum sanguinem post partum. (Theodorus) id est XL diebus: qui nubit et his temporibus, XX diebus poeniteat.

§ 35. Qui nubit dominica, ponat adeo indulgentiam et per — et una vel duos vel III dies poeniteat.

§ 36. Sicut matrem quis fornicaverit, XV annos poeniteat, et numquam mutet nisi in dominicis diebus.

§ 37. Qui cum sorore hoc modo, XV annos poeniteat:

in canonis XII: qui saepe fornicat, primus canon judicavit: X annos poeniteat, secundus canon: XIII seu per infirmitates hominis.

Per consilium: dixit, IIII annos poeniteat.

Vir abstineat se XL diebus: ante pascham et in prima ebdomada post pascham ab uxore sua.

§ 38. Monachus vel sancta virgo fornicatus XIII annos poeniteat. qui cum sorore sua, XII annos poeniteat. Si cum pecudibus, XXV annis poeniteat.

§ 39. Si quis fornicaverit cum virgine, III annos poeniteat. Si cum maritate, IIII annos poeniteat, II integros et II alios in XLmis III et III dies in ebdomada.

§ 40. Si mulier cum muliere, III annos poeniteat.

§ 41. Sacerdos si tangendo, mulieres autem osculando coinquinatur, (et) XL diebus poeniteat.

§ 41a. Mulier, qui se ipsam (secum) habens, III annos poeniteat.

§ 42. Presbyter si osculatus et femina per desiderium, XX diebus.

§ 43. Si sacerdos semen per osculum tangendum funderit, et quoinquinatus fuerit, XL diebus poeniteat. Presbyter si per cogitationem semen funderit, VII diebus poeniteat.

§ 44. Si tangit manu cum manu III ebd. poeniteat.

Theodoro — — —.

§ 45. Si quis saepe per violentiam cogitationis semen funderit, X diebus poeniteat. Theodorus.

§ 46. Si semen excitaverit, prima vice XX dies (Theod.), secunda XL: si plus, addatur jejunia secundum ordinem III XLmis, vel annum si frequentaverit.

§ 47. Si quis vir nupserit cum muliere sua retro, XL diebus poeniteat; primum autem in terga nuberit, sic poeniteat quo modo de animalibus.

§ 48. Si in menstruo tempore coierit cum muliere, XL diebus poeniteat.

§ 49. Qui semen dormiens in ecclesia funderit, III dies jejunet.

§ 50. Si mater cum filio suo parvulo fornicationem imitaverit, III annos se sbstineat a carne et diem unum jejunet in ebdomada.

§ 51. Si quis renuntiaverit saeculum, postea reversus in saecularem habitum, si monachus est et post haec poenitentiam agerit, X annos poeniteat. Post primum triennium, si probatus fuerit in omni patientia, in lacrimis, in orationibus, circa eum episcopus potest facere: si monachus non est et quando secessit ab ecclesia, VII annos poeniteat.

§ 52. Si quis presbyter vel diaconus uxorem duxerit extraneam, in conscientia populi — (dimittat).

§ 53. Si adulterium perpetravit cum illa, et in conscientia devenit populi, projiciatur extra ecclesiam et poeniteat inter laicos, quam diu vixerit.

§ 54. Si quis concubinam habuerit, non debet ordinare.

§ 55. Quicumque enim presbyter in propria provincia aut in aliena, ubicumque inventus fuerit, commendatum sibi infirmum baptizare et nolit, vel pro intentione itineris, et sic sine baptismo morietur, deponatur.

§ 56. Similis est his qui occiderit hominem seu fornicationem fecit; deponatur de gradu. perdito poenitentia mortua est, anima vitium.

§ 57. Pueri(s) monasterii non licet ordinare ante XXII annos.

§ 58. Si quis ordinatus est per ignorantiam, antequam baptizatus est, debent baptizare; qui ab illo gentile baptizati fuerint, et ipsi non ordine(n)tur.

§ 59. Hoc iterum a romano pontifice sedis apostolicae judicatum est; adseritur.

§ 60. Ita ut non homo qui baptizat, licet sit paganus, ... subministrat gratiam baptismi.

§ 61. Sed et illud de presbytero pagano, qui rebaptizatus estimat fidem catholicam operibus tenens.

§. 62. Aliter quoque judicatum est a quīs haec judicia habent: Idem ut baptizetur et ordinetur.

§ 63. Si quis vir uxorem suam invenerit adulteram, et noluit dimittere eam, sed matrimonio suo adhuc habuerit, annos II poeniteat et jejunia religionis, aut quamdin ipsa poeniteat, abstineat se a matrimonio ejus, quia adulterium perpetravit illa.

§ 64. Si quis maritus vel mulier votum habens virginitatis, jungit(se) matrimonio, non demittat illud, sed poenitentia III annorum.

§ 65. Quidam (scit) uxorem suam adulteram, conjungens se, VII annos cum tribulatione poeniteat, vel XV levius.

§ 66. Uxor, qui sanguinem viri sui pro remedio gustaverit, XL dies poeniteat: plus minus vel jejunet, similiter poeniteat.

§ 67. Mulier adultera IIII annos poeniteat et de hoc in canone eodem modo dicitur:

Mulier, qui se more fornicationis adulteram conjunxerit, III annos poeniteat, sicut fornicatus poeniteat.

§ 68. Sic et illa, qui semen viri sui in cibo miscens, ut inde plus amores accipiat ejus, poeniteat.

Caput VI.

Incipit de furto et incendiae et sepulchrorum violatores et qui patrem expulit et fortia et captivitatem et de praeda et qui mysteria despoliat.

§ 1. Si quis furtum capitale fecerit, id est, quadrupedum, bovem aut equum, aut aliud animal vel casas infregerit aut quolibet meliore praesidio furaverit, V annos poeniteat, duos ex his in pane et aqua. qui vero de minoribus furtum fecerit, III annos poeniteat, et quod furavit, si potest, reddat.

§ 2. Si quis aliquod de ministerio sanctae ecclesiae furaverit aut neglexerit, V annos poeniteat, III ex his in pane et aqua.

Item de alio poenitentiali unde supra.

§ 3. Parvulus annorum X aliquid furtum faciens, octo dies poeniteat. Si vero post XX annos aliquod furtum fecerit, XL diebus poeniteat; qui res aut dominium deripuerit alienas, si habent unde reddant, cui tollant, quadruplum restituant et iuxta judicium sacerdotis peniteant.

Item de alio penitentiali.

§ 4. Si quis furtum fecerit, laici unum annum, clerici II,

subdiaconus III, diaconus IIII, presbyter V, episcopus VI annos poeniteat.

§ 5. Si quis laicus semel furtum fecerit, reddat, quod furavit et in quadragesimis cum pane et aqua poeniteat.

§ 6. Si autem furtum saepius fecerit et non habet, unde reddat, unum annum in pane et aqua poeniteat et alio anno III quadragensimis, et sic postea in pascha reconcilietur.

§ 7. Si quis domum vel aream cuiuscumque igne concremaverit, III annos poeniteat, I ex his in pane et aqua.

§ 8. Si quis patris sepulchrum violaverit, V annos poeniteat, III ex his in pane et aqua.

§ 9. Si quis patrem aut matrem expulerit, impius vel sacrilegus judicandus est, poenitentia aequali tempore, quamdiu in impietate exstiterit.

De Romano Poenitentiali unde supra.

§ 10. Non licet hominem a servo suo abstullere pecuniam: sed in voluntate ejus, quam ille de labore suo adquisierat, de pecunia.

§ 11. Quia in aliena provincia ab hoste superata, id est, rege alio superato, tertia pars ad ecclesiam tribuatur vel pauperibus, et quadraginta diebus poeniteat. quid jussio regis est. Theodorus.

§ 12. Pecunia ad ecclesias exfurata sive rapta redditur quadruplum. Theodorus dixit.

§ 13. Populo redde dupliciter: qui saepe furtum fecerunt, unum annum poeniteant.

Item ex poenitentiali Theodori.

§ 14. Si quis laicus de monasterio duxit furtum, aut intret in monasterio domino servire, vel humanum subeat servitium.

§ 15. Qui saepe furtum faciebat, VII annos poeniteat, vel quomodo sacerdos judicaverit, idem juxta quod componi possit, quibus nocuit.

§ 16. Et qui furtum faciebat poenitentia ductus, semper debet reconciliari ei, quem offendebat, et restituere juxta quod eum nocuit, et multum breviabit poenitentiam ejus. Si vero noluerit et non poterit, constitutum tempus poeniteat per omnes.

Item de alio poenitentiali.

§ 17. Faciens furtum semel uno anno poeniteat: si iterum II. si puer XL vel XX diebus, ut mos est aequalitas eruditionis: qui aliena diripit, quolibet modo reddat quadruplum ei, cui nocuit. Si non habet, unde reddat, poenitentiam agat, ut superius diximus; furatus consecratum ut supra, sed clusus poeniteat.

§ 18. Puer annorum X aliquid furtum comedens VII diebus poeniteat.

Item de alio poenitentiale.

§ 19. Si quis servum aut quem (alium), eumque hominem quolibet ingenio in captivitate duxerit aut trans iserit, III annos poenitentiae in pane et aqua poeniteat.

§ 20. Qui mysteria dispoliat, sed pulsos dixit captivos redimere, I annum cum pane et aqua poe iteat et omnia, quae his trahit, pauperibus det et II annos sine vinoque poeniteat.

Caput VII.

Incipit de perjurio, mendacio, falso testimonio.

§ 1. Si quis perjuraverit, VII annos poeniteat, III ex his in pane et aqua.

§ 2. Si quis vero proactus pro qualibet causa, aut nescius perjuraverit, III annos poeniteat, I ex his in pane et aqua.

§ 3. Si quis falsitatem commiserit, VII annos poeniteat, III ex his in pane et aqua.

§ 4. Qui autem contempserit, II annos poeniteat.

De alio poenitentiali.

§ 5. Qui perjurium fecerit, IV annos poeniteat; qui ducit alium in periurio ignorantem, VII annos poeniteat; qui ductus est in perjurio ignorans, et postea recognoscit, I annum poeniteat.

§ 6. Qui vero suspicatur, quod in perjurio deducitur, tamen jurat, II annos poeniteat.

Item de alio poenitentiali unde supra.

§ 7. Si quis perjurium fecerit, laici III annos poeniteant, clerici V, subdiaconus VI, diaconus VII, presbyter X, episcopus XII.

§ 8. Si quis laicus perjuraverit per cupiditatem, totas res suas vindat et donet in pauperibus et convertat acto; et tum dat se omni actu seculo demisso; usque ad mortem serviat domino in monasterio.

§ 9. Si quis autem non per cupiditatem mortis periculum incurrit, III annos inermis et reliquos poeniteat in pane et aqua, et duos abstineat se a vino et a carnibus, et demittat pro se servum aut ancillam ingenuam et pro duos annos eleemosinam faciat, et post VII annos judicio sacerdotis communicet.

Item de alio poenitentiali.

§ 10. Qui perjurio jurat, VII annos poeniteat: qui ducit alium in perjurio ignorantem, VII annos poeniteat. Qui autem ductus est ignorans et postea recognoscit, I annum poeniteat: qui vero suspicatur, quod in perjurio ducitur, tamen jurat, per consensum II annos poeniteat: falsum testimonium dicens placeat: proximo suo primo quale fratri imposuit, tale vicio damnetur judicio sacerdotis.

§ 11. Mendax vero per ignorantiam et non nocuit, confiteatur ei cui mentitus est, et sacerdote ora tacendi damnetur vel XII psalmos canat. Si vero de industria III diebus taceat, vel XXX psalmos si potest.

§ 12. Mendax pro cupiditate placeat largitatem ei, cui frustravit.

§ 13. Si quis falsum testimonium dicerit, laici I annum, clerici II, subdiaconus III, diaconus IIII, presbyter quinque, episcopus VI annos poeniteat.

Item de alio poenitentiali unde supra.

§ 14. Perjurus III annos poeniteat. Si juraverit quis in manu hominis laici, apud graecos nihil est, sed in manu episcopi aut presbyteri vel diaconi seu in altare seu in cruce consecrata, et mentitus est, III annos poeniteat. Si in cruce non consecrata, I annum poeniteat. Qui perjurium fecit in ecclesia, XI annos poeniteat, qui vero necessitate coactus sit, III XLmis peniteat.

Caput VIII.

Incipit de homicidio et sanguine effusione sine morte et parvulus oppressus aut qui sine baptismo moriuntur et aborsus et qui membra sua abscidunt et qui praebeant ducatum barbaris.[1])

§ 1. Si quis clericus cum muliere homicidium fecerit, X annos et reliquos poeniteat, III ex ipsis in pane et aqua: post hoc recipiatur in patria. Si bene egerit penitentiam testimonio comprobatus, Episcopi, vel sacerdotis vel cujus commissus fuerit, quod bene egerit poenitentiam, et satis faciat: parentibus ejus quem occidit, vicem filii reddat et dicat quodcumque vultis, faciam vobis. Si autem non satisfecerit parentibus illius, nunquam recipiatur in patriam, sed more ac invacuus et profugus sit super terram.

§ 2. Si vero homicidium causa fecerit, id est non volens, V annos poeniteat, III ex his in pane et aqua.

§ 3. Si ad homicidium consenserit, et factus fuerit, VII annos poeniteat, III ex his in pane et aqua. Si voluerit et non fecerit, III annos poeniteat.

§ 4. Si quis alium percusserit et sanguinem funderit, XL diebus in pane et aqua. Si diaconus VI mensibus, si presbyter anunm I.

Item de alio poenitentiali unde supra.

§ 5. Cujus parvulus in negligentia sine baptismo mortuus fuerit, III annos poeniteat. In primo in pane et aqua, in duos alios sine dilicitias.

§ 6. Quicumque homicidium fecerit, si autem illum, quem occiderit, hodio habuit, rejectis armis usque ad mortem poeniteat cum pane et aqua: ...... vivit autem domino. Si autem post no(vit) nota(m) perfectionis, cum perigrinatione perenni mundo moritur.

§ 7. Qui autem pro furore, et non et meditatione, III annos poeniteat cum pane et aqua et eleemosinas et cum orationibus.

§ 8. Si autem casu nollens occiderit proximo suo, unum

---

[1]) Wasserschl. ins: praebeat.

annum poeniteat; qui autem per rixam hiatu debilem et vel deformem hominem fecerit, reddat impensas medias egritudinis, restituat et medium anni poeniteat cum pane et aqua. Si vero non habet, unde hoc reddat, unum annum poeniteat.

Item de alio poenitentiali unde supra.

§ 9. Si quis homicidium fecerit, laici III annos, clericus V, subdiaconus VI, diaconus VII, presbyter X, episcopus XII.

§ 10. Si quis laicus proximo suo occiderit, quinque annos poeniteat et rel. III et postea satisfaciat parentes occisi et sic per sacerdotale altario jungatur.

§ 11. Si quis laicus aut laica suo infante oppresserit, annum unum poeniteat in pane et aqua, et duos abstineat se a vino et a carnibus, et sic per sacerdotem jungatur ad altario, et quamdiu poenitentiam agunt, abstineant se ab uxore.

§ 12. Si quis laicus per scandalum sanguinem funderit, reddat illi tantum, quantum nocuit, et si non habet unde reddat, solvat opera proximi sui, quamdiu ille infirmatus est, et postea XL diebus poeniteat.

Item de alio poenitentiali.

§ 13. Qui jactum proximum dederit et non nocuit, una vel II vel III XLmis cum pane et aqua poeniteat.

Si autem clericus annum vel dimidio.

§ 14. Si quis mulier aborsum voluntaria fecerit, III annos poeniteat cum pane et aqua.

§ 15. Si quis quolibet membro voluntate sua truncaverit, III annos poeniteat, I ex his in pane et aqua.

§ 16. Qui praebet ducatum barbaris, IIII annos poeniteat.

§ 17. Si tamen non occiderit strage, X poenitentia annorum, sin vero projectis armis usque ad mortem...... domino viventi.

§ 18. Parvuli se invicem percutientes unum diem poeniteant.

§ 19. Si vero adhuliscentes XL diebus poeniteant.

Item de romano poenitentiali unde supra Teodori.

§ 20.. Si quae mulieresque aborsum faciunt, I annum vel

III XLmis vel XL diebus juxta qualitatem culpae poeniteat, antequam anima abeat; et post quadraginta diebus a conceptione seminis, ut homicidium poeniteat III annos in IIII et III ferias in tribus XLmis; hoc secundum canonem decimum judicatur.

Item de alio poenitentiali Theodorus dixit.

§ 21. Qui occiderit hominem, XL diebus abstineat se ab ecclesia; osculum dare eis, quamdiu poeniteat cum illis manducare non debet, cum baptizatur; neque minus gentilis.

§ 22. Si quis per vindictam fratris hominem occiderit, poeniteat sicut homicida, id est III annos, si componat propinquos de medio spatio poenitentia.

§ 23. Qui occiderit hominem publico in bello, XL diebus poeniteat.

§ 24. Qui monachum aut clericum occiderit, arma relinquat et deserviat et IIII annorum poeniteat.

§ 25. Qui episcopum aut presbyterum occiderit, a rege judicandus est.

§ 26. Si laicus alterum occiderit hodii meditatione, si non vult arma relinquere, VII annos poeniteat sine carne et vino; si pro ira III annos; si casu unum annum; si mater filium occiderit, XII annos poeniteat, numquam mutet, nisi Jesu Christi dominico.

§ 27. Mulier pauperina VII annos poeniteat. in canonis decretis X annorum poeniteat.

§ 28. Infans III annorum sine baptismo mortuus, parentes ejus III annos poeniteant.

§ 29. Qui negaverit baptismum: si in proelium cum rege hominem occiderit, XL diebus poeniteat. si per potum aut aliqua arte, VII annos poeniteat; qui occiderit hominem per rixam, X annos poeniteat; qui per vindictam fratris, III annos, qui per missionem domini sui hominem occiderit, XL diebus jejunet

§ 30. Mulier, qui concepit et occidit filium suum in utero ante XL diebus, unum annum poeniteat; si vero post XL dies, ut homicida poeniteat.

De can. Epaonis (c.) IIII unde.

§ 31. Si quis servum proprium sine conscientia occiderit, et communione biennio sanguinis emundabitur.

Item in can. Epaonis (XL) XXXI de poenitentia homicidarum.

§ 32. Qui seculo legis evaserit, hic summae reverentiae det.

(Inter nos placuit observare, quod Anciritani canones decreverunt. hoc est canonis ancyritani (c.) XXI de mulieribus, qui fornicant et partus suas negant. — — — Antiqua quidem definitio usque ad exitum vitae eos ab ecclesia removet: humanius autem nunc definimus, ut eis X annorum tempus penitentiae tribuantur secundum tempora constituta.)

§ 33. Qui voluntarie homicidium fecerit, ad poenitentiae sumitant. Si quidem jugiter; circa exitum autem vite communione digni abeamus. hoc est (c.) XXII.

§ 34. Eos vero qui casu, non voluntate homicidium fecerunt, prior quidem definitio post VII annos communione participare jubet secundum gradus constitutos. Secunda vero humanior definitio: quinquenii tempus implere.

§ 35. Si quis per ultionem propinqui homicida, VI vel X annos.

§ 36. Si tamen redderé vult propinquis pecuniam aestimationis, levior erit poenitentia, id est de medio spatio.

§ 37. Qui occiderit hominem per vindictam fratris, III annos poeniteat. In alio loco X annos: dominus homicidae autem VII vel X annos poeniteat.

§ 38. Si laicus alterum occiderit hodii meditatione, si non vult arma relinquere, peniteat annos VII; sine carne et vino III annos.

§ 39. Si quis occiderit monachum vel clericum, arma relinquat, et domino serviat, et VII annos poeniteat in judicio episcopi.

§ 40. Qui episcopum vel presbyterum occiderit, regis judicio est d(andus.)

§ 41. Qui per jussionem domini sui hominem hocciderit, XL diebus jejunet.

§ 42. Et qui occiderit hominem in publico bello, XL diebus poeniteat.

§ 43. (Ei,) qui occiderit hominem, XL diebus abstineat se ab ecclesia, et si periret, III annos poeniteat.

§ 44. Si casu I annum.

§ 45. Si per poculum vel per artem aliquam VII annos, aut plus si per rixam.

§ 46. X annorum infans, infirmus, paganus commendatur presbytero.

§ 47. Si morietur, presbyter deponatur.

§ 48. Si negligentia sit parentum, I annum poeniteant.

§ 49. Et si mortuus infans III annorum sine baptismo, III annos poeniteant.

§ 50. Pater aut mater, qui negat filium suum sine baptismo, in canone X annorum.

Caput IX.

Incipit de maleficis et veneficis et sacrilegus et sortilegus et ariolus (divinos ad vota reddentes) nisi ad ecclesiam domini et mathematicus et emissores tempestatum et quod (cervulus dicunt).

§ 1. Si quis maleficio suo aliquem perdiderit, VI annos poeniteat, III ex his in pane et aqua.

§ 2. Si quis pro amore veneficus sit et neminem perdiderit, si clericus est, annum poeniteat in pane et aqua; laicus dimidium annum poeniteat, unusquisque superaugeat in pane et aqua; ne homicidio reus sit.

§ 3. Si quis sacrilegium fecerit, idem, quos arsupices vocant, qui auguria colunt per aves, aut quocumque auguriaverit, III annos poeniteat, I ex his in pane et aqua.

§ 4. Si quis, ut vocantur sortes sanctorum, quas contra rationem vocant, vel alias sortes habuerit vel qualecumque ingenio sortitus fuerit, vel veneraverit, III annos poeniteat, I ex his in pane et aqua.

§ 5. Si quis ariolos, quos divinos vocant, aliquas divinationes fecerit, quia et hoc daemonium est, V annos poeniteat, III ex his in pane et aqua.

§ 6. Si quis ad arbores vel ad fontes aut angelos vel

ubicumque nisi ad ecclesiam domini, vota voverit aut solverit, III annos poeniteat, unum ex his in pane et aqua.

§ 7. Et qui ibidem ederit aut biberit, I annum poeniteat.

Si quis mathematicus fuerit, per invocationem daemonum mentes tulerit,

§ 8. Vannos poeniteat, III ex his in pane et aqua.

Item de alio poenitentiale unde supra.

§ 9. Si quis immissor tempestatum fuerit, VI annos poeniteat, III ex his in pane et aqua.

§ 10. Si quis in cervulo in — I annum, et in vefula aut in cervulo vadat, III annos poeniteat, quia hoc daemonium est.

§ 11. Si quis ad fanum communicaverit, XL dies poeniteat in pane et aqua.

§ 12. Et si iterum serviendo per cultum hoc fecerit, III annos poeniteat.

Item unde supra de Romano Poenitentiale.

Demonium est, (et non) licet petras et holera habere sine incantatione; Theodorus dixit:

§ 13. Si quis mulier divinationes fecerit, annum I vel III XL mis vel XL diebus juxta qualitatem culpae poeniteat.

§ 14. Theodorus. Quum molat demonibus, in minimis annum unum poeniteat, qui in maximis X annos poeniteat.

§ 15. Si quis mulier filium suum aut filiam supra tectum pro sanitatem posuerit vel in fornacem, VII annos poeniteat. Similiter et qui grana arserit, ubi mortuus est homo, et pro sanitatem viventium et domus, V annos poeniteat.

De canonis Ancyritano unde supra, (c.) XXIIII.

§ 16. Qui auria, auspiciaque sive somnia vel divinationes quaslibet secundum morem gentium observavit, aut in domibus suis hujusmodi homines introducunt, in exquirendis aliqua arte maleficiis, aut ut domus suas lustrent, isti sideros ambiant, isti seculares conversi penitentiam quinquennio habent secundum regulas antiquitus constitutas.

§ 17. Qui cibum immolatum comederit, deinde confessus fuerit, sacerdos considerare debet personam: in qua aetate, vel quo modo edoctus, aut qualibet contingerit, et ita a voto ritus sacerdotales circa infirmum moderetur, et hoc in omnino poeniteat, et confessione semper omnino, in quantum dominus adjuvare dignatur, cum omni diligentia conservetur.

Caput X.

De usuris et cupiditate avaritia atque ospites [1]) non recepit et qui mandata evangelia non jam implevit.

§ 1. Si quis usuras undecumque exegerit, III annos poeniteat, I ex his in pane et aqua.

§ 2. Qui permanet in avaritia, alienetur.

§ 3. Quicumque hospites non recepit in domo sua, sicut dominus praecepit et regna coelorum promisit, ubi dicit: Venite benedicti patris mei: quanto tempore hostes non recepit et mandata evangelia non adimplevit nec pedes lavavit nec elemosinam fecit, tanto tempore poeniteat in pane et aqua, si non emendet.

De alio poenitentiali unde supra.

§ 4. Quicumque clericus, qui habet superflua, donet pauperibus.

Si autem non dederit, excommunicetur.

De alio poenitentiali unde supra.

§ 5. Thesaurizans superflua in crastinum tempus per ignorantiam, tribuat illa pauperibus. Si autem per contemptum arguentium elemosinam, et jejunio sanetur judicio sacerdotis: permanens autem in avaritia, alienetur.

§ 6. Qui repetit, auferrentque sua, sunt domini contra — Jesum Christum: tribuat indigentibusque: repetivit. — —

§ 7. Clericus habens superflua, donet ea pauperibus, sin autem, excommunicetur.

§ 8. Sin autem pro poenitentiae tempore, quo vixit in contradictione in poenitentia remotus vivat.

§ 9. Si quis cupidus aut avarus aut superbus aut ebriosus aut fratri suo hodio habuit, vel alia his similia, quae denumerare longum est, III annos poeniteat et juxta vires suas elemosinas facit.

---

[1]) Wasserschl. ins: hostes non recipit.

Caput XI.

De ira tristitia hodio maledicto detractione invidia.

§ 1. Qui fatrem contristat juste vel injuste, conceptum sane coram ejus statisfactione.........: qui non implet quidlibet eorum, pro quibus dominus dicit: Venite benedicti patris mei: et cetera; quanto tempore sic mansit, tanto tempore sic poeniteat, largius, qui vivat tenus letum: sin autem, abscidetur.

Et sic postea orate: Si autem est impossibile, recipit ab eo fictam poenitentiam judicio sacerdotis. Hic autem, qui non recepit eum, quanto tempore implacabilis est, tanto cum pane et aqua vivat homicida ille.

§ 2. Qui odit fratrem suum, quamdiu non repellit hodio, cum pane et aqua sit: Et ei, quem oderit, caritatem non fictam, compellitur.

§ 3. Fratrem cum furore maledicens, cui maledixit, placeat et VII dies poeniteat remotus cum pane et aqua.

§ 4. Qui verba acerbiora in furore, non tamen injuriosa protulerit, satisfaciens fratri, superponat.

§ 5. Si autem in pallore robore vel tremore tamen tacuit, I diem cum pane et aqua poeniteat.

§ 6. Qui in mente tamen sentit, commutatione satisfaciat ei, qui illum commovit. Qui vero non vult confiteri ei, qui se commovit, abscidatur pestifer ille a coetu sanctorum.

§ 7. Qui rem poenitet, quanto tempore dicit, tanto poeniteat.

§ 8. Qui diu amaritudinem corde retinet hilari vultu et leto corde, sanetur.

§ 9. Si autem non cito eam deponat, et jejunio sacerdotis judicio se emendet. Si autem iterat, abscidatur, donec alacer laetusque, cum pane et aqua, cognoscat delictum suum.

§ 10. Invidus satisfaciat ei, cui invidet, sicut nocuit ei, et largitionem placeat et poeniteat.

§ 11. Qui causa invidiae detrahit vel libenter audit detrahentem, IIII dies in pane et aqua separetur. Si vero de eo, qui ei (prodest) VII dies poeniteat et serviat ei libenter de reliquo. Sed ut quidem ait, non est detrahere, verum dicere, secundum evangelium corripe illum. Inter se solum et ipsum prius et post dic: si autem non te audit, dic ecclesiae: si vero verbositate diligens fratrem, deroget ei: unum diem vel II tacens poeniteat.

Si autem fabulationem XII psalmos cantet.

§ 12. Male non recipiendum sanitatem retractans, necem terrae eis consentiens, vel vituperationem mali, boni confirmati obtentu aut lucubri miseratione, medicus est estimandus; si ista tria defuerint, detractatur et XXX psal. in ordine cantet detractationibus Laici VI dies, clericus II ebdomadas, subdiaconus III, diaconus IIII, presbyter V, episcopus VI.

Caput XII.

De hoccidia somnolento et instabilitate.

§ 1. Si quis odium aliarum tenet in corde, homicida judicetur, si non vult reconciliare fratrem suum, quem in odio habet, et tamdiu in pane et aqua peniteat, usque dum reconcilietur ei.

§ 2. Otiosus opera extraordinaria onoretur, somnolentus vigilia propensiore, id est, III vel IIII psalmis occupetur vacuus.

§ 3. Instabilis, qui mansione unius loci operis sedulitate sanetur.

Caput XIII.

Incipit de superbia blasphemia jactantia sana gloria here (sim contentiones) excusatione dilaturas correctione et malas cogitationes.

§ 1. Qui superbia ceteros qualibet dispectione arguit, primum satisfaciat eis; deinde jejunat a judicio sacerdotis.

§ 2. Contentiosus etiam alterius sententiae se subdat; sin autem anathematizetur, ut regno domini est alienus.

§ 3. Jactans in suis beneficiis se humiliat. Alioquin quidquid boni fecerit humanae gloriae causa perdet; malarum cogitationum indulgentia est, si opere non impleantur consensu.

§ 3. Quia (alii) novitatem extra scripturas vel heresin praesumpserint, alienentur. Si autem poenitentia sua publici sententiam damnet, et quos decepit ad fidem convertat, et jejunet ad judicium sacerdotis.

§ 3. Qui autem de industria cuicumque seniori recte dedignatur, coena careat.

§ 4. Inoboediens maneat extra cibum et poeniteat humiliter donec recipiatur, quantoque tempore inoboediens fuit, tanto cum pane et aqua sit.

§ 5. Blasphemus etiam simile decreto sanetur et opus ejus abjiciatur, cum seme(l) pane debito et aqua (ab)eat.

§ 6. Delatus et dilatus consimili persona: si dilatus negaverit annum simul poeniteat, et in unaquaque ebdomada II dies poeniteat in pane et aqua et biduana in fine unuscujusque mensi(bu)s; omnibus fratribus supponentibus et dominum ejus judicem fore contestantibus.

§ 7. Permanentes autem in obstinatione anno emisso altaris communione sub judice flamma (?) sociantur et domini judicio relinquantur.

§ 7. Si quando alter fuerit confessus, quantum alteris laboris intullet, tantum sibi multiplicetur.

§ 8. Qui abbati excusationem pretendit vel eo, quo minus ignoratur regula, I diem poeniteat; si vero gravius superponat.

§ 9. Reticens peccatum fratris, quod est ad mortem, arguet eum cum fiduciam; et quanto tempore reticuit, tanto cum pane et aqua vivat.

§ 10. Si peccatum parvum reticuit, arguet quidem eum, sed psalmis sive jejunio judicio sacerdotis poeniteat.

§ 11. Qui alios propterea arguet, leniat eos primo et XXX psalmos canat.

§ 12. Qui peccatum putando frati imputat, priusquam seorsum arguet eum, satisfaciat ei, III dies poeniteat.

§ 13. Qui solus cum sola loquitur, vel sub eodem tecto in nocte maneat, cena careat. Si vero post interdictum, XL dies cum pane et aqua.

De alio poenitentiali.

§ 14. Si quis dilaturas fecerit, quod detestabile est, III annos poeniteat cum pane et aqua.

§ 15. Si quis laicus per ignorantiam cum haereticis

communicaverit, stet inter catecumenos, id est separatur ab ecclesia XL dies, et in alias XL in extremis poeniteat, et sic culpam diluat.

§ 16. Si vero postquam ille sacerdos praedicavit, ut cum haeretico non communicaverit, et iterum fecit, annum I poeniteat et III XLmis et III annos abstineat se a vino et carnibus.

§ 17. Si quis ab haereticis ordinatus fuerit, iterum debet ordinari, si inreprehensibilis fuerit, sin minus deponi oportet.

§ 18. Si quis catholicae ecclesiae ad haeresim transierit, et postea reversus, non potest ordinare nisi post longam abstinentiam aut pro magna necessitate: hoc Innocentius Papa nec post poenitentiam aut pro magna necessitate clericum fieri canonum auctoritate asserit.

§ 19. Si quis contempserit Nicaeni concilium et fecerit Pascha cum Indaeis XIIII luna, exterminabitur ab omni ecclesia, nisi poenitentiam agerit ante mortem.

§ 20. Si autem oraverit cum illo quasi cum clerico catholico, septimana poeniteat. Si vero neglexerit, XL dies poeniteat prima vice.

§ 21. Si quis ortare voluerit heresim eorum et egerit, poeniteat. Similiter et ille exterminabitur, domino dicente, qui mecum non est, contra me est.

§ 22. Si quis baptizatur ab heretico, qui recte trinitati non crediderit, iterum baptizetur.

§ 23. Si quis dederit aut acceperit communionem de manu haeretici, et nescit, quod catholica ecclesia contradicit, postea intelligens añ integrum poeniteat.

§ 24. Si autem scit et neglexerit et postea poenituit, egerit X annorum poenitentia; alii judicant VII. Et Romanus XV annorum poenitentia.

§ 25. Si quis permiserit, hereticum missam suam celebrare in ecclesia catholica et nescit, XL dies poeniteat.

Si pro reverentia ejus, annum integrum poeniteat, si pro damnatione ecclesiae catholicae et consuetudine romanorum, projiciatur ab ecclesia catholica in congregatione sicut haereticus, nisi(h)abeat poenitentiam; si habuerit, X annos poeniteat.

§ 26. Si recesserit ab ecclesia catholica in congregationem haereticorum et alios persuaserit, et postea poenitentiam egerit, XII annos poeniteat, IIII annos extra ecclesiam et II intus auditores et II adhuc extra communionem.

De his in canone dicitur: — communione recipiatur.

§ 27. Si episcopus aut abbas juberit monacho suo pro haereticis mortuis missa cantare, non licet, non expedit oboedire ei. Si presbyter contingerit, ubi missam cantaverit et alius recitaverit nomina mortuorum, et simul nominaverit haereticos cum catholicis, (et), post missam intellexerit, ebdomada poeniteat; si frequenter fecerit, annum integrum poeniteat.

§ 28. Si quis hic pro mortuis haereticis missam ordinaverit et pro religione sua reliquias ibi tenuerit, quia multum jejunavit et nescius differentiam catholicae fidei, — et XIIII, — et postea intellexerit poenitentiam, quae egerit, reliquias debet igne concremare et annum poenitere. Si hoc scit et negligit, poenitentia commotus X annos poeniteat.

§ 29. Si quis a fide domini discesserit sine ulla necessitate, et postea et toto animo poenitentiam accepit, III annos extra ecclesiam, id est inter audientes juxta Nicaenum concilium; VII annos poeniteat in ecclesia inter poenitentes et V annos adhuc extra communionem.

§ 30. Malarum cogitationum indulgentia est, si opere non impleantur et consensu.

Caput XIV.

Incipit de baptismo reiterato et de opere die dominico.

§ 1. Qui bis baptizati sunt ignorantes, non indigent pro eo poenitentia, nisi quod secundum canones non possunt ordinare nisi pro magna necessitate.

§ 2. Qui autem non ignari iterum baptizati sunt, quasi iterum Christum crucifixerunt; poeniteant VII annos, IIII et III ferias in XLmis, si propitio aliquo fuerit.

§ 3. Si autem munditia licetum potaverunt, III annos poeniteant.

§ 4. Baptizati a presbytero non baptizato iterum debent baptizari. Theodorus.

§ 5. De operibus die dominico graeci et romani navigant et equitant, penitentiam non faciunt, nec in curru ambulant nisi ad ecclesiam tantum, nec balneant.

§ 6. Graeci non scribunt publice; tamen pro necessitate seorsum domo scribant. Theodorus.

§ 7. Qui operantur die dominico, eos graeci prima vice arguunt. Secunda tollunt aliquid ab eis; III vice tertiam partem de rebus aut vapulant vel VII dies poeniteat.

§ 8. Lavacrum capitis potest esse iu dominico et in lexiva pedes lavare licet.

§ 9. Si quis dominico die per negligentiam jejunaverit, ebdomadam totam debet abstinere; si secunda, dies XX poeniteat, si postea XL vel si pro damnatione diei jejunaverit, sicut judaeus abominabitur ab omnibus ecclesiae catholicis.

§ 10. Si autem contempserit indicto jejunio in ecclesia et contra decreta seniorum fecerit, sine XLma — dies poeniteat; si autem in XLma, annum poeniteat, si frequenter fecit, in consuetudine erit, et terminabitur ab ecclesia domino dicente: Qui scandalizaverit de pusillis istis, qui in me credunt, et reliqua.

Caput XV.

De ministerio ecclesiae vel reaedificatione dimissa et diversis culpis de sancto sacrificio.

§ 1. Pro bonis rebus offerre se debemus, pro malis nequaquam; presbyteri vero pro suis (episcopis?) non prohibentur offerre.

§ 2. Qui communicaverit nec ignorans excommunicato ab ecclesia XL dies, si quis errans communicaverit aliquid de verbis sacrorum, ubi periculum adnotaverat, III superpositiones faciat: si sacrificium terratenus negligendo ceciderit, superpositio fit.

§ 3. Qui sacrificio aliquid perdit, relinquens illud feris devorandum, si excusabiliter III XLmis, sin vero I annum poeniteat.

§ 4. Qui non bene custodierit sacrificium et (c)anis comedit illud, XL dies poeniteat.

§ 5. Qui autem perdiderit in ecclesia, aut pars ceciderit et inventa fuerit, XX dies.

§ 6. Qui perdiderit purum crisma aut solum sacrificium in regione qualibet, et non inveniatur, III XLmis vel annum, perfundens aliquid de calice super altarem, quando afferunt linteamen, VII dies poeniteant, aut si habundant IIII superpositionibus dies VII poeniteant.

§ 7. Si accidentis de manu sacrificium ceciderit instrumentum, peniteat, a quo ceciderit; qui autem effundit calicem, in fine sollemnitatis missae XL dies.

§ 8. Si vero neglexerit quis accipere sacrificium et non interrogat, nec aliquid causae excusabile steterat, superponat, et qui acceperat sacrificium, pollutus nocturno s(omn)io peniteat.

§ 9. Diaconus obliviscens oblationem offere donec auferatur linteamentum, quando recitantur nomina paurantium, similiter poeniteat.

§ 10. Qui negligentiam erga sacrificium fecerit, aut siccans ver(mi)bus, quae consumantur, ad nihilum devenerit, in XLmis cum pane et aqua poeniteat.

Si integrum fuerit, III in eo vermis comburantur, et cinis ejus sub altare abscondatur, et qui neglexerit, XL diebus suam negligentiam solvat.

§ 11. Si cum amissione saptiris (?) decoloratur sacrificium, XX diebus expleat jejunio; conglutinatum vero VII diebus; qui misserit, qui mergit sacrificium continuo...... bibit aqua.

§ 12. Qui in crismal fuerit, sumat sacrificium, et emendet per X dies culpam solus.

§ 13. Si ceciderit sacrificium de manibus offerentis terratenus, et non inveniatur, omne quodcumque inventum fuerit, in loco, in quo ceciderit, comburetur, et cinis ut supra abscondatur, sacerdos deinde medio anno damnetur. Si vero inventum fuerit, locus saepe mundetur et stramine ut supra. Igitur et sacerdos XX dies peniteat. Si usque ad altare terratenus lapsum fuerit, superponat.

§ 14. Si vero per negligentiam de calice aliquid stillaverit, in terra lingua bibatur, tabula reddatur, et si non fuerit tabula, mittat, ut non conculcetur, igne sumatur ut supra: sacerdos X dies peniteat.

§ 15. Si super altare stillaverit calix, sorbeat minister stillam, ternis diebus peniteat.

§ 16. Si in linteo ad alium VII dies XLmisque, tertio VIIII diebus XLmisque, et linteamina qui tetigerit stilla III perabluat vicis, calice subterposita, et aqua ablutionis sumat; XX dies poeniteat.

§ 17. Si, quando interluat, calix stillaverit, prima vice XII psalmos canatur a ministro: si tutaberit sacerdos super orationem dominic, qui dicitur periculosa, si una vice L plagis, si secunda C. III superponat: qui evomuit sacrificium, et canis sumit annum I poeniteat. Sin autem XL dies poeniteat. de alio poenitentiali.

§ 18. Si inde, quando communicaverit sacrificium, evomerit, si ante mediam noctem, III superpositiones faciat. Si post matutinas, I superpositionem faciat. de alio.

§ 19. Si vero sacrificium evomerit, XL dies poeniteat.

§ 20. Si infirmitatis causa VII dies, si in igne projecit, C psalmos cantet.

§ 21. Si vero canis lambuerit talem vomitum, C dies poeniteat qui evomit.

De alio poenitentiali.

§ 22. Qui communicaverit sanguinem inconscius, septem diebus poeniteat.

§ 23. Qui autem (que?) alicui capitale crimen admittendi per ignorantiam communicaverit, VII dies poeniteat.

De romano penitentiali.

§ 24. Sacrificium non est accipiendum de manu sacerdotum, qui orationes vel lectionem secundum ritum implere non possunt.

§ 25. Graeci die dominica communicant clerici et laici, et qui in tribus dominicis non communicaverint, excommunicentur sicut et in canonis habetur.

§ 26. Romani similiter communicant qui volunt; qui autem nolunt, non excommunicantur.

§ 27. Graeci et Romani abstineant se III diebus a mulieribus, sicut in lege scriptum est: ante panis propositiones, ante consummationem poeniteat.

§ 28. Poenitentes secundum canones non debent communicare; nos autem pro misericordia post annum aut sex menses licentiam damus.

§ 29. Pro defuncto monacho missae agantur die sepulturae ejus et III dies et postea, quantum voluerit abbas: pro laico bono III die vel VII potest jejunium, pro poenitente XXX dies vel VII et propinquis ejus oportet jejunare, VII die oblationem offerre se ad altarem, sicut in Jehu, filio Sirach, legitur, et pro Saul filii Israel jejunaverunt, postea, quantum voluerit presbyter. Mulieres possunt sub nigro velamine accipere sacrificium; hoc basilicum judicavit.

§ 30. Qua propter licet in campo confirmare et presbytero missas agere. In uno altare... duas facere missas concedetur I diem.

§ 31. Omnis sacrificium sordida vetustate corruptum igne comburendum est. Confessio autem domino soli, ut agatur, si necesse est, licebat.

§ 32. Missa saecularium mortuorum III in anno: in III die et novem diebus et XXX die, quia surrexit dominus III die et VIIII hora emisit spiritum, et XXX dies Moisen planxerunt filii Israel.

§ 33. Si quis diaconus aut presbyter post acceptam benedictionem leviticam cum uxore sua in continentia invenitur, ab officio suo abjiciatur.

Caput XVI.

Incipit Alienus .... de modis poenitentiae qualitatè inquisitio senior.

§ 1. Sciendum vero est, quanto quis tempore moratur in peccatis, tanto ei augenda est poenitentia.

Alii statuunt XII triduanas pro anno repensandum, quod ego nec laudo nec vitupero, sed Theodorus laudavit.

Alii centum dies cum semi pane mensure paximatio aqua et sale et psalmos L superpositiones una nocte intervenienti.

§ 2. De aegris quoque pretium viri vel ancillae pro anno vel dimidium omnium, quae possidere, et si quae fraudavit, reddere quadruplum, ut Christus judicavit.

§ 3. Item alibi XII triduanas cum psalterios impletos cum palmatas CCC per singulos psalterios; alii anno excusant, annum poeniteat.

et IIII biduanas cum VII psalterios impletos cum palmatas CCC per singulos psalterios: alii annum excusant LXXV psalmos cum venia per noctem cum palmatas CC excusant triduanam.

Centum psalmos cum venia per noctem. CCC-palmatas excusant triduana CXX missas speciales cum III psalmis, et CCC palmatas excusant octo solidos in elemosina decreto anno et de istis praecipue psalmis hoc est: miserere mei dominus: dominus, In nomine tuo: Msierere mei dominus, miserere mei dominus misereatur nostri: dominus in adjutorium meum intende. de istos psalmos impletos psalterium supra cum gloria sua confidit de domini misericordia, quia quod quid justum petierit, ad nos prestet ille dominus. Si credimus de domini misericordia, quia miserationes ejus multae sunt.

§ 4. Item alibi pro anno I in pane et aqua, XII biduanas; pro alio anno XII vices L psalmos genu flectendo.

Pro III anno in veneranda festivitate, quale elegit, biduana faciat, psalterio cantet immobilis stans. Pro IIII anno nudus CCC virgas percussionibus recipiat. Pro V sumat. suo victo, quantum valet, pensat et tantum det in helimosinam. Pro VI anno redimat se, quantum valet, et de ipso pretioso cui malum fecit, ibi restituat et si non vivit, haeredes legitimique (fac)iant.

Pro VII anno derelinquat omne malum et faciat bonum. Et qui istis implere aut non vult aut non potest et reliqua, sicut in poenitentiale scriptum est, et qui de psalmis, hoc quid superius diximus, implere non potest, eligat justum, qui pro illo hoc impleat et de suo pretio aut labore hoc redimat.

Canones Poenitentiales.*)

Quorum notitia viris ecclesiasticis est valde necessaria. Sunt enim quaedam regulae directive ad poenitentias delinquentibus imponendas.

...... Ad hoc ergo, quod presbyter circa poenitentias disponendo cautius arbitretur, notandi sunt casus, in quibus per canones certae poenitentiae imponuntur, quos secundum canones tenetur presbyter scire, ut dictum est supra. Sunt autem isti.

I est, quod si presbyter *fornicationem* fecerit, poenitentiam X annorum faciat hoc modo, sive quod sit inclusus, sive a ceteris in aliquo loco remotus, sacco indutus et humi prostratus, misericordiam Dei jugiter implorans. Primis tribus mensibus continuis a vespera in vesperam pane et aqua utatur, exceptis dominicis diebus et festis praecipuis, in quibus modico vino, pisciculis et leguminibus recreetur. Elapsis autem sic tribus primis mensibus de illo loco exeat; non tamen in publicum procedat, ne populus in eum scandalizet. Et per hoc videtur, quod in publico crimine loquatur, post hoc resumptis viribus aliquantulum, unum annum et dimedium in pane et aqua expleat, exceptis dominicis et aliis praecipuis festis, in quibus vino, sagimine, uvis et caseo poterit uti. Finito sic primo anno et dimidio, particeps fit corporis Domini, et ad pacem veniat, et ad psalmos cum aliis fratribus canendos in choro ultimus recipitur. Ad cornu tamen altaris non accedat, sed minorum ordinum tantum officia gerat: deinde

---

*) Dieselben sind zusammengestellt von Augustinus Caravita in seiner Ausgabe des Corpus jur. canonici. Venedig 1600.

usque ad completionem se primi anni tres legitimas ferias, sive secundam, quartam et sextam, exceptis diebus paschalibus, quae sunt quinquaginta, in pane et aqua jejunet, secundam tamen feriam uno psalterio, vel denario si sit operarius, redimere poterit. Et sic cum septimum annum compleverit, potest eum episcopus ad gradum pristinum revocare: ita tamen, quod in tribus annis sequentibus sine ulla redemptione omni sexta feria in pane et aqua jejunet. Et eadem poenitentia imponenda est presbytero de omnibus aliis peccatis, quae depositionem inducunt....

II casus est, si *presbyter cognovit filiam suam spiritualem,* quam sive baptizavit, vel in baptismo vel in confirmatione tenuit, vel quae sibi confessa fuit, debet poenitentiam agere XII annis et debet *deponi:* si crimen sit manifestum et peregrinando V annis poeniteat, et postea in monasterium intret, tota vita sua moraturus ibidem. Episcopus vero, qui talia commisit, poeniteat XV annis. Ipsa vero mulier debet omnia relinquere, et res suas pauperibus dare et conversa usque ad mortem in monasterio Deo servire.

III est, quod *quicunque* filiam suam spiritualem vel matrem cognoscit, septem annis poeniteat, et similiter ei consentientes.

IV est, quod qui *contrahit* cum aliqua alii *desponsata* per verba de praesenti, ipsa *dimissa* XL diebus jejunet in pane et aqua, et sequentibus septem annis poeniteat.

V est, quod qui *cognoscit* duas *commatres* vel *sorores,* sive uxor vivat, sive non, ad minus VII annis poeniteat, licet plus deberet.

VI est, quod qui cognoverit monialem, sive donatam, decem annis poeniteat, et similiter ipsa secundum formam traditam.

VII est de eo, qui *ignoranter* cognoscit *duas sorores,* vel matrem et filiam, vel amitam et neptem: poeniteat septem annis, si autem scienter, perpetuo privetur conjugio.

VIII est, quod qui *duxit in uxorem* eam, quam *polluit per adulterium,* poeniteat V annis.

IX est, quod quum *contra naturam peccavit,* si sit clericus, debet *deponi,* vel religioni tradi, si corrigibilis appareat, ad perpetuam poenitentiam peragendam. Si vero sit laicus a coetu fidelium usque ad condignam satisfactionem debet fieri alienus.

X est, qui *coierit* cum *bestia,* poeniteat *plus quam septem* annis, et similiter pro *incestu.*

XI est, quod presbyter, qui interest *clandestinis nuptiis, triennio suspenditur,* et si culpa exegerit, gravius puniatur.

XII est, quod qui *votum simplex* violaverit, poeniteat tribus annis.

XIII est, quod qui *excommunicatus celebraverit,* debet *triennio poenitere,* et per secundam, quartam et sextam feriam a vino et carnibus abstinere.

XIV est, quod *homicida voluntarius* sine spe restitutionis *deponitur* et poeniteat septem annis.

XV est, quod *homicida casualis* poeniteat *quinque annis,* et hoc........ si culpa causam praecessit, aliter non, nisi forte ad cautelam.

XVI est, quod si quis fecerit homicidium per *necessitatem evitabilem,* poeniteat *duobus annis;* quae licet si inevitabilis esset, in nullo sibi imputaretur. Quod verum est, quoad culpam; sed bonum esset, quod poeniteret quoad cautelam, et innocentiam suam ecclesiae ostendendam. Et.... forte distingui potest, in homicidio *necessario,* sicut in *casuali,* et utrum *culpa praecesserit necessitatem,* vel non. Sed et si quis per *insaniam* committat homicidium, *non ei* imputatur: quin etiam qui intuitu *disciplinae* incaute percutiendo occiderit, *deponitur.* Sed qui *ligatum* latronem interficit, *deponitur.* Qui autem *occultum latronem* occidit, quem vivum comprehendere potuit, *quadraginta diebus* non *intret ecclesiam,* et alias poenitere debet. Qui vero *Paganum* vel *Judaeum* occidit, *quadraginta* diebus poeniteat.

XVII est, quod *matricida poeniteat X annis* secundum formam satis aperte traditam. *Uxoricidae* vero *gravior* poenitentia debet imponi. Talis enim, et qui *dominum* occidit, numquam *equitat,* nec *vehiculo portatur,* nec matrimonium contrahit, usque ad X annos carnes non comedit, nec vinum bibit. Imponitur autem poenitentia major uxoricidae, non quia illud peccatum sit gravius isto, sed quia homines prontiores sunt ad occidendum uxores quam matres....... Sed qualem poenitentiam agere debent, qui *filios occidunt?* Responsum aut est certum, quod ipsimet *scienter* interfecerunt, et sic debet eis imponi poenitentia major, quam pro alio homicidio. In hoc tamen casu vir uxorem recuperat, quam coactus abjuraverat; et ipsa poenitentiam agit secundum arbitrium episcopi, ita quod si habet alios filios, pacifice gubernare possit eos uxor; quod si virum non habet, induci debet, ut intret religionem, ad quod si non potest induci, tutius est ei dare licentiam nubendi. Et hoc quando timetur de incontinentia, alias non. Et si pater sit clericus, ab officio altaris debet perpetuo abstinere; et ei gravior quam laico, non tamen publica (nisi veniat in publicum) poenitentia debet imponi. Aut certum est, quod non interfecerunt *sponte,* nec in *culpa* fuerunt, sed *casu fortuito* contingit, et sic de stricto jure in nullo tenentur; nisi veniunt ad cautelam poenitere. In dubio tamen praesumitur, quod non hoc ex certa scientia, sed potius ex incuria provenerit. Aut certum est, quod *non exhibuerunt omnem diligentiam,* quam potuerunt et debuerunt; et sic culpa praecessit casum. Et si sit gravis culpa, ut si posuit puerum in medio utriusque, secundum arbitrium poenitentiarii imponitur poenitentia quinque, vel septem annorum....... Quid de illis, qui *filios, vel servos suos infantes,* vel etiam *adultos languidos relegata pietate exponunt,* id est, extra se ponunt ante ecclesias, ut aliqui moti misericordia colligant eos? Respondeo. Tales graviter peccant: quia cum ignoretur saepe consanguinitas expositorum, contrahere possent matrimonium cum sorore vel consanguinea: ideo exponens tenetur de hoc peccato poenitere et est puniendus sicut expositus, si scienter cum tali contraheret, puniretur (secundum Host.). Talis enim (secundum Ray.) est tamquam homicida judicandus, quod hominem sibi ita conjunctum periculo mortis exponit. Consideratis tamen circumstantiis, et utrum ob hoc mors secuta fuerit, vel non fuerit, poenitentia moderanda erit..... Erunt autem tales irregulares (secundum Ray.) si mors inde sit secuta, quia scilicet fuerunt in culpa eos exponendo, vel alimenta negando. Tamen (secundum Ray.) si in nulla culpa fuissent, quia forte nec elemosynas quaerendo nec aliter eos alere possunt, irregulares non essent, nec peccarent.

XVIII est, quod qui *presbyterum* interfecit, poeniteat XII annos.......

XIX est, quod qui *injuste* alium ad mortem *accusat*, XL diebus in pane et aqua per septem annos jejunet et poeniteat, et hoc si accusatus sit occisus. Si autem tantum membrum perdiderit, triennio poeniteat......

XX est, quod *perjurus* XL diebus in pane et aqua jejunet, et septem annis sequentibus poeniteat, et semper debet esse in poenitentia, scilicet interiori.

XXI est, quod qui *compulsus conditionaliter a domino* scienter pejerat, si liber sit XL diebus in pane et aqua, et hoc (secundum glo. intellige) vel continue vel interpollate, poeniteat VII annis sequentibus, non tamen in pane et aqua (ut dicit glo.). Si vero servus sit ejus, qui eum coegit, tribus quadragesimis et legitimis feriis......

XXII est, quod qui pejerat in manu *Episcopi* vel in *cruce consecrata*, poeniteat III annis. Si vero in cruce non consecrata uno anno. Qui vero coactus et ignorans ignorantia juris et *postea cognoscit*, poeniteat tribus quadragesimis. Qui vero coactus pro vita redimenda, vel qualibet causa, vel necessitate pejerat, quia corpus plus quam animam dilexit, tribus quadragesimis poeniteat.

XXIII est, quod qui *falsum scienter jurat*, vel alium jurare cogit, diebus XL poeniteat in pane et aqua, et VII sequentibus annis numquam sit sine poenitentia, scilicet interiori. Alii etiam, si conscii fuerint, similiter poeniteant.

XXIV est, quod qui *mensurat in falsa mensura*, XXX diebus in pane et aqua jejunet.

XXV est, quod qui *frangunt poenitentiam* sollemnem sive redeundo ad priora crimina, vel similia sive redeundo ad negotiationem, vel militiam secularem, quae sibi fuerant interdicta, sola inter ecclesiam fidelibus oratione junguntur, a communione suspenduntur, a catholicorum conviviis separantur et poenitere debent X annis, et communicent in fine vitae.

XXVI est, quod qui *canit missas*, et non *communicat*, debet uno anno poenitere, et interim missas cantare.

XXVII est, quod qui clericum *mortuum involvit in palla altaris*, poeniteat X annis et mensibus V; diaconus vero triennio et dimidio.

XXVIII est, quod qui *committit sacrilegium* ecclesiam violando, vel chrisma sive calicem sacrum pollutis manibus accipit, vel similia sacrilegia committit, poeniteat VII annis. Primo anno extra coemeterium, quod violavit, consistat, secundo anno ante fores ecclesiae, tertio in ecclesia, et in hoc triennio carnes non comedat, vinum non bibat, nisi in pasca vel natali, non offerat, nec communionem accipiat: quarto anno communicabit, et in illo et in quinto et in sexto et in septimo, tribus feriis a carnibus et vino se abstineat jejunando...... *Comburens* autem ecclesiam, XV annis poeniteat, et eam restituat.

XXIX est, quod si *parentes frangunt sponsalia filiorum*, a communione triennio separentur, et similiter filii, si sint in culpa......

XXX est, quod qui blasphemaverit publice Deum, vel aliquem sanctorum, et maxime beatam Virginem, illi debet episcopus hanc poenitentiam injungere, scilicet ut VII diebus dominicis prae foribus ecclesiae in manifesto, dum missa cantatur, existat, et ultimo illorum dierum dominicorum pallium et calciamenta deponat, et corrigiam ligatam circa collum habeat, et septem praecedentibus sextis feriis in pane et aqua jejunet, ecclesiam nullatenus ingressurus, et quolibet praedictorum dierum tres pauperes, vel duos, vel saltem unum reficiat, si potest, et si non potest, haec poena in aliam commutetur; quod si renuerit agere omnia supradicta, interdicatur sibi ecclesia, et in morte privetur ecclesiastica sepultura. Item blasphemus, si dives fuerit, XL alioquin XXX vel XX, et si ad hoc non sufficit, quinque solidorum usualis monetae mulctetur poena nullamque misericordiam in hoc habiturus, ut dicitur ibidem, scilicet quin solvat quinque solidos, quos si non habet, currat per civitatem, vel commutetur in poenam aliam temporalem. Haec autem poena solvatur ei, qui condemnat, id est, potestati seculari; *hanc enim poenam temporalem praecepit Papa imponi per potestatem temporalem*, quod si neglexerit, per episcopum precipitur cogi......

Notandum vero, quod blasphemus secundum leges est decapitandus. Secundum vero canonem antiquum Clericus erat degradandus et laicus excommunicandus. Hodiae autem laicus aget poenitentiam supradictam, et hoc si publice blasphemavit. Si enim occulte, non poenitebit publice, ut puto. Clericus vero hodie est corrigendus poena arbitraria et occulta, non illa, quae est publice. Clericus enim publice non debet poenitere. Si autem rebellis fuerit et saepius hoc commiserit, poena legis scilicet ut laicus decapitetur in foro civili, et in foro canonico anathematizetur, i. e. ecclesiae ingressus sibi interdicatur, et in morte privetur ecclesiastica sepultura: Clericus vero degradetur.

XXXI est, de *presbytero*, qui revelat confessionem, quod de jure debet *deponi*, et omnibus diebus vitae suae ignominiosus *peregrinari*.

XXXII est, quod qui in *dicendis horis canonicis* et *aliis officiis divinis discrepat* a consuetudine propriae metropolitanae ecclesiae, sex mensibus privatur communione, si hoc accidat ex contemptu.

XXXIII est, quod episcopus, qui *ordinat* sine justa causa clericum *invitum*, aut reclamantem, vel penitus invitum, absolute suspendatur uno anno.

XXXIV est, quod episcopus, qui *correctionem* de venditione ministeriorum *dissimulat*, duobus mensibus presbyter, IV diaconus, III subdiaconus, et caeteri ad arbitrium judicis poenitere debent.

XXXV est, quod *sortilegus* XL diebus poeniteat.

XXXVI est, quod qui *videt in astrolabio*, poeniteat duobus annis.

XXXVII est de *stilla sanguinis* altaris *cadentis* super terram, vel aliquid aliud propter negligentiam presbyteri. debet presbyter poenitere XL diebus. Si cecidit super pallio altaris, poeniteat IV diebus.

XXXVIII est, quod si aliquis evomit Eucharistiam propter ebrietatem et voracitatem, si laicus poeniteat, XL diebus. Si clericus, vel monachus, vel presbyter, vel diaconus poeniteat LX diebus. Si episcopus, poeniteat XC diebus. Et debet evomitura comburi et juxta altare collocari. Si vero causa infirmitatis evomuerit, VII diebus poeniteat.

XXXIX. est, quando mus corrodit, vel comedit corpus Christi, de poenitentia hujus casus inquire.......

XL. est, quod qui *domum vel aream voluntarie succendit*, sublata vel incensa omnia restituat, et tribus annis poeniteat. Canon tamen dicit, quod si ex odio, vel injuria hoc fecerit, excommunicari debet, nec absolvi, donec satisfecerit, et juraverit, quod ignem de cetero non apponet. Imponitur autem sibi, ut Hierosolymam vel in Hispaniam vadat, in Dei servitio, anno integro ibi moraturus. Si quis autem archiepiscopus vel episcopus hoc relaxaverit, damnum restituat et ab officio episcopali per annum abstineat. Hodie autem, postquam sunt denuntiati, non possunt citra sedem Apostolicam absolvi..... Secundum autem leges, qui in civitate data opera incendium fecerit, si sit humilis, subjicitur bestiis, si in aliquo gradu decapitatur, vel in insulam relegatur. Qui vero alibi ut in villis, vel in castris remissis, ibidem aedes positas combusserit, si hoc dolo fecerit, comburetur..... Si autem hoc ex sua negligentia contigerit, resarciet damnum, vel si minus idoneus sit, parum vel leviter castigetur. Et nomine aedium omne aedificium continetur.

XLI. est, quod qui dederit vel acceperit *communionem ab haeretico*, et nescit hoc esse prohibitum ab ecclesia et postea intelligit, poeniteat uno anno. Si autem scivit, et neglexit, poeniteat X annis, vel secundum quosdam VII, vel secundum quosdam V. Qui vero permittit, haereticum missam celebrare in ecclesiis catholicis per ignorantiam juris, poeniteat XL diebus. Si pro reverentia ejus, per annum poeniteat. Si pro damnatione ecclesiae Catholicae et pro consuetudine Romanorum projiciatur ab ecclesia sicut haereticus, si sit impoenitens, alioquin poeniteat X annis. Si autem relicta ecclesia ad haereticos transierit, et alios ad hoc induxerit, poeniteat XII annis, III extra ecclesiam, VII inter audientes, duobus extra communionem, et sic duodecimo anno communionem sive oblationem percipiat.

XLII est, quod *patronus*, qui res ecclesiae dilapidat, uno anno poeniteat.

XLIII est, quod qui *domum* suam *magicis et incantatoribus lustrat*, vel aliud facit, et qui ei hoc consulit, annis V poeniteat.

XLIV est, quod qui *pacem* cum proximo *suo non facere jurat*, anno uno poeniteat, et ad pacem redeat.

XLV est, quod pro *perjurio, adulterio, homicidio* dantur pro poenitentia regulariter VII anni, et similiter pro *fornicatione*, licet non ita aspera poenitentia injungatur.

XLVI est, quod qui *scienter rebaptizatur*, VII annis poeniteat, et feria IV et VI in pane et aqua jejunando, tres quadragesimas facit, et hoc si fecit, pro haeresi introducenda. Si autem pro munditia, i. e. pro salute corporis obtinenda, tribus annis poeniteat, et talis, qui bis baptizatur vel confirmatur, fit de foro ecclesiae, et cogitur fieri irregularis.

XLVII est, quod qui *uxorem adulteram cognoscit, antequam poeniteat*, III annis poeniteat. Qui vero cognoscit eam poenitentem, ante poenitentiam peractam, poeniteat II annis. Quomodo vero poenitentia injungenda sit *mulieri partum alterius supponenti*, vel etiam de *non suo viro concipienti*, habetur....

G. Pätz'sche Buchdruckerei (Otto Hauthal) in Naumburg a/S.

Kolibri 360 GmbH
Ferdinand-Jühlke-Straße 7
99095 Erfurt, Deutschland
produktsicherheit@kolibri360.de